THEORY OF RESEARCH AND DEVELOPMENT SECURITY

연구보안론

안성진 · 배상태 · 조용순 · 송봉규 · 김주호

박영사

머 리 말

　기술경쟁력이 곧 국가경쟁력인 요즈음 전 세계적으로 기술경쟁이 날로 심화되고 있다. 우리나라 또한 첨단기술력의 확보를 위하여 연구개발에 대하여 많은 투자를 아끼지 않고 있으며, 이에 따라 최첨단 기술경쟁력 확보 등 연구개발 성과물도 늘어가고 있다. 그러나 연구개발, 기술이전 등의 과정에서 전·현직 연구원 또는 직원, 협력기관, 기술이전 기관, 산업스파이 등에 의한 연구 결과물 등이 유출되는 보안사고가 발생하고 있다. 이에 관련 연구기관과 국가는 기술경쟁력이 약화되고 이는 결국 국가적 손실로 이어진다.

　이에 연구와 관련된 보안사고 예방은 아무리 강조해도 지나치지 않는다. 만일 보안사고가 발생하였다면 피해를 최소화하고 빠른 복구를 통해 신속하고 체계적으로 대응하는 것이 매우 중요하다고 할 것이다.

　이 책은 연구보안에 관한 개요, 연구프로세스 및 주요 관리 사항, 연구보안 관련 법령 및 지침, 연구보안 관리체계, 인적 보안 관리, 연구내용 보안관리, 물리적 보안, 기술적 보안에 대한 내용으로 이루어져 있다. 그리고 부록으로 연구보안 관련 규정 및 필요한 서식들을 정리해 두었다. 미흡한 부분에 대해서는 앞으로 꾸준히 보강해 나가도록 하겠다.

　이 책이 나올 수 있도록 산업보안 특성화학과 사업을 마련해주시고 지원해주신 산업통상자원부 및 한국산업기술보호협회에게 먼저 감사를 드린다. 그리고 이 책이 출간되도록 지원해주신 박영사 안종만 회장님, 강상희 과장님, 꼼꼼하게 교정을 봐주신 배근하 선생님에게 감사의 뜻을 전한다.

2016년 8월
저자 일동

차 례

Theory of Research and Development Security

제1장 연구보안 개요

Theory of Research and Development Security

제2장 국가연구개발사업 체계 및 주요 관리 사항

Theory of Research and Development Security

제3장　연구보안 관련 법령 및 지침

Theory of Research and Development Security

제4장 연구보안 관리체계

Theory of Research and Development Security

제5장　인적 보안 관리

Theory of Research and Development Security

제6장	연구내용 보안관리

Theory of Research and Development Security 연구보안론

Theory of Research and Development Security

제7장　물리적 보안

Theory of Research and Development Security

제8장　기술적 보안

Theory of Research and Development Security

부록 주요 서식

01

연구보안 개요

제1장 연구보안 개요

제 1 절 연구보안의 중요성

국가연구개발사업을 통해 여러 분야의 중요핵심 기술에 대한 연구가 활발히 진행되고 있다. 또한 전 세계적으로 과학기술 경쟁력이 국가경쟁력의 중요

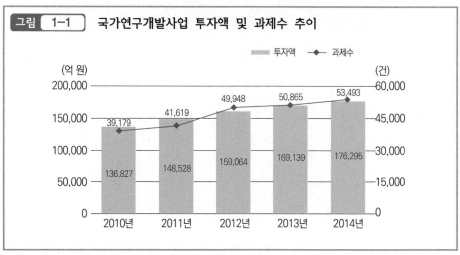

그림 1-1 국가연구개발사업 투자액 및 과제수 추이

출처: 미래창조과학부·한국과학기술기획평가원, 「2013년도 국가연구개발사업 조사·분석 보고서」, 2014. 9면.

그림 1-2 연도별 기술유출 사고건 수

2003~2014 총 438건 적발

연도	건수
2003	6건
2004	26건
2005	29건
2006	31건
2007	32건
2008	42건
2009	43건
2010	41건
2011	46건
2012	30건
2013	49건
2014	63건

출처: 국가정보원 산업기밀보호센터.

한 요소로 인식됨에 따라 글로벌 차원의 과학기술 경쟁이 심화되면서 우리나라는 연구개발에 대한 투자가 날로 증가하고 그에 따른 최첨단 연구개발 성과물도 더불어 늘어가고 있다.

하지만 최근 국가연구개발사업과 민간부문의 연구개발사업으로 개발된 첨단 기술이 해외로 유출되어서 적지 않은 손실을 초래하게 된 사건의 수가 점차 증가하고 있다. 또한 전·현직 직원 또는 협력업체로 인해 발생하는 연구보안사고가 거의 92%를 차지하고 있는 실정이다.

따라서 이러한 연구개발 성과물을 보호하고 연구보안사고를 사전에 예방하기 위한 가장 기본적인 조치사항으로 연구기관의 환경에 적합한 체계적인 연구보안 관리 규정을 제정하여 이를 모든 임직원이 준수할 수 있도록 해야 한다.

제 2 절 본서의 주요내용

이 책은 연구보안의 관리 및 방법에 관한 내용으로 총 8장으로 구분되어 있다. 제1장은 연구보안에 관한 개요이며, 이후의 장들에 대한 설명을 간략하게 요약하자면 다음과 같다.

1 국가연구개발사업 체계 및 주요 관리 사항

제2장은 국가연구개발사업 체계 및 주요 관리 사항으로 국가연구개발사업의 개념과 유형, 추진체계 및 절차, 시대별 특징에 대하여 기술한다. 또한 연구과제의 기획, 공고, 과제신청 및 선정, 과제협약과 변경, 연구개발비 지급·관리, 정산, 연구결과보고 및 평가 등 연구관리의 실무적 절차에 대하여 자세히 소개한다.

2 연구보안 관련 법령 및 지침

제3장은 연구보안 관련 법령 및 지침으로 과학기술기본법, 국가연구개발사업의 관리 등에 관한 규정을 비롯하여, 부정경쟁방지 및 영업비밀보호에 관한 법률, 산업기술의 유출방지 및 보호에 관한 법률, 개인정보보호법, 정보통신망법 등의 주요내용에 대하여 살펴본다.

3 연구보안 관리체계

제4장은 연구보안 관리체계로 연구보안 환경의 변화에 따라 적절하게 대응하고 연구보안사고를 사전에 예방하며 보안사고 발생 시 신속하게 처리하는 등 연구보안관리의 효율적인 업무 수행을 위하여 필요한 중요사항을 심의하기

위하여 자체적으로 연구보안심의회를 구성 및 운영하여야 하며 이를 효율적으로 운영하기 위한 방법도 세부적으로 마련할 필요가 있다. 이에 연구기관의 장은 보안관리 업무를 전담해서 처리할 수 있는 연구보안 관리자를 지정하여야 하고, 전 직원을 대상으로 연구보안 관리 교육을 정기적 또는 수시로 실시하여 임직원들이 규정을 제대로 숙지하고 실천할 수 있도록 해야 하며 이에 대한 주요내용에 대하여 살펴본다.

4 인적 보안 관리

제5장은 인적 보안 관리로, 연구보안사고는 대부분 내부직원 또는 퇴직자에 의해 발생하는 경우가 많다. 이러한 측면에서 임직원의 관리는 아주 중요하다. 따라서 신입직원 채용 시에는 중요한 비밀을 보호할 수 있는 도덕적인 자질과 신원에 대해 면밀히 검토하고 서약서 작성 등을 통해 연구보안에 대한 인식을 확실히 하도록 한다. 재직 중인 연구원들에 대해서는 연구보안에 관한 책임과 의무를 인지하고 보안의식을 고취시킬 수 있도록 관리할 필요가 있다. 또한 재직 시에 불만을 가졌거나 기타 갈등으로 퇴직한 경우 악의적 감정을 가지고 연구정보 또는 중요 기밀을 경쟁관계에 있는 기관에 유출하는 경우가 빈번하게 발생한다. 따라서 연구원이 퇴직하고자 하는 경우에는 퇴직사유, 퇴직절차 및 퇴직 후 관리의 모든 과정에 대하여 연구기관에서 관리해야 한다. 그리고 보안과제에 접근하는 외래인 및 외부인에 대해서도 지속적으로 관리하여야 하며, 이에 대한 주요내용에 대하여 살펴본다. 특히 외국인접촉신청서, 연구개발계획서, 연구개발과제표준협약서 등 유용한 서식들은 별첨으로 책 말미에 부록 형식으로 첨부하였으니 같이 참고해야 할 것이다.

5 연구내용 보안관리

제6장은 연구내용 보안관리에 관한 것이다. 연구개발 과정에서 창출된 결과물들은 어떻게 관리하느냐에 따라 기술적 또는 경제적으로 가치가 크게 달라

질 수가 있다. 연구개발 결과물을 공개할 경우에는 영업비밀로 보호받지 못함은 물론, 특허 출원 전에 공개하는 경우에는 자신의 연구개발 결과물임에도 불구하고 공지 기술이 되어 특허를 받을 수 없는 예기치 못한 상황이 발생할 수 있다. 따라서 이와 같은 연구 내용을 보호하기 위해 특허권, 지식재산권 등의 확보 방안을 수립하여야 한다.

연구개발 성과물을 대외적으로 공개하고자 하는 경우에는 해당 자료가 보안상 문제가 없는지 내부적으로 확인하기 위한 검증절차를 수립하고 그 결과에 따라 공개여부를 결정한다. 또한 해외 기업 또는 연구소로 이전하고자 하는 경우에는 핵심기술 또는 중요한 연구 정보가 해외로 유출되지 않도록 적절한 보호대책을 사전에 마련하고 관리하여야 하며, 이에 대한 주요내용에 대하여 살펴본다.

6 물리적 보안

제7장은 물리적 보안과 관련된 것이다. 주요 시설 내에 중요한 연구정보 및 민감한 자료들을 외부로 유출할 목적으로 불법적으로 침입을 시도하는 경우가 있다. 따라서 주요 시설물 주변에는 별도의 감시장치를 설치하여 지속적인 모니터링을 통하여 관계자 이외에는 출입을 통제하여야 한다. 또한 물리적 환경 요소나 건물 유형, 이용 형태에 따라 다양한 출입통제시스템을 설치하여 인가자만 출입할 수 있도록 조치해야 한다. 또한 보안과제와 관련하여 외부방문자가 연구기관을 출입하는 경우에는 일반과제보다 더 엄격하게 출입을 통제하고 관리해야 한다. 외부방문 목적 및 방문 형태에 따라 적합한 출입통제 방안을 마련하여 외부방문자를 효율적으로 통제하고 관리하여야 하며, 이에 대한 주요내용에 대하여 살펴본다.

7 기술적 보안

제8장은 기술적 보안 관련이다. 스마트폰, 태블릿과 같은 손에 들고 다니

는 기기를 통해 기술을 잘 이용할 수 있도록 새로운 방식을 제공하고 있지만, 컴퓨터는 여전히 업무상 사용할 수 있는 첫 번째 도구이다. 결과적으로 연구와 관련된 중요한 정보와 자료들이 저장되어 있는 컴퓨터가 해커들의 주공격 대상이기 때문에 모든 업무용 컴퓨터를 보호해야 한다. 또한 연구를 수행하는 과정에서 필요에 의해 자료를 외부로 전송하는 경우가 빈번하다. 인터넷망을 통해 정보가 전송되는 과정에서 외부침입에 의해 혹은 외부기관수신자에 의해 유출될 가능성을 항상 염두에 두어야 한다. 따라서 자료를 전송하는 과정에서 정보가 악의적으로 유출되는 사고를 방지하기 위한 예방책을 마련하며, 이에 대한 주요내용에 대하여 살펴본다.

02

국가연구개발사업
체계 및 주요 관리 사항

<table>
<tr><td>제2장</td><td>국가연구개발사업 체계 및
주요 관리 사항</td></tr>
</table>

제1절 | 국가연구개발사업 체계

1 개념 및 유형

정부는 과학기술기본법에 명시한 국가연구개발사업의 기획, 관리, 평가에 관한 사항을 전 부처에 공통적으로 적용하기 위하여 2001년 12월에 「국가연구개발사업의 관리 등에 관한 규정」을 제정하였다. 이 규정에 따르면, 국가연구개발사업은 중앙행정기관이 법령에 근거하여 연구개발과제를 특정하고, 해당 연구비 전부 또는 일부를 출연하거나 공공기금 등으로 지원하는 과학기술 분야의 연구개발사업을 의미한다.

또한, 연구관리 주체나 재원 출처를 근거로 국가연구개발사업을 정의할 수 있는데 연구관리 주체가 중앙부처이거나 중앙부처로부터 관련 업무를 수탁한 전문기관[1]인 경우, 재원이 국고이거나 국고의 영향을 받는 경우(국고이자, 기술료 등) 등이 이에 해당된다. 미래창조과학부에서 발간한 「국가연구개발사업 연구관리 표준 매뉴얼」[2]에 따르면 국가연구개발사업의 법적 의미를 다음과 같이

---

1) 중앙행정기관의 장으로부터 국가연구개발사업의 연구관리 업무를 위탁받아 수행하는 기관.
2) 미래창조과학부, 「국가연구개발사업 연구관리 표준 매뉴얼」, 2014.

표 2-1 국가연구개발사업의 법적 의미

구 분	법적 의미
추진 주체	중앙행정기관의 장
추진 근거	법령: 법률과 법규명령(대통령령, 총리령, 부령, 위원회 규칙)
추진 방법	상향식 신청에 의한 선정과 하향식 지정을 포함 (상향식) 연구개발과제와 그 수행기관을 모두 공모에 의해 선정하는 방식 (하향식) 수행과제가 정책적으로 필요하다고 인정되는 경우 장관이 과제를 지정하되, 수행기관은 공모에 의해 선정하는 방식
비용부담 방법	연구개발비의 전부 또는 일부를 중앙행정기관의 장이 출연하거나 공공기금 등으로 지원(출연금, 기금)
지원 범위	과학기술분야

출처: 홍동희, 「과학기술연구개발 행정법론」, 과학기술법제연구원, 2012; 미래창조과학부, 국가연구개발사업 연구관리 표준매뉴얼, 2014.

정의하고 있다.

　또한, 국가연구개발사업은 단계별로 크게 기초, 응용, 개발연구로 정의할 수 있다. 특수한 응용 또는 사용을 직접적 목표로 하지 않고 자연현상 및 관찰 가능한 사물에 대한 새로운 지식을 획득하기 위하여 최초로 행해지는 이론적 또는 실험적 연구를 기초연구(Basic Research)라고 정의하며 기초연구 결과로 부터 획득한 지식을 이용하여 주로 실용적인 목적과 목표하에 새로운 과학적 지식을 획득하기 위한 독창적인 연구를 응용연구(Applied Research)라 정의한다, 마지막으로 개발연구(Commercial Research)는 기초·응용연구 및 실제 경험으로부터 얻어진 지식을 이용하여 새로운 재료 및 장치를 생산하거나 이미 생산 또는 설치된 것을 실질적으로 개선하기 위한 체계적 연구로 정의할 수 있다.

　정부는 앞서 정의한 국가연구개발사업의 단계를 통해 다음과 같이 순수연구개발 등 5개의 유형으로 분류하고 있다.

표 2-2 연구개발사업의 유형

분 류	정 의
순수연구개발	새로운 지식을 창출하거나 제품 기술개발 등의 응용 개발연구 지원
연구기관지원	연구개발을 주목적으로 하는 대학, 국공립, 출연연구소 등 연구기관 지원
연구기반조성	시설 장비, 인력양성, 연구개발서비스 등 연구개발과 직접 관련된 지원
연구기획관리	연구개발 기획 관리 활동과 관련된 사업
복합활동	순수연구개발, 연구기반조성 등 2개 이상의 대분류가 혼재된 사업

출처: 국가과학기술위원회,「국가연구개발 분류체계 개선방안」, 2001.

영국의 과학기술청(OST: Office of Science and Technology)은 우리 정부와 유사하게 연구개발의 유형을 기초연구와 응용연구로 구분하고 기초연구를 순수기초와 목적기초로 분류하며 응용연구를 전략 응용연구(strategic-applied research)와 특정 응용연구(specific-applied research)로 구분한다. 또한, 현재까지 구체적으로 확정되지는 않았지만 현실적으로 적용이 가능한 연구 혹은 기술적 지식의 축적이 다양한 목적으로 활용될 수 있는 연구를 전략연구로 정의하고 있다.

표 2-3 영국 과학기술청(OST)의 기초 및 응용연구 구분

구 분	소분류	내 용
기초연구	순수 기초연구	장기적인 경제/사회적 편익을 고려하지 않으며, 실용적인 목적을 위해 그 결과를 사용하고자 하는 기초 노력이 없이 단지 지식 증진을 위해 수행되는 연구
	목적 기초연구	현재 알려진 문제 혹은 미래에 예상되는 문제 등을 해결하는 데 필요한 광범위한 기반 지식을 생산할 것이라는 기대하에 이루어지는 연구
응용연구	전략 응용연구	특정한 생산품, 공정, 시스템 등 구체적인 목표를 가지고 수행되는 연구
	특정 응용연구	현재 그 응용이 어떻게 이루어질 것인지 명확하지는 않지만, 미래의 실용적 목적을 위한 연구

출처: 영국 과학기술청(OST: Offices of Science and Technology), SET statistics, 2001.

2 추진 체계 및 절차

국가연구개발에 대한 추진 체계를 살펴보면 국가차원의 연구개발사업 기획·조정과 개별 부처 차원의 연구개발과제 기획 및 관리 기능을 비롯하여 주관연구기관3)에서 행해지는 연구수행 단계로 구분할 수 있다. 또한, 주체적인 측면으로는 정부로부터의 기본계획 수립 단계, 관리기관의 사업선정 및 수행기관

그림 2-1 국가연구개발사업 추진 체계

구분	중앙행정기관	전문기관	주관연구기관
사업공고 및 신청	사업계획 수립/시행 연구과제 공모 공고	사업계획(안) 작성/제출 연구과제 접수	연구계획서 작성 및 신청
과제 평가 및 선정	사업별 추진위원회 심의	선정평가단 구성 및 운영 선정평가 및 결과 보고 선정결과 통보	선정여부 확인 연구계획서 보완, 제출
연구협약	일괄 협약(사업계획승인)	협약체결	개별 협약
연구비 지급	연구비 지급	연구비 지급요청/수령	연구비 지급 요청/수령 연구개발과제 수행
결과보고 및 최종평가	평가결과 접수, 제재조치	보고서 접수 및 최종평가 최종평가 결과 보고/통보	최종보고서(초안)제출 최종보고서 반영 및 배포 국가연구개발사업 참여제한
연구비 정산	연구비집행잔액 회수 및 국고반납	연구비 사용실적 검토 및 정산 검토 및 정산결과 보고	연구비 사용실적 보고 집행잔액 입금조치

출처: R&D 도우미 센터(https://www.rndcall.go.kr/development/development02.jsp).

---

3) 국가연구개발사업의 연구개발과제를 주관하여 수행하는 기관.

과의 계약체결 단계, 연구기관의 과제수행 및 그 결과물의 기술이전 단계로 구분할 수 있다.

연구개발은 먼저 전 주기적인 과정을 거시적 관점에서 살펴보면 Plan-Do-See 순서로 진행된다. Plan 단계에서는 정보수집 및 연구기획을 통한 아이디어를 창출하고 연구개발 계획서를 작성하는 활동을 한다. DO 단계에서는 연구개발 목표를 구체화하고 대안을 모색하여 문제를 해결하는 연구개발 활동을 하게 되며 See 단계에서는 연구개발 활동의 결과물인 3P(Paper, Patent, Product)를 포함하여 사업화 활동을 통한 실용화와 확산, 경제적 성과(이익)의 창출 활동이 이루어진다.

연구개발의 전 주기적인 과정을 미시적인 관점에서 평가 부문에 대해 살펴보면 사전평가, 중간평가, 완료평가, 추적평가로 이루어진다. 즉, Plan 단계에서는 사전평가(또는 선정평가)를 실시하고 Do단계에서는 중간평가, See 단계에서

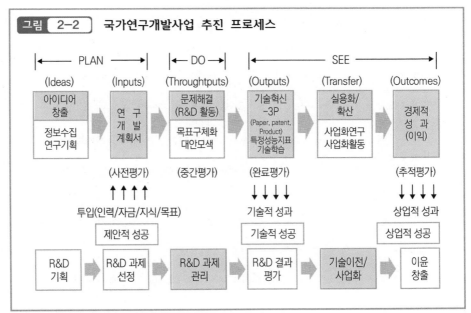

그림 2-2 국가연구개발사업 추진 프로세스

출처: 배종태, 「R&D 프로젝트관리(2): 과제 기획과 선정」, 산업기술진흥협회, 2007년 R&D 프로젝트리더 양성과정; 국가과학기술위원회·한국과학기술기획평가원, 「국가연구개발사업 성과창출·보호·활용 표준매뉴얼」, 2013, 8면.

그림 2-3 국가연구개발사업 계층별 수행 체계

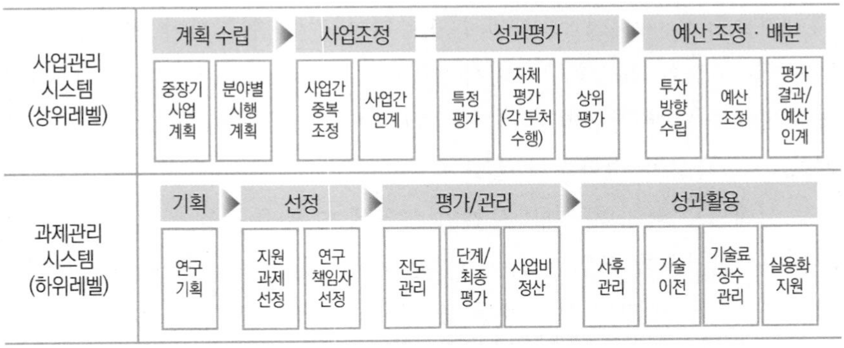

는 완료평가(또는 최종평가)와 추적평가 활동 순으로 진행된다.

국가연구개발사업은 다수 개의 과제로 구성되어 있으며 「과학기술기본법」 제11조 제4항에 따라 중앙행정기관은 국가연구개발사업에 대한 기획·관리·평가 및 활용 등의 업무 수행을 위하여 설립되거나, 행정권한의 위탁절차에 따라 과제관리 업무를 위탁받은 기관인 전문기관에서 국가연구개발사업의 연구개발과제를 관리한다. [그림 2-3]은 상위 국가연구개발사업에 대한 수행절차와 하위 국가연구개발과제에 대한 계층적 수행체계를 전반적으로 도식화해서 나타낸 그림이다.

3 시대별 특징

서구에서는 세계 2차대전 이후에 과학기술에 대한 중요성이 인식되었고 정부의 주도하에 다양한 연구개발사업이 시행되었다. 1970년대부터 선진국에서는 순수과학에 대한 투자를 강조하는 데에서 산업경쟁력과 경제성장에 기여하는 과학기술을 강조하는 방향으로 선회하였으며 1990년대 이후에는 과학기술이 지속가능성과 사회문제의 해결에 미치는 영향을 중시하기 시작하였다.

이에 반하여, 우리나라의 국가연구개발사업은 다른 선진국에 비해 역사가 그리 길지 않다. 「국가연구개발사업의 관리 등에 관한 규정」 제2조 1항에서 정의하는 국가연구발사업에 부합하는 정부 최초의 국가연구개발사업은 1982년도에 과학기술처(현 미래창조과학부)에서 정부와 민간이 협력하여 연구개발사업을 본격적으로 시작한 '특정연구개발사업'이다. 그러나 그 이전부터 과학기술진흥 및 연구개발을 위한 정부의 투자가 이루어져 왔으며, 국내 산업화와 연계하여 시대별로 그 특성이 변화되어 왔다.

각 시대별로 국가연구개발사업의 상황에 따른 특징을 살펴보면, 1960~70년대에는 선진기술을 도입하거나 개량할 목적으로 정부출연연구소[4]의 주도하에 석유, 화학, 가전 및 철강 부문을 중점적으로 지원하였으며 1980년대에 들어와서는 조선, 자동차, 철강, 반도체 등 수출주력산업에 대한 기술개발을 통해 선진국을 추격하는 데 목표를 두었다. 1990년대에는 정부출연연구소 외에 기업 및 대학이 연구개발의 주체가 되어 반도체, 첨단가전, 휴대폰 등 첨단산업 기술개발에 역점을 두어 국가연구개발사업이 수행되었으며 2000년대 이르러서는 선진국의 기술을 쫓아가는 추격형 연구개발에서 벗어나 새로운 신기술을 주도

표 2-4 국가연구개발사업의 시대별 특징

구 분	1960년대	1970년대	1980년대	1990년대	2000년대
특징	낮은 연구개발 비중	선진기술 개량	선진국 추격형	선진국 추격형	창조형 전환 도모
성격	과학기술 기반조성	산업현장 애로기술 지원	수출주력 산업기술 개발	첨단산업 기술개발	기초원천 기술개발
연구수행 주체	-	출연연 주도	출연연 주도	출연연, 기업, 대학	기업 주도, 대학, 출연연
중점 지원산업	-	석유화학, 가전, 철강	조선, 철강, 자동차, 반도체	반도체, 휴대폰, 첨단가전	이동통신, 바이오

출처: 국가과학기술위원회·한국과학기술기획평가원, 「국가R&D 성과분석 및 시사점」, 2009, 5면.

---

4) 정부가 출연하고 연구를 주된 목적으로 하는 기관(「정부출연연구기관 등의 설립·운영 및 육성에 관한 법률」 제2조).

적으로 개발하는 창조형 연구개발로 패러다임이 바뀌었다. 따라서 정부는 기초 및 원천 기술개발을 목표로 기업 주도하에 대학과 정부출연연구기관을 중심으로 이동통신 및 바이오 분야 등에 중점적으로 연구개발비를 지원하였다.

정부는 어려운 재정여건에도 불구하고 미래 국가경쟁력을 확보하기 위한 탈출구로 국가연구개발사업의 중요성을 인지하여 연구개발 투자규모를 지속적으로 확대해 오고 있다. 이에, 정부는 2016년도 연구개발 예산을 18조 9,363억원으로 확정하였는데 이는 전년 대비 0.2% 증가한 수치로서 역동적 경제혁신을 위한 미래성장동력 창출을 최우선 과제로 정하여 미래 지식창출 및 핵심기술 선점을 위해 기초연구에 대한 투자를 확대하고, 과학벨트 등 인프라의 안정적 구축과 대형 우주 사업이 적기에 추진될 수 있도록 뒷받침할 계획을 갖고 있다.

4 연구관리 절차

정부는 국가연구개발사업 예산을 지속적으로 확대하면서 연구개발사업의 효과 및 효율성을 증대시키기 위하여 연구기획·관리·평가·활용 등 국가연구개발사업에 대한 전 주기적인 관리의 중요성을 강조하고 있다. 이에, 국가연구개발사업 관리방법은 크게 연구개발 전략, 추진체계, 연구과제의 특성에 따라 수많은 시행착오를 겪으면서 발전되어 왔지만 각 부처마다 연구관리 체계와 방식이 서로 상이하다는 문제가 공통적으로 제기됨에 따라 2001년도에 국가연구개발사업 관리의 표준화를 위해 「국가연구개발사업의 관리 등에 관한 규정」을 제정하였다. 따라서 정부의 모든 중앙부처는 이 규정을 공통적으로 적용하면서 각 부처별로 공동관리규정에 저촉되지 않는 범위 내에서 별도의 국가연구개발사업의 관리에 관한 세부규정을 마련하여 운영하게 된다.

또한, 「국가연구개발사업의 관리 등에 관한 규정」에는 국가연구개발사업의 보안 및 정보관리에 관한 별도 규정을 마련하여 중앙행정기관을 포함한 전문기관 및 연구기관이 각각의 보안대책을 수립하여 시행하도록 하고 있다.

국가연구개발사업의 관리 절차는 총 9단계로 「국가연구개발사업 연구관리 표준지침」을 마련하여 활용하고 있다. 국가연구개발사업 관리는 "① 사업기획 및 공고, ② 과제신청 및 과제선정, ③ 과제협약 및 변경, ④ 연구개발비 지급 및 관리, ⑤ 연구개발비 정산, ⑥ 연구결과 보고 및 평가, ⑦ 연구과제에 대한 이의신청, ⑧ 연구결과의 소유 및 활용촉진, ⑨ 참여제한 및 사업비 환수 등 제재조치" 절차에 의해 진행된다.

표 2-5 국가연구개발사업 관리 절차

단 계	정 의	내 용
1	연구사업 기획 및 공고	• 연구개발사업 사전조사 및 기술수요조사 실시 • 사업별 지원계획 및 일정 공고
2	연구과제 신청 및 선정	• 해당사업의 연구개발과제 신청서 제출 • 신청과제의 사전검토 및 평가를 통한 과제 선정
3	연구과제 협약 및 변경	• 전자협약 및 수기협약 방식을 통한 과제 협약 체결 • 연구 조기종료 및 내용 변경 등 협약 내용 변경 시 해당사항을 과제에 반영
4	연구개발비의 지급 관리	• 과제규모, 착수시기, 재정상황 등을 고려하여 지급 • 별도 계정으로 발급된 신용카드 또는 직불카드로 연구비 관리
5	연구개발비의 정산	• 주관연구기관장은 협약기간 종료 3개월 이내에 중앙행정기관장에게 보고 • 집행 잔액 및 부당집행 금액 회수
6	결과보고 및 평가	• 협약종료 45일 이내에 최종보고서 제출 • 협약종료 후 3개월 이내에 보완서류 제출 • 연구개발 결과의 활용을 위해 널리 공개
7	과제 이의신청	• 수행기관장은 평가, 정산, 제재조치 등에 중대한 하자가 있는 경우 이의신청 가능
8	결과소유 및 활용촉진	• 연구수행과정에서 얻어지는 유형적 결과물은 주관연구기관이 소유 • 규정에 따라 참여기업 등에 대한 연구개발결과물의 잉여 가능
9	제재조치	• 연구부정, 연구비 부정사용 시 국가연구개발사업 참여제한 가능 • 기 출연한 사업비 환수 및 제재부가금 부가 가능

출처: 미래창조과학부, 「국가연구개발사업 연구관리 표준매뉴얼(안)」, 2014 재구성.

가. 연구사업 기획 및 공고

(1) 사전조사 및 기획

중앙행정기관은 국가연구개발사업을 추진하고자 하는 경우 그 사업에 대한 기술적·경제적 타당성 등에 대한 사전조사 및 기획연구와 더불어 기술수요조사를 실시한 후 그 결과를 토대로 연구개발과제를 발굴한다. 단, 연구에 참여하고자 하는 연구자가 직접 연구기획 결과를 제출하도록 하는 연구개발과제 또는 시급성을 요구하거나 전략적으로 반드시 수행할 필요가 있는 연구개발과제의 경우에는 기술수요조사 결과를 반영하지 않을 수도 있다.

기술수요조사는 제안하는 기술의 개발목표 및 내용, 연구개발 동향 및 파급효과, 기술 시장동향 및 규모, 개발기간, 정부지원 규모 및 형태 등의 내용이 포함되어야 한다. 특히 응용연구단계 및 개발연구단계의 국가연구개발사업에 대해서는 국내외 특허 동향을 비롯하여 기술동향 및 표준화 동향을 조사하여 반영하여야 한다. 다만, 중소기업이 주관연구기관으로 2년 이내 단기 사업을 하는 경우에는 동향조사를 실시하지 않아도 된다.

연구개발 사전 조사 및 기획을 통해 부처 간에 서로 중복되는 국가연구개발사업 투자를 방지하고, 필요에 의해 서로 연계가 필요한 연구개발사업은 부처 간에 협의하여 공동으로 연구개발사업을 기획(다부처 연구개발사업)할 수 있다. 또한, 연구개발의 효율성을 높이기 위한 국제적 연계와 협력도 가능하고 산업계와 학계, 연구계 간의 상호 협력도 장려하고 있다.

(2) 사업 공고

중앙행정기관이 기획한 사업을 추진하고자 하는 경우에는 중앙행정기관 홈페이지, 전문기관 홈페이지 및 국가과학기술지식정보서비스(NTIS: National Science & Technology Information Service)[5]에 사업내용 및 추진일정 등을 포함하여 30일 이상 공고한다. 또한, 공고 시에 반드시 연구개발과제의 보안등급을 명시하여야 하며 국가안보 및 사회·경제에 영향을 미칠 우려가 있는 사업은 공고를 하

---

5) http://www.ntis.go.kr

지 않을 수도 있다. 사업을 공고하고자 하는 경우 포함되어야 할 내용은 다음과
같다.

① 국가연구개발사업의 추진목적, 사업내용 및 사업기간
② 연구개발과제의 신청자격 및 감점사항
③ 연구개발과제의 선정절차 및 일정
④ 연구개발과제의 선정 평가 절차
⑤ 연구개발과제의 선정 평가 기준
⑥ 연구개발과제의 보안등급
⑦ 그 밖에 중앙행정기관의 장이 정하는 사항

나. 연구과제 신청 및 선정

(1) 연구과제 신청

국가연구개발사업에 참여를 원하는 연구자는 공고문에 제시된 지원조건,
신청자격, 접수 마감일, 접수 방법 등을 참고하여 해당사업의 중앙행정기관 또
는 전문기관에 연구개발 신청서(계획서)를 작성하여 제출한다. 연구개발 신청서
에는 연구개발 필요성, 연구개발 목표 및 내용, 연구개발 추진전략 및 추진체
계, 기대성과 및 연구개발결과 활용방안과 더불어 참여연구원 편성표 및 연구
개발비, 보안등급의 분류와 결정사유 등의 내용이 포함된다. 과제를 관리하는
전문기관에서 연구개발사업을 소개하는 설명회 등이 필요하다고 판단되면 설
명회를 통해 사업공고와 관련된 주요 내용 및 유의사항, 평가절차 등에 대한
정보를 제공한다.

또한, 각 중앙행정기관은 국가연구개발사업에 참여할 수 있는 자격을 제
한하는 규정을 별도로 마련하여 시행하고 있다.

표 **2-6** 미래부, 산업부, 중기청 참여자격 관련 규정 비교

미래창조과학부 (정보통신·방송 기술개발사업 수행 관리지침 별표2, 미래창조과학부 훈령 제97호, 2014. 1. 6.)	산업통상자원부 (산업기술혁신사업 기술개발평가 관리지침 10, 산업부 예규14호, 2014. 4. 22.)	중소기업청 (중소기업 기술개발지원사업 운영요령 제8조, 중소기업청고시 제2014-8호, 2014. 3. 3.)
기업의 부도	기업의 부도	주관기관, 공동개발기관, 참여기업, 대표자 등이 부도
국세, 지방세 등의 체납처분을 받은 경우	국세, 지방세 등의 체납처분을 받은 경우(단, 중소기업진흥공단 및 신용회복위원회(재창업지원위원회)를 통해 재창업자금을 지원 받은 경우와 신용보증기금 및 기술신용보증기금으로부터 재도전기업주 재기지원보증을 받은 경우는 예외)	국세, 지방세 체납인 경우(다만, 회생인가 받은 기업, 중소기업진흥공단 등으로부터 재창업자금을 지원받은 기업과 중소기업 건강관리시스템 기업구조 개선진단을 통한 정상화 의결기업은 예외)
채무불이행자	민사집행법, 신용정보집중기관에 의한 채무불이행자(단, 중소기업진흥공단 및 신용회복위원회(재창업지원위원회)를 통해 재창업자금을 지원 받은 경우와 신용보증기금 및 기술신용보증기금으로부터 재도전기업주 재기지원보증을 받은 경우는 예외)	금융기관 등의 채무불이행(과제선정평가 개시전까지 해소한 경우는 예외로 한다)인 경우, 다만, 회생인가 받은 기업, 중소기업진흥공단 등으로부터 재창업자금을 지원받은 기업 등 정부, 공공기관으로부터 재기지원 필요성을 인정받은 기업과 중소기업 건강관리시스템 기업구조 개선진단을 통한 정상화 의결기업은 예외
파산·회생절차·개인회생절차가 개시된 경우(단, 법원의 인가를 받은 회생계획 또는 변제계획에 따른 채무변제를 정상적으로 이행하고 있는 경우는 예외)	파산·회생절차·개인회생절차가 개시(단, 법원의 인가를 받은 회생계획 또는 변제계획에 따른 채무변제를 정상적으로 이행하고 있는 경우, 행정기관으로부터 재창업자금을 지원 받는 경우는 예외)	국세·지방세 체납자인 경우(다만, 회생인가 받은 기업(생략)은 예외)
최근 2년 결산 재무제표 상 부채비율이 연속 500% 이상인 기업 또는 유동비율이 연속 50% 이하인 기업(단, 종합신용등급인 'BBB' 이상인 경우 또는 외국인 투자기업중 외국인투자비율이 50%이상	최근 2년 결산 재무제표 상 부채비율이 연속 500% 이상인 기업 또는 유동비율이 연속 50% 이하인 기업(단, 종합신용등급인 'BBB' 이상인 경우 또는 외국인 투자기업중 외국인투자비율이 50%이상	최근 재무제표 부채비율이 1,000% 이상인 경우(다만, 중소기업 건강관리시스템 기업구조 개선진단을 통한 정상화 의결기업은 예외)

이며 기업설립일로부터 5년이 경과되지 않은 외국인 투자기업은 제외) 이때, 사업개시일 또는 법인 설립일로부터 접수 마감일까지 3년 미만인 기업의 경우는 적용하지 아니함	이며 기업설립일로부터 5년이 경과되지 않은 외국인 투자기업은 제외) 이때, 입력이 2년 미만인 경우는 적용하지 아니함	
최근 결산기준 자본전액잠식	최근 결산기준 자본전액잠식	자본전액잠식 상태인 경우(다만, 중소기업 건강관리시스템 기업구조 개선진단을 통한 정상화 의결 기업은 예외)
외부감사 기업의 경우 최근년도 결산 감사 의견이 '의견거절' 또는 '부적정'	외부감사 기업의 경우 최근년도 결산 감사 의견이 '의견거절' 또는 '부적정'	

출처: 미래창조과학부, 「국가연구개발사업 연구관리 표준매뉴얼(안)」, 2014, 16면.

(2) 연구과제 평가 및 선정

신청한 연구개발과제를 대상으로 선정평가를 실시하는데 평가의 공정성 및 객관성을 유지하기 위하여 별도의 평가위원회를 구성한다. 평가위원회는 평가대상과제와 이해관계가 있다고 판단되거나 불성실하고 불공정하게 평가한 이력이 있다고 판단되는 자를 포함하여 사업을 집행하는 중앙행정기관의 공무원 등은 평가위원 대상에서 제외하는 기준을 마련하여 운영하고 있다. 연구개발과제 신청서를 접수한 중앙행정기관은 연구개발계획서의 적정성으로 공고내용과의 부합성, 신청자격, 중복성, 참여제한 등을 사전에 검토한다. 다만, 과제 간의 중복성이 있더라도 경쟁이나 상호보완이 필요하다고 인정되는 경우에는 중복과제로 판단하지 않을 수도 있다. 사전검토 단계에서 사업 공고문과 부합하지 않다고 판단되는 경우에는 평가위원회 개최 전에 사전제외 처리될 수도 있다. 연구개발과제 선정 시 사전에 다음 사항을 검토한다.

① 연구개발 계획의 창의성 및 충실성
② 연구인력, 연구시설·장비 및 사전조사 수준
③ 기존에 추진하였거나 추진 중인 과제와의 중복성
④ 신청자격, 의무사항불이행, 채무불이행 및 부실위험 여부, 참여제한

⑤ 보안등급의 적정성

⑥ 연구시설·장비 구축의 타당성

⑦ 국내외 연계·협력 가능성

⑧ 연구개발결과의 파급효과 및 활용 가능성

⑨ 연구책임자의 연구역량 및 연구윤리 수준

⑩ 연구실의 안전조치 이행계획 적정성

⑪ 금지된 기술 및 지식재산권 존재 유무(중소기업이 주관연구기관으로 총연구기간이 1년 이내인 과제는 제외)

또한, 국가연구개발사업 가점 및 감점 기준을 마련하여 연구개발과제 선정 시 적용하고 있으며 해당부처 우대 및 감점 세부기준 이외에 부처별, 사업별 특성에 따라 우대 및 감점기준을 공고할 때 별도로 정할 수 있다. 하지만, 과제 선정의 공정성을 확보하기 위하여 부처별로 상이한 가점 및 감점 기준에 대한

표 2-7 가점 및 감점 표준화

구 분	기 준
가점항목	① 최근 3년 이내(접수마감일 기준)에 최종평가 결과가 우수한 것으로 판단되는 연구책임자가 해당 평가를 실시한 중앙행정기관의 장에게 새로운 연구개발과제를 신청한 경우 ② 최근 3년 이내(접수마감일 기준)에 포상을 받은 연구자가 새로운 연구개발과제를 신청하는 경우 ③ 최근 3년 이내(접수마감일 기준)에 기술이전 실적이 우수하거나 보안과제를 수행한 연구책임자가 새로운 연구개발과제를 신청하는 경우 ④ 그밖에 중앙행정기관의 장이 우대가 필요하다고 별도로 정하는 경우
감점항목	① 최근 3년 이내(접수마감일 기준)에 연구부정행위로 판단되어 협약이 해약된 연구개발과제의 연구책임자가 새로운 연구개발과제를 신청하는 경우 ② 최종평가 결과가 최하위 등급 또는 불성실중단 및 불성실 수행 연구개발과제의 연구책임자가 해당 평가를 실시한 중앙행정기관의 장에게 새로운 연구개발과제를 신청하는 경우 ③ 최근 3년 이내에 연구를 포기한 경력이 있는 연구책임자 또는 주관연구기관인 경우 ④ 「하도급거래 공정화에 관한 법률」을 최근 3년이내(접수마감일 기준)에 상습적으로 위반한 기업이 연구개발과제를 신청한 경우에 그러한 위반 사실이 같은 법 제26조에 따른 공정거래위원회로부터 관계 행정기관 장에의 통보 등을 통하여 확인될 경우 ⑤ 그밖에 중앙행정기관의 장이 감점이 필요하다고 별도로 정하는 경우

출처: 미래창조과학부, 「국가연구개발사업 연구관리 표준매뉴얼(안)」, 2014, 20면.

표준화를 추진하고 있으며 그 내용은 다음 [표 2−7]과 같다.

연구개발과제에 대한 사전 검토단계가 끝나면 신청과제에 대한 평가를 실시하는데 평가방법으로는 서면평가, 온라인평가, 발표평가(패널평가), 현장방문평가, 토론평가 및 PM협의체 평가 등의 형태가 있다. 평가점수는 각 위원별 점수 중에서 최고 점수와 최저 점수를 제외한 나머지 점수를 산술평균한다. 그리고 사전검토 단계에서 부여한 가점 및 감점 점수를 포함하여 평가점수가 60점 이상인 과제를 "지원가능과제"로 분류하고 60점 미만인 과제는 "지원제외"로 구분한다. 물론 부처별, 사업별 특성 또는 평가 계획에 따라 선정기준 및 평가방법 등을 다르게 정할 수도 있다. 선정된 과제는 평가위원의 명단 및 평가위원회의 평가의견 등을 포함한 평가결과를 연구개발과제 신청기관에 통보한다. 통보를 받은 주관연구기관은 연구개발과제 선정 통보를 받은 날로부터 15일 이내에 평가위원회의 평가의견을 반영하여 연구개발계획서를 보완한 후 해당 중앙행정기관에 다시 제출한다.

다. 과제협약 및 변경

(1) 협약 체결[6]

중앙행정기관 또는 전문기관으로부터 선정 통보를 받은 주관연구기관은 선정 통보를 받은 날로부터 1개월 이내에 중앙행정기관과 협약을 체결해야 한다. 중앙행정기관이 전문기관과 일괄적으로 협약을 체결한 경우에는 전문기관이 주관연구기관과 개별적으로 협약을 체결하게 된다. 보통 연구협약은 전자협약[7]과 수기협약[8]으로 구분되며 전문기관에 따라 협약방식에 차이가 존재한다.

---

6) 공동관리규정 제9조.
7) 전자협약은 전문기관의 협약사이트에서 산학협력단의 기관 공인인증을 통해 진행되며, 필요 시 최종수정계획서 등 전문기관의 협약 요청서류를 온라인으로 등록함(연구재단 E−RND, 한국산업기술평가관리원 I−tech, 농촌진흥청 Atis 등)−전자서명법에 따른 전자문서(공인전자서명)로 협약 체결.
8) 수기협약은 협약서 및 협약체결 관련 서류를 구비하여 연구책임자의 날인을 마친 후 주관연구기관장의 직인을 날인(국토부)하여 협약을 체결함.

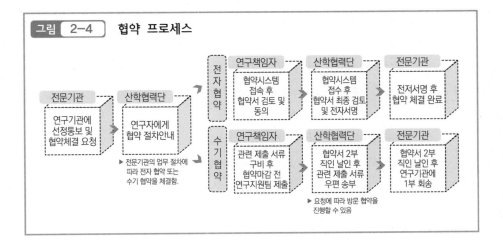

그림 2-4 협약 프로세스

또한, 협약 기간에 따라 연차 협약과 다년도 협약으로 구분되며 계속과제의 경우에는 다년도 협약이 가능하다. 연차 협약은 총 연구기간이 다수의 연차로 구성될 경우 매 연차별로 협약을 체결하는 방식으로 현재 대부분의 과제는 이 방식을 적용하고 있으며 다년도 협약은 최초 협약으로 총 연구기간 동안 효력이 유지되는 협약을 체결하는 방식과 총 연구기간을 2~3단계로 나누어 매 단계별로 협약을 체결하는 방식이 있으며 부처별로 대형사업 등에 한하여 단계 협약을 적용한다. 협약 체결 시 우선적으로 다음 사항이 포함된다.

① 연구개발과제계획서
② 참여기업에 관한 사항
③ 연구개발비 지급방법 및 사용·관리에 관한 사항
④ 연구개발결과의 보고에 관한 사항
⑤ 연구개발결과의 귀속 및 활용에 관한 사항
⑥ 연구성과의 등록 및 기탁에 관한 사항
⑦ 기술료의 징수 및 사용에 관한 사항
⑧ 연구개발결과의 평가에 관한 사항
⑨ 연구윤리 확보 및 연구부정행위의 방지에 관한 사항
⑩ 협약의 변경 및 해약에 관한 사항

⑪ 협약의 위반에 관한 조치

⑫ 연구개발과제계획서, 연구보고서, 연구성과 및 참여인력 등 연구개발 관련 정보의 수집 및 활용에 대한 동의에 관한 사항

⑬ 연구수행 과정에서 취득(개발하거나 구매하여 취득한 경우)한 연구시설 및 장비의 등록 및 관리에 관한 사항

⑭ 연구개발과제의 보안관리에 관한 사항

⑮ 연구노트의 작성 및 관리에 관한 사항

⑯ 연구개발과제 수행에 따른 연구실 등의 안전조치 이행에 관한 사항

⑰ 그 밖에 연구개발에 관하여 필요한 사항

(2) 협약 변경[9]

연구개발을 진행하는 단계에서 협약내용이 변경되는 경우가 종종 발생할 수 있다. 협약 변경 사유로는 대체로 중앙행정기관이 협약 내용을 변경할 필요가 있다고 인정하는 경우와 주관연구기관 또는 전문기관이 주관연구기관, 연구책임자, 연구목표, 참여기업 또는 연구기간 등의 변경을 사유로 협약내용의 변경을 요청한 경우, 다년도 협약을 체결한 연구개발과제의 경우에는 정부의 예산사정, 해당 연구개발과제의 연차실적 및 계획서 평가 결과 등에 따라 협약내용을 변경할 필요가 있는 경우에만 가능하다. 협약 변경은 중앙행정기관의 일

표 2-8 협약 변경 유형 구분

구 분	내 용
조기종료/연구중단	연구목표 조기달성, 신분변동, 불가항력, 자격상실, 취업종료, 연구책임자의 과제수행 포기 등
연구수행전념	6개월 이상 국내외 파견
연구내용변경	주관연구기관 변경(참여연구기관 변경), 연구책임자변경(총괄연구책임자, 참여기관 연구책임자), 연구내용 변경(제목, 최종목표, 단계목표 내용 등), 최초 협약사업비 대비 사업비 총액 변경, 과제수행기간 변경

출처: 미래창조과학부, 「국가연구개발사업 연구관리 표준매뉴얼(안)」, 2014, 25면.

---

9) 공동관리규정 제10조.

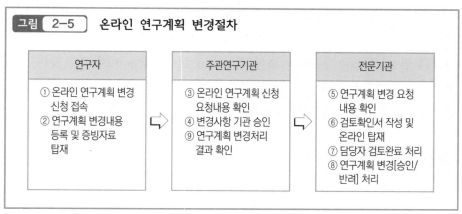

그림 2-5 온라인 연구계획 변경절차

연구자	주관연구기관	전문기관
① 온라인 연구계획 변경 신청 접속 ② 연구계획 변경내용 등록 및 증빙자료 탑재	③ 온라인 연구계획 신청 요청내용 확인 ④ 변경사항 기관 승인 ⑨ 연구계획 변경처리 결과 확인	⑤ 연구계획 변경 요청 내용 확인 ⑥ 검토확인서 작성 및 온라인 탑재 ⑦ 담당자 검토완료 처리 ⑧ 연구계획 변경[승인/ 반려] 처리

출처: 미래창조과학부, 「국가연구개발사업 연구관리 표준매뉴얼(안)」, 2014, 25면.

정한 검토 및 승인 절차를 거친 후에 이를 과제에 반영할 수 있다.

변경된 협약 내용을 반영하기 위한 연구계획 변경절차는 전문기관의 전산 시스템을 통하여 [그림 2-5]의 절차에 따라 변경이 이루어지며 오프라인으로 운 영중인 전문기관의 경우에는 해당기관의 연구계획 변경절차에 따라 진행된다.

각 부처별로 협약변경 서식은 서로 다를 수 있으나 협약변경 서식의 간소 화 및 표준화를 위한 서식은 부록의 [별첨 6]을 참고하면 된다.

(3) 협약 해약[10]

협약을 해약할 사유가 발생한 경우 중앙행정기관은 협약이 정하는 바에 따라 협약을 해약할 수 있으며 기업이 참여하는 연구개발과제에 대해서는 참여 기업의 대표와 사전에 협의해야 한다. 이 때 중앙행정기관은 연구비 집행을 중 지하고 현장 실태를 조사하는 등의 조치를 수행하게 된다. 협약을 해약하였을 때는 실제 연구개발에 사용한 금액을 제외한 나머지 연구개발비 중에서 정부출 연금[11] 지분에 해당하는 금액을 회수하게 된다. 또한, 필요한 경우에는 참여제 한을 할 수도 있다. 해약 사유로는 당초에 제시한 연구개발목표가 다른 연구개

---

10) 공동관리규정 제11조.
11) 국가연구개발사업의 목적을 달성하기 위하여 국가 등이 반대급부없이 예산이나 기금 등 에서 연구수행기관에 지급하는 연구경비.

발에 의하여 성취된 경우와 대내외 환경 변화 등으로 연구개발의 필요성이 사라진 경우 또는 진행중인 다른 과제와 내용이 중복되게 수행하는 경우이다. 이와 더불어 연구를 수행하는 기업이 참여기업 부담금액을 이행하지 않는 등의 사유로 협약의무를 이행하지 않는 경우와 거짓이나 그 밖의 부정한 방법으로 연구개발과제 수행기관으로 선정된 경우도 해약 사유에 해당된다.

표 2-9 협약 해약 사유

구 분	내 용
연구개발 목표상실	연구개발 목표가 다른 연구개발에 의하여 성취된 경우와 대내외 환경변화 등으로 연구개발을 지속할 필요성이 없는 경우 및 진행중인 다른 과제와 내용이 중복되게 수행하는 경우
협약위반	주관연구기관 또는 참여기업의 중대한 협약위반으로 연구개발을 수행하기 곤란한 경우
수행포기	주관연구기관 또는 참여기업이 연구개발과제의 수행을 포기하는 경우
수행지연	주관연구기관 또는 참여기업에 의하여 연구개발의 수행이 지연되어 처음에 기대하였던 연구성과를 거두기 곤란하거나 연구개발을 완수할 능력이 없다고 인정되는 경우
연구개발 중단조치	다년도 협약과제의 경우에는 연차실적·계획서에 대한 검토 및 단계평가 결과 중앙행정기관의 장에 의하여 연구개발 중단조치가 내려진 경우
연구수행 능력상실	부도·법정관리·폐업 등의 사유로 주관연구기관 또는 참여기업이 연구개발과제를 계속 수행하는 것이 불가능하거나 계속 수행할 필요가 없다고 중앙행정기관의 장이 인정하는 경우
보안관리 문제	보안관리가 허술하여 중요 연구정보가 외부로 유출되어 연구수행을 계속하는 것이 불가능하다고 중앙행정기관의 장이 인정하는 경우
연구부정행위 발생	연구부정행위로 판단되어 연구개발과제의 연구개발을 계속 수행하는 것이 불가능하다고 중앙행정기관의 장이 인정하는 경우
연구책임자의 참여제한	연구책임자가 다른 연구개발과제 수행과정에서 연구개발비의 용도 외 사용 등의 사유로 참여제한이 확정된 경우
참여기업 부담금 미이행	연구를 수행하는 기업이 참여기업 부담금액 미이행 등의 사유로 협약의무를 이행하지 않는 경우
기 타	거짓이나 그 밖의 부정한 방법으로 연구개발과제 수행기관으로 선정된 경우

출처: 미래창조과학부, 「국가연구개발사업 연구관리 표준매뉴얼(안)」, 2014, 29면 참조.

라. 연구개발비 지급 및 관리

(1) 연구개발비 지급[12]

중앙행정기관은 선정된 과제에 연구개발비 전부 또는 일부를 출연할 수 있으며 대학, 정부출연연구기관, 특정 연구기관 등 비영리법인인 경우와 연구개발서비스 업자가 주관연구기관·협동연구기관[13]·공동연구기관[14]인 경우에는 연구개발비를 부담하지 않아도 된다. 하지만 연구과제에 참여하는 참여기업[15]의 수 및 유형에 따라 중앙행정기관이 출연하는 연구개발비와 참여기업에서 부담하는 연구개발비에 대한 기준을 정하고 있다. 또한, 참여기업은 연구개발비로 현금 이외에 현물로 부담할 수 있는데 허용되는 비목은 참여기업 소속 연구원의 인건비와 직접경비 중에서 보유하고 있는 연구장비 및 재료비가 이에 해당된다. 또한 참여기업이 부담하는 현물부담 범위는 인건비의 경우 대기업은 50%, 중견기업은 70% 이내이며, 연구장비 및 재료비는 인건비를 제외한 금액에서 대기업은 50%, 중견기업은 70% 이내로 정하고 있다.

연구개발비 지급방식은 연구개발과제 규모, 연구 착수시기 및 정부 재정 상황 등을 고려하여 연구개발비를 일시불로 지급하거나 분할하여 지급한다. 그리고 중앙행정기관이 지급하는 연구개발비의 비목은 직접비[16]와 간접비[17]로 구성된다.

---

12) 공동관리규정 제12조.
13) 연구개발과제가 2개 이상의 세부과제로 나누어질 경우, 협약으로 정하는 바에 따라 연구개발과제의 세부과제를 주관연구기관과 협동으로 수행하는 기관.
14) 협약으로 정하는 바에 따라 연구개발과제를 주관연구기관과 분담하거나 세부과제를 협동연구기관과 분담하여 공동으로 추진하는 기관.
15) 연구개발결과물을 실시할 목적으로 해당 연구개발과제에 필요한 연구개발비의 일부를 부담하는 기업.
16) 인건비, 연구장비 및 재료비, 연구활동비, 연구과제추진비, 연구수당, 위탁연구개발비가 해당.
17) 연구개발에 소요되는 인력지원비, 연구지원비, 성과활용지원비가 해당.

(2) 연구개발비 관리[18]

연구개발비를 지급받은 주관연구기관은 연구개발비 현금 관리를 위해 기관 명의의 수시 입출금이 가능하고 원금이 보장되며 답보설정이 되지 않는 보통예금 등으로 별도 계좌를 개설하여 관리해야 한다. 아울러 연구개발비의 투명한 관리를 위하여 다음과 같이 관리기준을 마련하여 시행하고 있다.

① 지급받은 연구개발비를 가까운 금융기관에 예치해야 함

② 연구개발비에서 집행되는 관세, 부가가치세 등은 관련 세법에 따라 신고해야 함

③ 현금출납부 또는 이에 준하는 장부를 갖추어 두고 총괄 및 비목별로 구분하여 출납상황을 기록·관리해야 함

④ 효율적인 연구개발비 관리를 위해 별도의 연구비 통합계좌를 운영할 수 있음

⑤ 연구개발비는 주관연구기관의 장이 직접 집행하되, 인건비를 제외한 직접비는 주관연구책임자의 발의를 거쳐 집행해야 함

⑥ 증명자료는 주관연구기관의 내부 규정에 따라 관리하되, 해당 연구개발과제의 종료 후 5년간 보존해야 함

단, 비영리법인은 연구개발비를 연구개발과 관련된 각종 물품계약 및 구매, 집행 등을 총괄하여 관리하는 것을 원칙으로 하고 있다. 특히, 대학의 경우에는 미래창조과학부장관이 매년 연구비 중앙관리 실태를 조사하고 평가를 시행하고 있다.

(3) 연구개발비 사용

연구개발비 관리는 별도의 계정을 설정하고 연구비 카드로 발급된 신용카드 또는 직불형 카드로 연구비를 사용하거나 계좌이체의 형태로 집행을 하되, 카드 사용이 불가능한 경우에만 현금 사용이 가능하다. 또한, 주관연구기관은 연구계획서에 명시한 연구목적 및 연구개발비의 사용 계획에 맞게 사용해야 하

---

18) 공동관리규정 제12조의2.

며 반드시 증빙자료를 구비하여야 한다.

주관연구기관이 연구개발비를 변경하고자 할 경우에는 다음 사항에 해당하는 경우에만 가능하며 중앙행정기관으로부터 사전에 승인을 받아야 한다.

① 건당 3천만 원 이상의 연구장비 및 시설비를 당초 계획없이 새로 집행하거나 당초 계획과 다른 연구장비 및 시설로 변경하려는 경우

② 계속과제로서 해당연도 직접비 중 불가피하게 다음 연도의 직접비에 포함하여 사용하려는 경우

③ 해당 연구개발과제 수행을 위해 신규 채용한 중소기업 소속연구원의 인건비를 원래 계획보다 감액하려는 경우

④ 위탁연구개발비를 당초 계획보다 20퍼센트 이상 증액하려는 경우

⑤ 학생인건비를 당초 계획보다 5퍼센트 이상 증액 또는 감액하려는 경우

정부출연금 이자는 연구개발 재투자, 연구성과의 창출지원·보호·활용역량 강화를 위해 사용 가능하고 그 밖의 용도로 사용하고자 하는 경우에는 중앙행정기관의 승인을 받아야 한다. 또한, 연구개발비 사용 후 사용내역을 관리시스템을 통하여 관리하고 증빙서류를 구비하여야 한다.

마. 연구개발비 정산

(1) 연구개발비 정산 절차

주관연구기관은 연구과제 협약기간(또는 연구기간)이 종료되면 일정기간 이내에 연구개발비의 사용실적[19]을 중앙행정기관에 보고하여야 한다. 보고 내용은 연구개발계획과 집행실적의 대비표 및 연구개발과제를 수행하는 연구기관

---

19) 산업통산자원부, 보건복지부, 농림축산식품부 사업의 경우 전문기관의 장은 연구개발비 사용실적에 대한 정산업무를 외부 전문기관에 위탁할 수 있으며, 이 경우 주관연구기관의 장은 연구개발비 사용실적보고서를 협약 종료일로부터 3개월 이내 위탁정산기관에 제출해야 함. 산업통상자원부 사업의 경우 해당 과제의 평가결과 "혁신성과"로 판정받은 경우나 국외 소재기관이 과제를 수행한 경우 자체 정산 결과보고서로 갈음할 수 있다. 미래창조과학부 사업의 경우 주관연구기관의 장은 해당 기관에서 수행하는 모든 과제에 대하여 간접비 및 연구기관 중 발생한 이자의 사용내역을 작성하여 사업에서 정한 시점까지 전문기관에 제출해야 한다. 다만, 발생이자 총액을 해당 과제별로 산입·사용하거나 반납하고 있는 기관의 경우 건별로 연구개발비 사용실적 보고 시 함께 제출해야 한다.

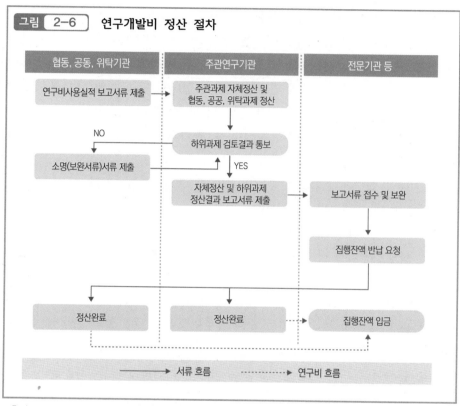

그림 2-6 연구개발비 정산 절차

협동, 공동, 위탁기관	주관연구기관	전문기관 등

- 연구비사용실적 보고서류 제출 → 주관과제 자체정산 및 협동, 공공, 위탁과제 정산
- 하위과제 검토결과 통보
- NO → 소명(보완서류)서류 제출
- YES
- 자체정산 및 하위과제 정산결과 보고서류 제출 → 보고서류 접수 및 보완
- 집행잔액 반납 요청
- 정산완료 / 정산완료 / 집행잔액 입금

→ 서류 흐름   ----→ 연구비 흐름

출처: 미래창조과학부, 「국가연구개발사업 연구관리 표준매뉴얼(안)」, 2014, 35면.

의 자체 회계감사 의견서를 제출해야 한다. 다만, 중앙행정기관이 별도로 정하는 경우에는 해당 중앙행정기관의 확인서 또는 전문기관의 정산결과로 갈음할 수도 있다. 연구개발비의 사용실적이 적절한지 확인하기 위하여 전문기관이 검토를 실시한 후 연구개발비 정산결과를 중앙행정기관에 최종 보고한다. 연구개발비 정산은 연구개발과제 중에서 일부만 추출[20]하여 실시하는데 주관연구기

---

20) 미래창조과학부 사업의 경우 전문기관의 장은 주관연구기관이 정산하여 보고한 해당년도 과제 중 5% 이상의 과제를 추출하여 정밀정산 계획을 수립하는데 정밀정산 대상과제로는 연구개발비 사용실적보고를 정당한 사유없이 기한 내 제출하지 않은 과제, 연구기간 중 발생한 이자를 부당하게 집행한 연구과제, 연구개발비 사용 후 30일 이내에 사용내역을 연구비전산종합관리시스템에 입력하지 않은 과제, 그 밖에 장관 또는 전문기관의 장이 필요하다고 인정하는 과제이다.

관에 정산시스템이 구축되지 아니한 경우와 중앙행정기관이 필요하다고 인정하는 경우에는 수행한 연구개발과제 전체를 정산할 수 있다.

(2) 집행잔액 및 부담집행 금액 회수[21]

연구개발과제가 종료된 이후에 연구비 잔액이 남아 있거나 부당하게 집행한 금액이 있을 경우 중앙행정기관은 해당 금액 중에서 정부출연금에 해당하는 금액을 회수한다. 단, 중앙행정기관이 다음 연도 직접비에 포함하여 사용하게 하는 금액이나 간접비 사용 잔액으로서 중앙행정기관이 다음 연도의 간접비로 사용하게 하는 금액, 학생인건비 통합관리 기관으로 지정된 연구기관에서 직접비 중 학생인건비로 사용하고 남은 금액은 회수 대상금액에서 제외된다. 연구개발과제 수행기관은 특별한 사유가 없는 한 집행 잔액을 즉시 중앙행정기관이 별도로 지정하는 계좌에 반납해야 하며 반납 내역과 증빙문서를 전문기관에 제출해야 한다. 또한, 정당한 사유없이 일정기간 이상 반납을 지연하는 일이 발생할 때는 집행 잔액 회수를 위한 법적 조치를 취할 수 있으며 수행기관이 부도, 법정관리, 폐업 또는 이에 준하는 사유에 해당하는 경우에는 집행 잔액을 감경 또는 면제할 수도 있다.

바. 결과 보고 및 평가

(1) 연구개발 결과 보고

연구과제를 수행한 주관연구기관의 연구책임자는 사업계획서에 표시된 진도점검 시점 또는 전문기관의 요청이 있을 경우에는 진도실적 보고서를 작성하여 제출해야 한다. 또한, 해당 연도 과제 종료일 1개월 전까지 연차보고서 및 자체보안관리진단표를 제출해야 하며 단계 협약과제인 경우에는 단계 종료일 1개월 전까지 단계보고서 및 자체보안관리진단표를 제출해야 한다.

최종적으로 연구개발사업 협약이 종료된 경우에는 주관연구기관의 연구책임자가 협약 종료 후 45일 이내에 연구개발 최종보고서, 요약서 및 자체평가 의견서를 제출하여 최종 평가를 받은 후 협약종료 후 3개월 이내에 평가결과를

---

21) 공동관리규정 제19조.

반영하여 보완서류를 제출해야 한다. 연구개발 최종보고서에는 다음 사항이 포함되어야 한다.

① 연구개발과제 개요
② 연구개발 수행 내용 및 결과
③ 연구개발 결과 활용 계획
④ 연구개발 결과 보안등급
⑤ 국내외 기술개발 현황
⑥ 목표 달성도 및 관련 분야에 대한 기여도
⑦ 연구개발과정에서 수집한 해외 과학기술정보
⑧ 국가과학기술종합정보시스템에 등록한 연구시설 및 장비 현황
⑨ 주요 연구개발사항이 포함된 요약문

표 2-10 연구단계별 연구개발 결과 보고 시기 및 제출 서류

구 분	제출 시기	제출 서류	비 고
진도보고	• 진도점검 시점 • 전담기관 요청이 있을 경우	• 진도실적보고서	
중간보고 (연차보고)	• 해당연도 과제종료일 1개월 전까지	• 연차보고서 • 자체보안관리진단표 • 차년도 사업계획서	계속과제
중간보고 (단계보고)	• 단계 협약 종료일 1개월 전까지	• 해당 단계보고서 • 다음 단계계획서 • 자체보안관리진단표	단계협약 대상과제
최종보고	• 협약 종료 후 45일 이내 • 최종평가 후 보완서류 등은 협약 종료 후 3개월 이내	• 연구개발최종보고서 및 요약서 • 주관연구기관 자체평가 의견서 • 전자문서	공동관리규정

출처: 미래창조과학부, 「국가연구개발사업 연구관리 표준매뉴얼(안)」, 2014, 39면.

(2) 연구개발결과 평가[22]

중앙행정기관(또는 전문기관)은 연구개발결과 및 연구성과 활용 계획과 실적에 대하여 중간평가 및 최종평가를 실시하고 연구개발이 종료된 시점을 기준으로 연구개발결과의 활용을 촉진하기 위하여 추적평가를 시행할 수 있다. 다만, 계속과제로서 연구기간을 단계로 나누어 협약한 연구개발과제는 과제수행 중 중간평가를 실시하지 아니하고 연차실적·계획서에 대한 검토로 대체하며 단계가 끝나는 시점에 단계평가를 실시한다.

다만, 연구개발과제가 보안과제[23]로 분류되는 등 국가안보를 위하여 필요하다고 판단되는 경우 또는 연구개발과제의 성격 및 연구개발비의 규모 등을 고려하여 평가를 달리할 필요가 있다고 판단되는 경우에는 평가를 실시하지 않을 수도 있다. 중간평가 및 최종평가는 연구개발과제별로 그 특성에 따라 상대평가, 절대평가 또는 혼합평가의 방법을 준용하여 시행된다.

연구개발결과 평가 시 연구개발과제 선정평가에 참여한 전문가를 중심으로 평가단을 구성하며 필요한 경우에는 해외 전문가를 활용하여 전문성·객관성 및 공정성을 유지한다. 주관연구기관은 평가방법 및 절차에 중대한 하자가 있다고 판단하는 경우에는 1회에 한하여 이의신청을 제기할 수 있다.

---

22) 공동관리규정 제16조.
23) 보안과제로 분류되는 기준
 - 세계 초일류 기술제품의 개발과 관련되는 연구개발과제
 - 외국에서 기술이전을 거부하여 국산화를 추진 중인 기술 또는 미래핵심 기술로서 보호의 필요성이 인정되는 연구개발과제
 - 「산업기술의 유출방지 및 보호에 관한 법률」 제2조 제2호의 국가핵심기술과 관련된 연구개발과제
 - 「대외무역법」 제19조 제1항 및 같은 법 시행령 제32조의2에 따른 수출 허가 등의 제한이 필요한 기술로서 민감기술과 관련된 연구개발과제
 - 그 밖에 중앙행정기관의 장이 보안과제로 분류되어야 할 사유가 있다고 인정하는 과제

표 **2-11** 주요 부처별 평가 방법

구 분		평가 방법	비 고
산업통상 자원부	연차평가/ 단계평가	• 계속, 중단(성실), 중단(불성실), 조기종료(혁신성과), 조기종료(보통), 조기종료(성실수행) ※ 절대평가를 원칙으로 하되, 정부의 산업기술정책 반영, 사업비 차등 지원 등의 경우에 상대평가를 병행	산업기술혁신 사업기술개발 평가관리 지침
	최종평가	• 혁신성과, 보통, 성실수행, 불성실수행 ※ 혁신성과(90점 이상), 보통(90점~70점 이상), 성실수행(70점 미만~60점 이상), 불성실수행(60점 미만)	
미래창조 과학부	연차평가/ 단계평가	• 계속, 성실중단, 불성실중단, 조기완료 ※ 과제통합과 사업비 차등지급 등 정부의 연구개발정책을 위해 상대평가를 원칙으로 하되 필요 시 절대평가 병행, 상대평가 시 1차년도 수행완료 과제는 배제 원칙	정보통신·방송 기술개발사업 수행관리지침
	최종평가	• 우수, 보통, 성실실패, 불성실실패 ※ 우수(90점 이상), 보통(90점~60점 이상), 성실실패/불성실실패(60점 미만)	

출처: 미래창조과학부, 「국가연구개발사업 연구관리 표준매뉴얼(안)」, 2014, 40면.

(3) 연구개발결과 평가에 따른 조치[24]

중간평가 및 단계평가 결과가 상대평가에서 중앙행정기관이 정하는 등급 미만에 해당되는 과제와 절대평가에서 만점의 60퍼센트 미만에 해당되는 과제는 중앙행정기관이 연구개발을 중단시킬 수 있다. 또한, 단계평가의 대상인 연구개발과제의 연구개발 결과물과 유사한 것이 이미 개발되어 그 연구개발이 불필요하다고 판단되는 경우와 이전에 예측한 연구개발 환경이 변경되어 다음 단계로의 연구개발 수행이 불필요하다고 판단되는 경우에도 연구개발과제 중단 조치를 내릴 수 있다. 또한, 평가결과가 극히 불량하다고 판단되는 불성실 수행 과제에 대해서는 참여제한 및 정부출연금 환수 조치 등의 제재 조치가 부가된다.

이에 반하여, 최종평가 결과가 우수한 것으로 판단되는 연구개발과제에 대해서는 우수결과물 실용화 지원 등의 후속대책을 마련할 수 있다. 우수결과물 대상과제로는 상대평가 시 상위 10퍼센트 이내에 속하거나 절대평가 시 만

24) 공동관리규정 제17조.

점의 90퍼센트 이상인 과제와 연구개발계획서에서 제시한 연구개발목표가 모두 달성된 과제, 연구개발 성과의 활용을 통하여 해당 분야 기술경쟁력을 높이는데 현저히 이바지할 수 있다고 평가되는 과제가 이에 해당된다.

(4) 연구개발결과의 공개[25]

국가연구개발사업에서 수행한 연구개발 최종보고서 및 요약서는 원칙적으로 연구기관 및 산업계·학계 등에서 널리 활용할 수 있도록 공개해야 한다. 다만, 연구개발과제가 보안과제로 분류된 경우와 주관연구기관이 지식재산권을 취득하여 공개를 유보 신청한 경우, 참여기업 대표가 영업비밀 보호 등의 정당한 사유로 비공개를 요청한 경우에는 사안에 따라 일정 기간 동안 연구개발 결과를 공개하지 않도록 예외 규정을 두고 있다.

사. 과제 이의신청

(1) 이의신청 범위 및 기간

연구개발과제 평가(선정평가, 중간평가, 최종평가) 결과 및 연구비 정산 또는 제재조치(참여제한 및 연구비 환수) 등에 대하여 절차상 중대한 하자가 있다고 판단되는 경우에 수행기관의 장은 1회에 한하여 이의신청의 원인이 되는 결과를 통보한 날로부터 15일 이내 또는 통보 받은 날로부터 10일 이내 이의신청이 가능하며 이의신청 양식은 부록의 [별첨 7]을 참조하기 바란다.

(2) 처리 절차

주관연구기관이 작성한 이의신청서를 접수한 전문기관은 그 내용의 타당

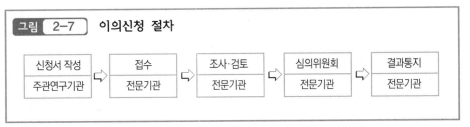

그림 2-7 이의신청 절차

신청서 작성		접수		조사·검토		심의위원회		결과통지
주관연구기관	⇨	전문기관	⇨	전문기관	⇨	전문기관	⇨	전문기관

출처: 미래창조과학부, 「국가연구개발사업 연구관리 표준매뉴얼(안)」, 2014, 44면 참조.

25) 공동관리규정 제18조.

성을 검토하여 수용 또는 반려 여부를 결정한 후 이의신청 심의회를 거쳐 최종 결과를 신청자에게 통보한다.

아. 결과소유 및 활용촉진

(1) 연구개발 결과물 소유[26]

국가연구개발사업을 수행하는 과정에서 얻어지는 결과물은 연구 기자재, 연구시설·장비, 시작품 등의 유형적 성과물과 지식재산권, 연구보고서 판권 등의 무형적 결과물로 구분될 수 있다. 유형적 결과물은 협약에서 정하는 바에 따라 주관연구기관이 소유하며, 무형적 결과물은 개별 결과물을 개발한 기관이 단독 소유 또는 복수의 연구기관이 공동으로 개발한 경우 공동 개발 연구기관이 공동 소유하는 것을 원칙으로 하고 있다. 다만, 국가 안보상 필요한 경우나 연구기관 등이 국외에 소재한 경우와 연구개발 결과물을 공공의 이익을 목적으로 활용하기 위하여 필요한 경우, 그 밖에 연구기관 등이 소유하기에 부적합하다고 인정되는 경우에는 유·무형적 결과물을 국가가 소유하도록 규정하고 있다.

연구개발 결과물을 소유한 기관은 참여기업 또는 실시기업의 대표와 합의하여 참여기업이나 실시기업 또는 다른 적절한 기관에 양여가 가능하다. 단, 유형적 결과물은 정부출연금 지분에 상당하는 금액을 기술료 등으로 회수한 경우에 가능하며, 무형적 결과물은 기술료 징수를 완료한 경우에 가능하다. 또한, 지식재산권에 대해 참여기업과 기술실시계약이 체결되지 않을 것으로 판단되는 사유가 있는 경우에는 소유기관이 상위기관(전문기관 또는 중앙행정기관)의 승인 절차를 거쳐 적정한 기관에 양도할 수 있다. 연구개발 결과물 소유기관이 연구개발 결과물의 권리를 포기하는 경우에는 해당 연구개발과제를 수행한 연구책임자에게 무상으로 양여가 가능하다.

지식재산권을 출원, 등록하고자 하는 경우에는 그 사실을 증명할 수 있는 서류를 출원 또는 등록 후 6개월 이내 중앙행정기관에 반드시 제출해야 하며 지식재산권을 포기하고자 하는 경우에는 권리가 소멸되기 전에 그 사실을 중앙

---

26) 공동관리규정 제20조.

행정기관에 통보해야 한다.

연구개발 결과물을 소유하고 있는 기관은 연구개발 결과가 널리 활용될 수 있도록 출원 중인 지식재산권을 포함하여 연구개발 결과물을 대상으로 기술실시계약을 체결해야 한다. 연구개발과제 수행 시 기업이 참여한 경우에는 참여기업이 연구개발 결과물을 활용하는 것이 원칙이지만 일반에 공개하여 활용할 목적으로 연구를 수행하였거나 참여기업이 동의한 경우에는 활용을 원하는 기업에 실시권을 부여할 수 있다. 또한, 참여기업이 기술실시계약을 체결하지 않거나 기술료를 1년 이상 납부하지 않는 경우와 기술실시계약 체결 후 정당한 사유 없이 1년 이내에 시작하지 않는 경우에도 참여기업 이외의 다른 기업에게 해당기술의 실시권을 허용할 수 있다.

(2) 연구개발결과 활용보고서 제출 및 추적평가[27)]

연구개발과제를 수행한 주관연구기관은 연구개발과제가 종료된 해의 다음 해부터 최장 5년간 연구개발결과의 활용보고서를 제출해야 한다. 또한, 국가연구개발사업의 사후관리를 강화하기 위하여 연구개발 종료 후 일정기간 동안의 기술이전, 사업화 지원 및 실적 등 연구성과 관리와 활용 등에 대하여 평가를 실시하는데 이를 추적평가라고 한다. 즉, 추적평가는 연구과제 수행을 통해 도출된 연구결과를 어떻게 활용되어 어느 정도의 성과를 도출하였는가를 측정하기 위한 방법이다. 추적평가는 연구개발결과의 활용실태를 평가하여 연구개발결과의 활용을 촉진한다는 측면에서 추적평가의 목적은 다음과 같이 구체화할 수 있다. 첫째, 연구개발 성과의 활용 및 실태를 조사·평가하고 이를 통해 활용 가능한 기술임에도 불구하고 활용되지 않고 있는 기술을 발굴하기 위함이다. 둘째, 성과활용 시의 애로요인을 조사·분석하여 적절한 지원방안을 강구하기 위함이다. 셋째, 연구성과의 활용을 통해 산업계 및 학계 등에 기여했는가를 파악할 수 있는 연구개발 성과를 평가하기 위함이다. 넷째, 연구개발 활용실태 조사·평가를 통해 연구개발의 성공 및 실패 사례를 발굴하고 우수한 성공 사례에 대해서는 적극적인 홍보를 실시하기 위함이다. 아울러 도출된 사례에 대한

---

27) 공동관리규정 제21조.

심층적인 연구개발 성패요인에 대한 분석을 통해 바람직한 연구개발 수행체계를 제시하기 위함이다.[28]

자. 제재 조치

마지막으로 연구과제 수행기관 또는 연구 참여자가 연구비를 사용목적 이외의 용도로 부정하게 사용하거나 연구내용을 표절 또는 누설하는 등의 연구부정행위를 저지른 경우에는 다음과 같은 절차에 따라 국가연구개발사업의 참여를 5년 이내로 제한할 수 있으며, 기 출연한 연구비의 환수 및 제재 부가금을 부과할 수 있다. 아울러 연구보안과 관련하여 정당한 절차없이 연구개발 내용을 국내에 누설하거나 유출한 경우는 2년, 해외로 누설 또는 유출한 경우에는 5년간 국가연구개발사업에 참여할 수가 없으며 지급된 연구비도 환수 조치될 수 있다. 그 밖에 보안관리, 비밀 준수 등의 의무를 위반한 경우에는 사업비 환수 없이 2년간 참여제한 조치가 내려지게 된다.

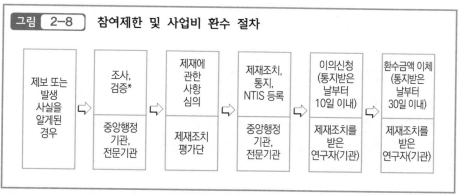

그림 2-8 참여제한 및 사업비 환수 절차

| 제보 또는 발생 사실을 알게된 경우 | 조사, 검증*
중앙행정기관, 전문기관 | 제재에 관한 사항 심의
제재조치 평가단 | 제재조치, 통지, NTIS 등록
중앙행정기관, 전문기관 | 이의신청 (통지받은 날부터 10일 이내)
제재조치를 받은 연구자(기관) | 환수금액 이체 (통지받은 날부터 30일 이내)
제재조치를 받은 연구자(기관) |

출처: 미래창조과학부, 「국가연구개발사업 연구관리 표준매뉴얼(안)」, 2014, 50면.

---

28) 연구종료과제의 추적평가에 관한 방법론 연구, 안승구, 최태진, 한국과학기술기획평가원 (2015).

제 2 절 | 연구개발 주요 관리 사항

1 연구 기획 단계(Plan)

국가연구개발사업의 전 주기적인 관리절차를 3단계로 분류하면 Plan-Do-See 순으로 구분할 수 있다. 이 분류 체계에 따르면 기획 단계(Plan)에 속하는 연구관리 절차로는 연구과제 기획 및 선정과 협약 단계가 이에 속한다. 따라서 연구기획 단계에서 관리해야 할 주요 사항은 다음과 같다.

가. 보안등급 분류

중앙행정기관은 국가연구개발사업을 추진하기에 앞서 사전조사 차원에서 그 사업에 대한 기술적, 경제적 타당성 등을 분석하는 과정을 거친 후에 연구개발과제를 선정하기 위한 세부 계획을 공고한다. 이 때 국가연구개발사업에 참여하고자 하는 연구기관 또는 연구책임자는 연구개발계획서[별첨 4]를 작성하여 제출해야 되는데 연구개발계획서 작성 시 연구하고자 하는 내용을 토대로 보안등급[29]을 분류하고 그에 따른 사유를 명시하도록 규정하고 있다. 따라서 연구책임자는 「국가연구개발사업의 관리 등에 관한 규정」 제24조4(분류기준)에 명시된 사항을 근거로 수행하고자 하는 연구개발과제의 보안등급을 결정해야 한다. 또한, 연구개발과제 선정평가 시 보안등급의 적정성에 대하여 검토하도록 규정하고 있다. 연구개발과제 선정평가위원회를 통해 선정된 주관연구기관은 전문기관과 협약을 체결하게 되는데 협약서[별첨 5]에 연구개발과제의 보안등급에 따른 보안조치를 수행하도록 명시되어 있다. 따라서 주관연구기관 및 연구책임자는 연구기획 단계에서 연구개발과제의 보안등급 수준을 사전에 면밀하게 검토해야 한다.

---

29) 「국가연구개발사업의 관리 등에 관한 규정」 제24조의4(분류기준).

Theory of Research and Development Security
연구보안론

나. 참여연구원 편성

연구개발과제 신청 시 제출하는 연구개발계획서에 참여연구원에 관한 사항을 명시하도록 되어 있다. 따라서 과거에 연구정보 누출이나 부정행위를 한 이력이 있는 연구원은 참여연구원에서 배제해야 하며 특히, 보안과제에 해당되는 경우에는 더욱 엄격하게 참여연구원의 이력사항을 검토한 후 연구개발사업의 참여 여부를 결정하여야 한다.

2 연구 개발 단계(Do)

가. 직무 발명

(1) 정 의

발명은 특허법·실용신안법 또는 디자인보호법에 따라 보호 대상이 되는 발명, 고안 및 창작을 의미한다. 따라서 직무발명은 종업원이나 법인의 임원 또는 공무원이 그 직무에 관하여 발명한 것이 성질상 사용자·법인 또는 국가나 지방자치단체의 업무 범위에 속하고 그 발명을 하게 된 행위가 종업원 등의 현재 또는 과거의 직무에 속하는 발명을 말한다. 예를 들면, 종업원의 직책상 발명을 하는 것이 예상되거나 기대되는 연구소의 연구원, 설계부의 설계사, 공장장, 기술담당이사 등의 발명은 직무발명으로 해석될 수 있다.

(2) 직무발명제도의 주요 내용

발명진흥법 제12조(종업원 등의 직무발명 완성사실 통지의무)에 종업원이 직무발명을 완성한 경우에는 지체 없이 그 사실을 사용자에게 문서로 통지하여야 한다. 통지시점은 통지서가 사용자에게 도달한 때 효력이 발생하며 서면·전자문서에 의한 통지 모두 인정된다. 발명진흥법 제13조(직무발명에 대한 사용자의 승계여부 통지의무)는 종업원의 직무발명 완성 통지를 받은 사용자는 대통령령이 정하는 기간(통지 받은 날로부터 4개월 이내) 이내에 그 승계 여부를 문서로 통지하도록 하며 동 기간 이내에 사용자가 직무발명에 대한 권리의 승계의사를 통지한 때

| 표 2-12 | 승계여부 통지에 따른 사용자와 종업원 간 권리관계 | |

구 분	사용자	종업원
승계의사 통지	직무발명에 대한 권리 귀속 (발명진흥법 제13조)	정당한 보상청구권 획득 (발명진흥법 제15조)
불승계의사 통지	무상의 통상실시권 획득 (발명진흥법 제10조)	직무발명에 대한 권리 귀속 (발명진흥법 제10조)

는 그 권리는 사용자에게 승계된 것으로 간주한다. 사용자가 대통령이 정하는 기간 이내에 승계여부 통지를 하지 않는 경우 그 발명에 대한 권리의 승계를 포기한 것으로 간주한다. 이 경우 사용자는 종업원의 동의 없이는 통상실시권을 가질 수 없도록 하고 있다.

　　발명진흥법 제15조(직무발명에 대한 합리적인 보상기준 마련)는 계약 또는 근무규정에서 직무발명 보상에 대하여 언급하고 있는 경우 그 정한 바에 따라 사용자와 종업원이 협의하여 결정한 보상이 합리적인 절차에 의한 것으로 인정되면 이를 정당한 보상으로 간주한다. 이 때 종업원과 사용자 간의 분쟁이 발생하지 않도록 운영하는 것이 무엇보다 중요하며, 분쟁이 발생했을 경우 신속하고 합리적으로 해결하는 것이 중요하다. 발명진흥법 제16조(직무발명의 출원유보요건 및 보상의무)는 사용자가 종업원으로부터 직무발명에 대한 권리를 승계한 후 출원하지 않는 경우 등에도 보상을 하여야 한다. 이 경우 보상액을 결정함에 있어서 당해 발명이 산업재산권으로 보호되어 종업원이 받을 수 있었던 경제적 이익을 고려하여야 한다. 발명진흥법 제18조(직무발명관련 분쟁)는 현실적으로 직무발명에 대한 권리 귀속관계, 권리승계에 따른 보상관련 문제 등 직무발명과 관련한 다양한 분쟁요인이 존재하며 이에 대한 신속한 해결을 지원하기 위해 사용자와 종업원 간에 분쟁이 발생하는 경우 산업재산권분쟁조정위원회에 조정을 신청할 수 있다. 발명진흥법 제19조(비밀유지 의무)는 종업원이 사용자가 직무발명을 출원할 때까지 그 발명의 내용에 관한 비밀을 유지해야 한다고 명시하고 있다. 비밀유지의 의무를 위반하여 부정한 이익을 얻거나 사용자에게 손해를 가할 목적으로 직무발명의 내용을 공개한 자에 대해서는 3년 이하의 징역 또는 3천만원 이하의 벌금에 처한다. 이 경우 사용자의 고소가 있어야 처벌할 수 있다. 단, 사용자가 직무발명에 의한 권리를 승계하지 않음에 따라 종업원에게 권리가 귀속되는 경우 종업원은 비밀유지의 의무를 부담하지 않아도 된다.

직무발명의 활성화를 위해서는 사용자와 종업원 간의 이익배분에 있어서 균형이 필요하다. 즉, 사용자와 종업원 사이에 발명에 대한 권리를 합법적으로 배분할 때 사용자는 연구개발투자에 대한 배분을 가지게 되고 종업원은 연구개발을 적극적으로 한 인센티브를 갖게 되는 것이다. 양자 간의 합리적인 권리배분을 위해서는 직무발명의 범위를 명확히 설정하는 것이 중요하다. 직무발명과 자유발명의 경계를 바로 설정하여야 어느 쪽에도 불만이 없게 되며 보상은 양자 간 모두에게 적절해야 한다. 우리나라의 경우 일반적으로 고용관계에 있어서 약자인 종업원에게 불리한 경우가 많은데 계약이나 근무 규정에 의하여 발명자의 권리가 사용자에게 자동 승계되는 경우가 그 예라고 할 수 있다.

(3) 직무발명 보상과 기술유출 방지

기술유출을 사전에 방지하기 위한 가장 근본적인 대책은 핵심인력에 대한 근무환경 및 처우개선에 보다 관심을 갖는 것이 중요하다. 국가정보원 산업기밀보호센터의 조사 자료에 의하면 기술유출의 동기가 개인영리 및 금전유혹에 의한 유출 또는 처우 및 인사불만에 의한 유출이 거의 대부분(91%)을 차지하고 있다. 따라서 직무발명 보상제도는 직무발명에 대한 정당한 보상으로 종업원의 연구 의욕을 더욱 고취시켜 우수한 많은 성과물의 창출을 촉진시킬 수 있다. 또한, 이를 통해 사용자의 이익을 증대시켜 이를 재원으로 연구개발 투자 및 종업원에 대한 보상을 확대해 나가는 선순환시스템을 구축하여 기술유출 예방에 노력하는 것이 효과적인 대안이 될 수 있다.

나. 연구 노트30)

(1) 필요성

연구개발에 대한 특허권을 매도하거나 실시계약을 체결할 경우 통상 연구

---

30) 연구자가 연구수행의 시작부터 연구개발 결과물의 보고·발표 또는 지식재산권의 확보 등에 이르기까지의 연구과정 및 연구성과를 기록한 자료.

결과에 대한 실사를 하게 되며 이 과정에서 연구노트의 기재는 필수적인 사항이다. 즉, 연구노트는 실제 발명자가 누구인지를 증명할 수 있는 도구가 되며 개인 및 기관의 노하우 관리, 연구실 내 구성원 간의 지식전달 수단이 된다. 연구결과를 특허로 보호하고자 하는 경우 시장이 큰 미국에서는 특허획득 시 선발명자에게 특허권을 주기 때문에 발명일자가 중요하며 연구노트는 이를 증명하는데 꼭 필요하다. 단, 연구결과를 특허로 출원하지 않고 영업비밀로 보호하고자 하는 경우에는 연구노트의 작성과 관리가 필요하다.

(2) 연구노트 작성 기본 원칙 및 내용

일반적으로 연구실에서 수행하는 연구는 참여연구원이 다수인 경우가 많고 연구자가 여러 개의 프로젝트를 동시에 수행하는 경우도 많은데 이러한 경우 연구자별로 개인 연구노트를 작성하는 것이 바람직하다. 위에서 언급한 바와 같이, 연구노트는 향후 연구결과에 대한 지분 책정이나 연구의 진실성을 확보하기 위한 수단으로 활용될 수 있는데 이 때 연구자의 연구실적을 증명할 수 있는 개별 연구노트가 중요한 역할을 한다.

연구자는 연구를 수행하는 과정에서 발생하는 모든 착상과 아이디어를 연구노트에 기재해야 한다. 즉, 착상의 동기나 착상의 실행을 위한 연구계획, 선행기술의 조사 결과 등도 기재하는 것이 좋다. 별도의 주제에 대해서도 제목을 기재하고 기재한 날짜를 반드시 기록해야 하며 용어, 차트 및 번호기입은 일관성을 유지하면서 기재해야 한다. 또한, 제3자가 연구내용을 이해하고 실시가 가능한 정도까지 구체적으로 기술하는 것이 좋다. 연구노트에는 발명의 착상, 착상의 실행을 위한 연구계획 등 실험이 시작되기 전의 내용과 실험 중 데이터, 실험이 끝난 후 고찰에 대한 내용까지 포함하여 진행된 연구에 관한 이력을 파악할 수 있게 해야 한다. 보통 실험 후에 실험에 대한 결과 및 고찰을 기록하게 되는데 이 때 사실위주의 고찰을 기록하는 것이 좋다. 실험결과에 대한 부정적인 의견을 기술하는 것은 향후 연구노트를 열람하는 후발연구자나 제3자에게 실험방식이나 결과에 대한 선입견 등을 줄 수 있다.

표 2-13 연구노트의 실험 과정별 기록 내용(예시)

시 점	기록 내용
실험 전	• 실험 연월일 • 실험 제목 • 실험 목적 및 계획, 방법 • 프로토콜: 재료명, 반응 온도, 반응 시간 등을 상세하게 기입
실험 중	• 프로토콜 항목마다 실험이 종료되면 기록한다. • 데이터, 사진, 측정치 등의 기록지는 곧바로 노트에 부착
실험 후	• 해석, 정리한 데이터는 노트에 붙인다. 대량 데이터는 일자 기입 후 폴더 등에 정리한 후 노트에는 보관위치를 기입 • 결과치를 명확한 문장으로 기재하며 몇 년이 지나더라도 그 결과를 이해할 수 있도록 작성

(3) 연구노트 기록 방법

연구노트는 각종 아이디어나 실험경과, 결과 등을 즉시 기재하도록 해야 한다. 아이디어의 착상일은 연구노트에 기재된 날짜로 인정되기 때문이다. 또한, 연구결과를 기재할 경우에는 가능한 한 부정적인 설명은 피하는 것이 좋다. 추후 해당 기술을 권리화할 경우 해당 시료에 대해서는 권리를 가질 의사가 없었던 것으로 해석될 수 있다. 연구노트는 원칙적으로 진실성을 유지하며 잘 관리되고 있음을 증명하여야 한다. 예컨대 수정이 필요할 경우 수정액 사용을 자제하고 볼펜으로 줄을 그어 수정하고 오기를 설명하는 주석에 날짜를 기재한 후 증인과 함께 서명하도록 한다.

노트에 직접 기입이 불가능한 사진, 출력물, 실험결과 사본 등은 날짜순으로 접착제로 고정시키되 서명과 날짜를 기재하여 위조되지 않았음을 보여 주어야 한다. 빈 공간은 가능한 한 줄여서 추후에 추가 기입 가능성이 없도록 한다. 그리고 실험 중에 연구노트를 가져오지 않아 메모리에 임시로 기록할 경우에는 반드시 연구노트에 즉시 옮겨 적도록 한다. 간혹 연구과제를 진행하다 보면 하나의 연구노트로 부족하여 새 연구노트를 사용하는 경우도 발생하는데 이 때는 일련번호를 매겨 먼저 사용하던 연구노트의 마지막 페이지에 다음 일련번호의 연구노트로 이어진다는 것을 기재하여 연속적으로 연구가 진행되었음을 보여 줄 수 있도록 해야 한다.

(4) 연구노트 서명방법

연구노트에는 기록자의 서명 이외에 반드시 증인의 서명란을 두어 증인이 정기적으로 연구노트에 기재한 내용을 확인하고 서명 날인하도록 한다. 미국 법원에서 증거를 채택하는 기준인 연방 증거법에 따르면 일단, 연구노트는 직접적인 증거가 아니라 전문에 해당되므로 전문증거법칙의 예외 요건에 해당되어야지만 증거로서 채택될 수 있다. 따라서 연구노트의 관리자나 증인의 증언을 통해 진정성이 확인되어야 하며 그 요건은 다음과 같다.

첫 번째는 기록이 지식을 갖고 있는 자에 의해 해당 사실이 발생한 시점 또는 그와 인접한 시점에 이루어져야 하며 두 번째는 기록이 평상시 수행되는 업무 활동과정에서 이루어져야 하고 세 번째는 기록하는 것이 평상시 업무 활동이어야 한다. 또한, 연구자가 연구노트를 연구과정에서 평상시의 업무로서 기록하였다는 것을 입증하더라도 증인이 이 사실을 입증해주지 않으면 법원에서 증거로 채택되기 어렵다.

제3자에게 나의 연구내용을 공개하는 것이 꺼려지는 경우에는 증인에게 본인의 연구내용에 대해 비밀을 유지하겠다는 비밀보장서약서를 받아 두는 것도 좋다. 증인이 서명한 날짜가 발명일로 인정되기 때문에 노트 작성 후 최대한 빨리 증인의 서명을 받아 두는 것이 좋으며 여건상 매일 받기 어려운 경우에는 일정한 주기로 받는 것이 중요하다.

(5) 연구데이터 관리

연구를 진행하다보면 다양한 종류의 산출물이 생성되기 마련이다. 예를 들면, 필름, 도면, 계획서, 결과물 등 다양한 성과물은 연구에 있어서 중요한 자료임으로 가능한 한 연구노트에 부착하는 것이 좋다. 그리고 부착한 측면이나 하단에 자료에 대한 간략한 설명을 기재해두는 것이 바람직하다. 연구노트에 부착이 어려운 형태의 자료도 많기 때문에 이러한 경우에는 별도의 보관방식을 정해두는 것이 좋다. 그리고 분량이 많아서 부착하기 힘든 경우에는 별도로 프린트하여 바인딩하고 자료가 발생된 부분의 연구노트에 상호 인용하여 연구가 완료된 후 연구노트와 함께 보관하는 것이 좋다.

(6) 연구노트의 형태

연구노트의 형태로는 서면 연구노트와 전자 연구노트로 구분하게 된다. 서면 연구노트는 삽입 또는 삭제가 어렵도록 제본된 묶음 노트로 제작되어야 한다. 특히, 페이지의 탈부착이 가능한 바인더 형태의 연구노트는 향후에 조작할 가능성이 있으므로 피해야 한다. 연구노트가 적절히 기재되고 관리 및 보존되고 있다는 것을 증명하기 위해서는 연속되는 페이지 번호를 기재해야 한다. 연구노트 내지에 있는 테두리에는 발명자, 기록자, 증인 서명 및 실험일자의 작성난이 구비되어 있어야 한다.

또한, 연구노트 내지는 장기로 보존해야 하므로 내구성이나 보존성이 뛰어난 제품을 사용하는 것이 좋다. 특히, 연구노트에 출력물이나 사진을 부착하는 경우도 있는데 출력물이나 사진 등이 감광에 의해 변색 또는 글씨 등이 흐려

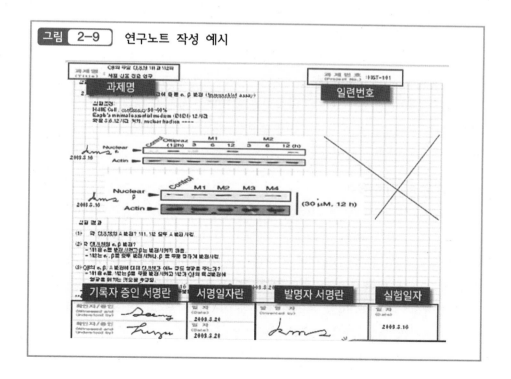

그림 2-9 연구노트 작성 예시

지는 경우가 있을 수 있으므로 주의해야 한다. 연구 분야에 따라 날씨나 온도를 기재하는 난을 구비해야 하는 경우도 있다. 연구노트는 기록된 내용을 쉽게 삭제 또는 수정할 수 없도록 지워지지 않고 장기보존이 가능한 필기구를 사용하는 것이 바람직하다. 따라서 내광성, 내구성이 좋은 볼펜이나 펜을 사용하기를 권장한다.

연구노트에 추가로 내용이 기입될 가능성을 배제하기 위하여 공백이 발생한 경우 사선으로 처리해야 한다. 연구노트는 일자별로 기입하는 것이 원칙이기 때문에 페이지의 상단이나 중단에서 그 날의 연구가 종료되는 경우가 있다. 이때 발생되는 공란에 사선 등의 처리로 추가로 기입할 수 없도록 한다.

전자 연구노트는 사용의 편의성으로 인해 1990년대부터 도입되기 시작하였다. 전자 문서인 경우에는 그동안 조작 가능성 문제로 법원에서 증거로 채택될 수 있는지 여부에 대해 논란이 많았다. 하지만, 최근 들어서는 그 사용이 보편화되고 이메일과 같은 전자적 서신도 증거로 채택되는 추세에 맞추어 점차 증거로 인정되는 경우가 많아졌다. 전자 연구노트도 서면 연구노트와 마찬가지로 전문증거법칙의 예외 요건을 만족해야 한다. 즉, 연구에 대한 지식을 갖고 있는 자에 의해 연구가 이루어졌던 바로 그 시점에 기록이 되고 전자 연구노트에 기록하는 것이 기록자의 평상시 업무이어야 한다. 아울러, 전자 연구노트 기록 입력 소프트웨어, 하드웨어 관리자 또는 증인이 이러한 사실을 증언할 수 있어야 한다. 특히, 전자 연구노트의 조작 가능성을 배제하기 위하여 프로그램이 자동적으로 기재 일시가 기록되거나, 수정 시 수정 일시가 자동으로 기록되는 등 실질적으로 조작이 불가능함을 입증한다면 전자 연구노트는 증거로서 채택될 수 있을 것이다. 따라서 전자 연구노트는 기록자와 점검자의 검증 및 서명 인증(Authentication) 기능이 있어야 하고 연구노트 기록일과 시간의 자동 저장 (Time Stamping) 기능과 수정한 내용표시가 영구적으로 기록(Marking)되는 기능을 구비해야 한다.

(7) 연구노트의 소유 및 관리

연구노트는 연구결과물의 하나로서 그 소유가 연구기관에 있는지, 연구자에게 있는지에 따라 취급 및 관리 방법이 달라진다. 국가연구개발 사업으로 진행된 과제의 연구노트는 연구기관의 소유를 원칙으로 한다. 따라서 연구기관은 연구노트를 관리하기 위하여 연구노트의 발행, 연구노트 기재, 사용이 끝난 연구노트의 보관 등에 대한 기준을 마련하는 것이 바람직하다. 연구노트의 관리정보는 노트번호, 발행일, 발행자, 사용 개시일, 사용자, 사용종료일, 보관 개시일, 보관기한, 보관자 등을 기재해야 한다. 특히, 사용 개시일, 사용자, 사용 종료일 및 보관자 명의 기재가 아주 중요하다.

연구노트는 소속 기관의 사전 승인없이 외부에 공개하거나 반출되는 것을 금지하고 퇴직 및 참여자 변경 시 연구노트 및 관련 자료는 모두 반납하여야 한다. 또한, 연구책임자는 연구가 종료되거나 중단 시에는 관리부서에 연구노트를 제출해야 한다. 연구노트는 30년간 보존하되, 보관 중인 연구노트는 등급별 열람 권한 범위 내에서 열람이 가능하도록 조치하고 복사 및 대출도 제한해야 한다.

연구노트의 관리 주체는 연구기관, 연구책임자, 참여연구원으로 구분될 수 있다. 연구기관이 관리하는 경우 연구노트의 관리자를 결정하여 그 관리자가 상술한 관리정보와 함께 연구노트를 일원적으로 보관하는 것이 좋다. 또한, 페이지마다 기재 완료일 및 작성자의 서명을 기재하는 것과 동시에 정기적으로 작성자 이외의 사람이 서명 및 확인한 날짜를 기재한다. 연구노트는 장기간 적절하게 보관할 수 있는 물리적, 기술적 보안이 확보된 수납고나 서고에 보관하여야 하며 검색의 편의성을 위하여 서지목록시스템 등을 구축하는 것도 좋을 것이다. 또한, 분실·도난·재해 등에 대비하여 마이크로필름이나 복사본은 별도로 저장할 필요가 있다.

연구책임자가 연구노트를 관리하는 경우에는 연구실 내 연구원에게 연구노트의 중요성과 작성방법을 사전에 교육하고 연구원들이 서로 지식을 공유하기 위하여 연구노트를 활용하는 것을 권장한다. 또한, 연구과정의 진실성을 검증하기 위하여 연구노트로 프로젝트를 관리해야 한다.

참여연구원이 연구노트를 관리하고자 하는 경우에는 제3자가 연구내용을 잘 이해하고 실시할 수 있도록 자세하게 작성하되, 간결하고 정확한 용어로 작성해야 한다. 또한, 기재요건에 맞추어 기록하며 연구가 종료되면 연구실 또는 기관에 반납해야 한다.

3 연구결과물 보호 및 확산 단계(See)

가. 특허 출원

특허제도는 발명을 보호·장려함으로써 국가산업의 발전을 도모하기 위한 제도이며 이를 달성하기 위하여 기술공개의 대가로 특허권을 부여하는 것을 구체적인 수단으로 사용한다. 특허권을 받기 위하여 출원발명이 갖추어야 할 요건으로 산업에 이용할 수 있어야 하며 출원하기 전에 이미 알려진 기술이 아니어야 하고 선행기술과 다른 것이라 하더라도 그 선행기술로부터 쉽게 생각해낼 수 없는 것이어야 한다. 즉, 산업상 이용 가능성과 선행기술, 신규성, 진보성을 지니고 있어야 한다.

(1) 국내 특허 출원 및 등록 절차

출원인은 출원서를 특허청에 제출하는데 우편출원, 전자출원, 방문출원을 할 수가 있다. 특허청은 출원인에게 출원일자를 부여하고 출원번호를 통지한다. 우리나라는 먼저 출원한 자에게 우선권을 부여하는 선출원주의를 채택하고 있으며 출원된 특허는 방식심사[31]와 실체심사를 거쳐 등록된다.

---

31) 서식의 필수사항 기재 여부, 기간의 준수 여부, 증명서 첨부 여부, 수수료 납부 여부 등 절차상의 흠결을 심사하는 것이다.

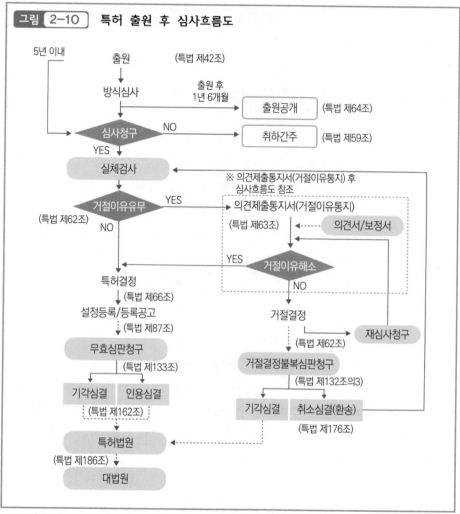

그림 2-10 특허 출원 후 심사흐름도

출처: 특허청(http://www.kipo.go.kr/kpo/user.tdf?a=user.html.HtmlApp&c=10001&catmenu=m06_01_01)

(2) 해외특허 출원 및 등록 절차

특허는 각 국가별로 권리를 취득해야 해당국가로부터 보호를 받는다. 따라서 특허를 취득할 국가를 결정하고 어떤 방법으로 특허를 출원하는 것이 효율적인지를 사전에 조사할 필요가 있다.

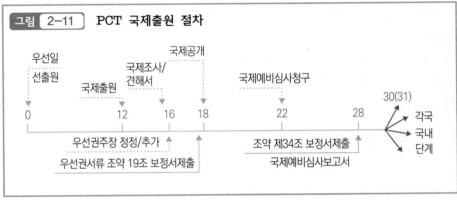

그림 2-11 PCT 국제출원 절차

출처: 특허청(http://www.kipo.go.kr/kpo/user.tdf?a=user.html.HtmlApp&c=10001&catmenu=m06_01_01).

첫 번째는 각 국가별로 출원하는 방법이다. 예를 들면, 한국, 미국, 영국에서 특허권을 확보하기 위해서는 세 나라에 각각 특허를 출원하는 방법이다. 두 번째는 유럽과 같이 유럽특허청에서 유럽특허를 부여하면 유럽특허조약 가입국 전체에 효력이 미친다. 세 번째는 특허협력조약(PCT)에 따라 국제특허를 출원하는 방식이다. PCT(Patent Cooperation Treaty) 국제출원은 출원인이 자국 특허청(수리관청)에 특허를 받고자 하는 국가를 지정하여 PCT 국제출원서를 제출하면 각 지정국에서 국내출원으로 인정해 주는 제도이다. 이 방식이 유용한 이유는 한 번의 출원으로 조약가입국(180여국)에 출원하는 효과를 가지며 30개월 동안 각국에서 심사를 받을지 여부를 결정하는 시간적 여유를 가지면서 발명에 대한 우선권을 유지한다. 이와 더불어 출원단계에서 소요되는 비용이 저렴하다.

나. 프로그램 등록

(1) 등록기관 및 대상

저작권의 발생은 저작물의 창작과 동시에 이루어지며 등록, 납본, 기탁 등 일체의 절차나 방식을 요하지 않는다(저작권법 제10조 2항). 따라서 저작물이 창작만 되었다면 등록이라는 별도의 특별한 절차 없이도 헌법과 저작권법에 의해 보호를 받을 수 있다. 그러나 컴퓨터프로그램 등의 권리 침해와 같은 분쟁에 대비하기 위하여 이를 한국저작권위원회에 등록할 필요가 있다. 등록 대상인 컴퓨터프로그램은 특정한 결과를 얻기 위하여 컴퓨터 등 정보처리능력을 가진 장치 내에서 직접 또는 간접으로 사용되는 일련의 지시·명령으로 표현된 창작물을 말한다(저작권법 제2조 제16호).

(2) 등록 절차

프로그램 등록 절차는 방문, 우편 등록과 온라인 등록 절차를 유지하고 있다. 먼저 방문 또는 우편접수 등록절차는 신청서 작성 및 구비서류 준비 → 신청서 제출 및 접수 → 등록증 교부 → 온라인 공보발생 순으로 이루어진다. 온라인 등록 절차는 온라인 등록에 필요한 하드웨어와 소프트웨어 검색 → 온라인 등록시스템 이용을 위한 사전절차 진행 → 신청서 작성 → 신청서 제출 → 수수료 및 등록세 납부 순서로 이루어진다.

(3) 등록의 효력

프로그램 등록으로 창작연월일 추정, 프로그램 배타적 발행권, 침해행위에 대한 손해보상청구권, 제3자에 대한 대항력 등의 효력이 발생한다.

표 2-14 프로그램 등록의 효력

구 분	내 용
창작연월일 추정	프로그램을 등록하면 등록된 창작연월일에 당행 프로그램이 창작된 것으로 추정함(저작권법 제53조)
프로그램 배타적 발행권	프로그램의 저작재산권자는 다른 사람에게 그 저작물에 대하여 독점적으로 복제하여 배포 또는 전송할 수 있도록 하는 배타적 권리를 설정할 수 있음(저작권법 제101조의 6)
침해행위에 대한 손해배상 청구권	저작권 그 밖에 이 법에 따라 보호되는 권리를 가진 자는 그 권리를 침해하는 자에 대하여 침해의 정지를 청구할 수 있으며 그 권리를 침해할 우려가 있는 자에 대하여 침해의 예방 또는 손해배상의 담보를 청구할 수 있음(저작권법 제123조)
제3자에 대한 대항력	프로그램 저작권 이전, 질권의 설정, 처분제한 등을 등록함으로써 권리변동 사항을 명확히 하며 제3자에 대한 대항효과가 있음(저작권법 제54조)

다. 관리 절차별 보안관리 대책

「국가연구개발사업의 관리 등에 관한 규정」과 각 부처의 세부 규정을 통해 국가연구개발사업의 과제가 전 주기적(기획, 관리, 평가 및 활용 등)으로 관리되고 있음을 알 수 있다. 또한, 연구 과제를 관리하는 과정에 연구보안 대책을 수립하여 시행하도록 명시되어 있는데 그 내용을 요약 정리하면 다음과 같다.

표 2-15 국가연구개발 관리절차별 필수 보안대책

구 분	보안대책
과제 기획/공고	참여연구원 편성, 보안등급 분류 및 결정
과제 신청/선정	보안등급 적정성, 연구책임자 윤리수준, 연구실 안전조치
과제 협약/변경	연구개발과제의 보안관리 사항, 연구실 안전조치
연구비 지급관리	연구개발과제의 보안관리 준수 여부
결과보고/평가	연구개발결과의 보안등급
과제 이의신청	–
결과 소유/활용	보안과제 유무에 따른 결과 공개 검토
제재조치	연구개발 내용 누설 및 유출 검토

03

연구보안 관련 법령
및 지침

제3장

연구보안 관련 법령 및 지침

제 1 절 | 국가연구개발사업 관련 법령

1 과학기술기본법

과학기술기본법은 과학기술발전을 위한 기반을 조성하여 과학기술을 혁신하고 국가경쟁력을 강화함으로써 국민경제의 발전을 도모하며 나아가 국민의 삶의 질을 높이고 인류사회의 발전에 이바지하기 위하여 2001년 제정되었다. 국가연구개발과 관련하여서는 연구보안이 무엇보다 중요하다고 할 것이다.

2010년 2월에는 과학기술기본법이 개정되어 정부는 각 부처가 추진하는 국가연구개발사업을 긴밀히 연계하기 위하여 "국가연구개발사업의 보안" 등에 관한 사항을 정하도록 하여, 현재까지 정부 각 부처가 훈령으로 연구개발 관련 보안규정을 마련하는 계기가 되어 연구개발단계에서의 보안에 대한 법적 기반이 조성되었다. 이와 관련하여서 정부는 국가연구개발사업을 투명하고 공정하게 추진하고 효율적으로 관리하며 각 부처가 추진하는 국가연구개발사업을 긴밀히 연계하기 위하여 국가연구개발사업의 보안에 관한 사항을 정하도록 하고 있으며(제11조 제3항 제4호), 특히 중앙행정기관의 장 및 국가연구개발사업을 수행하는 연구기관의 장은 국가연구개발사업의 성과가 외부로 유출되지 아니하도록 보안대책을 수립·시행하도록 하고 있다(제16조의2 제2항).

2 국가연구개발사업의 관리 등에 관한 규정

「국가연구개발사업의 관리 등에 관한 규정」은 「과학기술기본법」에 따른 국가연구개발사업의 기획·관리·평가 및 활용 등에 필요한 사항을 규정함을 목적으로 한다. 이 규정은 중앙행정기관별로 서로 다르게 운용되고 있는 국가 연구개발사업이 효율적으로 이루어질 수 있도록 국가연구개발사업 추진 시에 공통적으로 적용할 수 있는 기본원칙과 기준을 마련하기 위하여 2002년 제정되었다.

그 중에서 연구보안과 관련하여서는 이 규정 제5장에 "국가연구개발사업의 보안 및 정보관리"라는 표제로 제24조부터 제24조의10까지 총 10개 조문으로 상세히 규정되어 있다. 이는 2007년 과학기술부가 제정한 "국가연구개발사업 공통보안관리지침" 내용이 2011년 개정을 통하여 그 내용이 편입된 것으로, 이 규정의 내용이 주요국가 기관들의 연구개발관리 규정 또는 지침의 핵심내용으로 자리잡고 있다.[1]

국가연구개발사업의 관리 등에 관한 규정은 연구보안과 관련하여 중요한 근거로 기능한다. 그간의 국가연구개발 관련 연구보안 규정의 변천과정을 조금 더 자세히 살펴보면 다음과 같다.

차세대 성장동력사업에 따라 국가연구개발사업에 대한 정부투자가 지속적으로 증가됨에 따라 연구성과물의 유출방지 등 국가연구개발사업 전반에 대한 체계적인 보안관리의 필요성이 2006년 4월에 개최된 제15회 과학기술관계장관회의에 보고된 「첨단기술 해외유출 실태 및 대응방안」에서 제기되었다. 그러나 2007년 이전까지 일부 부처에서 개별적으로 "보안관리지침"을 제정·운용하고 있는 실정이었다.[2] 당시까지 국가연구개발사업에 대해서는 "국방·안보적

1) 정보통신·방송 연구개발 보안관리 규정, 미래창조과학부 소관 과학기술 분야 연구개발사업 보안관리지침, 보건복지부 소관 연구개발사업 보안관리규칙 등.
2) 특정연구개발사업 보안관리지침·우주기술개발사업 보안관리지침(과학기술부), 정보통신연구개발사업 보안관리요령(정보통신부).

기준"을 적용하고 있어 산업화·개방화 시대에 대한 실효성이 미흡하였고, 부처별로 운용 중인 규정의 경우, 각기 기준이 상이하여 연구기관에서 적용 시 불편이 초래되었다.3)

이에 경제·산업적인 관점에서 보안관리가 이루어질 수 있는 실현 가능한 방안을 제시하고, 각 부처 보안관리지침의 가이드라인 역할을 할 수 있는 공통 보안관리지침 마련이 필요하였다. 이에 보안관리심의회 구성 및 보안등급 분류, 등급별 보안조치 등 범부처적으로 공통 적용할 수 있는 핵심사항을 규정하고 각 부처도 자체 관련규정에 반영하여 시행할 수 있도록, 「국가연구개발사업 공통보안관리지침」이 제23차 과학기술관계장관회의에서 원안 의결되어 2007년 3월 21일 과학기술부 훈령 제238호로 제정되었다.4) 이후 2009년 4월 15일 이의 명칭을 「국가연구개발사업 공통 보안관리 규칙」으로 바꾸어 제정하고, 2009년 7월 1일 시행함에 따라 교육과학기술부 소관 훈령 중 「국가연구개발사업 공통 보안관리지침」은 2009년 7월 10일 폐지하였다.

한편, 국가과학기술위원회를 대통령 소속 상설 행정위원회로 개편하는 내용의 「과학기술기본법」이 2010년 12월 27일 개정되고 2011년 3월 28일 시행됨에 따라 기존에 교육과학기술부장관이 수행하던 국가연구개발사업의 기획·관리·평가 및 활용 등에 필요한 규정의 운영에 관한 업무를 국가과학기술위원회가 수행하도록 「국가연구개발사업의 관리 등에 관한 규정」이 개정되었으며, 이에 따라 「국가연구개발사업 공통 보안관리 규칙」의 규정사항을 「국가연구개발사업의 관리 등에 관한 규정」에서 포함하여 규정함에 따라, 이 규칙은 2011년 3월 28일 폐지되었다.

이에 현재 국가연구개발 관련 보안관리와 관련하여서는 「국가연구개발사업의 관리 등에 관한 규정」에서 규정하게 된 것이다(제24조 개정 및 제24조의2부터 10까지 신설).

국가연구개발사업은 미래 신성장동력 창출을 목적으로 기반·핵심기술 연구에 주력하고 있는 만큼 연구성과물에 대한 보안관리도 매우 중요하다. 그러

3) 교육과학기술부, "국가연구개발사업 공통보안관리지침 제정 안내", 2007. 3, 1면.
4) 교육과학기술부, 앞의 자료, 2면.

나 보안환경은 대용량·초소형 저장매체 및 인터넷 통신·네트워크의 발달로 자료의 유출이 용이할 뿐 아니라 단시간에 급속도로 확산될 수 있는 등 매우 취약한 실정이다. 따라서 국가연구개발사업을 수행하고 있는 모든 연구·전문기관은 연구 성과물에 대한 보안사고 발생 시 다음과 같은 대처요령을 숙지하고 있어야 적시성 있는 초동조치가 가능하며 그 피해를 최소화 시킬 수 있을 것이다.5)

제24조는 국가연구개발사업의 보안에 대한 전반적인 내용을 규정하고 있는데, 주요내용은 다음과 같다. 중앙행정기관의 장, 전문기관의 장 및 연구개발 과제를 수행하는 연구기관의 장은 국가연구개발사업 관련 보안관리 담당자를 지정하고 보안관리 규정을 마련하는 등 보안대책을 수립·시행하여야 하며, 이 경우 참여기관은 주관연구기관의 국가연구개발사업 보안관리 규정 및 조치에 따라야 한다(제24조 제1항). 중앙행정기관의 장은 소관 국가연구개발사업에 대한 보안관리 실태를 국가정보원장 등 관계 기관의 장과 합동으로 점검할 수 있는데, 이 경우 관계 기관의 장과 점검 대상 및 시기, 점검 내용 및 방법, 점검반 구성 등에 대하여 협의하여야 한다(제24조 제2항). 중앙행정기관의 장은 이에 따른 보안관리 실태 점검 후 관계 중앙행정기관의 장 및 국가정보원장과 미리 협의하여 개선조치를 명할 수 있으며, 연구개발과제를 수행하는 연구기관의 장은 개선명령을 받은 후 6개월 이내에 개선조치에 대한 후속조치 결과를 중앙행정기관의 장 및 국가정보원장에게 보고하여야 한다(제24조 제3항).

국외유출방지와 관련하여 중앙행정기관의 장은 국가연구개발사업 관련 정보의 국외 유출을 방지하기 위하여 국가정보원장과 협조하여 별도의 보안대책을 수립·시행하여야 하며(제24조 제4항), 연구기관의 장은 국가연구개발사업과 관련된 중요 연구정보의 국외 유출을 방지하기 위하여 자체 보안대책을 수립·시행하여야 한다(제24조 제5항). 또한 연구기관의 장은 보안과제와 관련하여 외국 정부·기관 또는 단체를 방문하거나 방문을 받을 경우에는 연구과제명, 연구책임자, 방문 일시·장소 및 주요 방문내용 등의 사항을 미래창조과학부령으

---

5) 국가정보원, 산업기밀보호센터(http://service4.nis.go.kr/servlet/page?cmd=preservation&cd_code= law_03sub3&menu=ACC03)

로 정하는 문서로 소관 중앙행정기관의 장 및 국가정보원장에게 해당 방문일 5일 전까지 알려야 한다(제24조 제6항).

한편, 국가연구개발사업 성과물에 대한 대외유출 및 해킹 등 보안사고는 「국가연구개발사업 관리 등에 관한 규정」 제24조 제7항에 따라 조치해야 한다. 전문기관의 장 및 연구기관의 장은 연구개발과제와 관련하여 ① 연구개발과제와 관련된 정보의 유출, 누설, 분실 또는 도난, ② 연구개발과제와 관련된 정보를 유통·관리·보존하는 시스템의 유출, 손괴 또는 파괴, ③ 그 밖에 중앙행정기관의 장이 정하는 보안 관련 사고 등 보안사고가 발생한 경우 그 사고를 인지한 즉시 필요한 조치를 함과 동시에 소관 중앙행정기관의 장에게 보고하여야 하며, 사고 일시·장소, 사고자 인적사항, 사고 내용 등 세부적인 사고 경위를 보고일부터 5일 이내에 추가로 제출하여야 한다. 다만, 연구개발과제가 보안과제인 경우에는 인지한 즉시 국가정보원장에게도 보고하여야 한다(제24조 제7항).

중앙행정기관의 장은 보안사고가 발생한 경우 국가정보원장 등 관계 기관의 장에게 조사·지원을 요청하여 합동으로 그 경위를 조사할 수 있으며, 연구기관의 장과 연구책임자 등은 조사에 성실히 협조하여야 한다. 다만, 연구개발

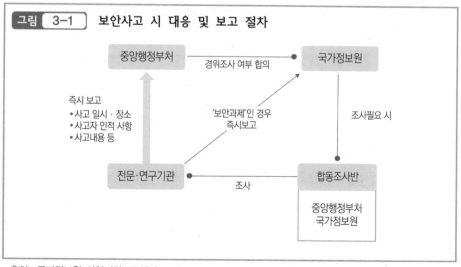

그림 3-1 보안사고 시 대응 및 보고 절차

출처: 국가정보원 산업기밀보호센터.

과제가 보안과제인 경우에는 국가정보원과 합동으로 사고경위를 조사하여야 한다(제24조 제8항).

관계 중앙행정기관의 장, 전문기관의 장, 연구기관의 장은 조사가 끝날 때까지 관련 내용을 공개하지 아니하여야 하고, 사고를 수습한 후 재발방지 대책을 마련하여야 하며, 필요한 경우 국가정보원장에게 보안사고를 예방하기 위한 보안교육 등 관련 대책 지원을 요청할 수 있다(제24조 제9항).

중앙행정기관의 장은 국가연구개발사업 보안관리 규정의 제정·개정, 전문기관의 보안관리에 관한 사항, 보안사고가 발생한 경우 사후 조치사항 등의 사항을 심의하기 위하여 보안관리심의회를 구성·운영하여야 하며(제24조의2), 전문기관의 장 및 연구기관의 장은 다음 국가연구개발사업과 관련된 자체 보안관리 규정의 제정·개정, 연구개발과제 보안등급 변경, 보안사고의 처리 등에 관한 사항을 심의하기 위하여 연구보안심의회를 구성·운영하여야 한다(제24조의3).

연구개발과제 보안등급은 아래와 같이 분류하며, 연구개발과제 수행 과정 중 산출되는 모든 문서에는 분류된 보안등급을 표기하여야 한다(제24조의4).

표 3-1 보안등급의 구분

구 분	내 용
보안과제	• 연구개발성과 등이 외부로 유출될 경우 기술적·재산적 가치에 상당한 손실이 예상되어 보안조치가 필요한 경우로서 다음 각 목의 어느 하나에 해당하는 과제 – 세계 초일류 기술제품의 개발과 관련되는 연구개발과제 – 외국에서 기술이전을 거부하여 국산화를 추진 중인 기술 또는 미래핵심기술로서 보호의 필요성이 인정되는 연구개발과제 – 「산업기술의 유출방지 및 보호에 관한 법률」 제2조 제2호의 국가핵심기술과 관련된 연구개발과제 – 「대외무역법」 제19조 제1항 및 같은 법 시행령 제32조의2에 따른 수출허가 등의 제한이 필요한 기술과 관련된 연구개발과제 – 그 밖에 중앙행정기관의 장이 보안과제로 분류되어야 할 사유가 있다고 인정하는 과제
일반과제	• 보안과제로 지정되지 아니한 과제

보안등급의 변경과 관련하여서는 전문기관의 장 및 연구기관의 장이 연구
개발과제의 보안등급을 변경할 경우에는 연구보안심의회의 심의를 거쳐 변경
할 수 있으며, 전문기관의 장 및 연구기관의 장은 보안등급을 변경한 경우 이와
관련된 연구기관에 통보하여야 한다. 다만, 일반과제에서 보안과제로 변경한
경우에는 관련 내용을 국가정보원장에게 통보하여야 한다(제24조의6).

전문기관의 장은 연구개발과제의 선정·평가·관리와 관련하여 보안등급
을 분류하고 이에 따른 보안대책을 수립·시행하여야 하며, 연구기관의 장 및
연구책임자는 보안등급에 따라 ① 보안관리체계, ② 참여연구원 관리, ③ 연구
개발 및 내용의 관리, ④ 연구시설관리, ⑤ 정보통신망관리에 대한 보안관리 조
치를 하여야 한다. 이는 내용이 방대하여 별표의 형식으로 따로 그 세부 내용을
열거하고 있다.

연구개발성과의 보안등급은 연구개발과제 보안등급과 원칙적으로 같으며
(제24조의8), 전문기관의 장은 연구기관의 국가연구개발사업 보안관리 현황을 조
사할 수 있다(제24조의9). 중앙행정기관의 장은 보고 및 보안관리 조치 등을 정당
한 사유 없이 이행하지 않은 자에 대하여 국가연구개발사업의 선정 또는 평가
등에서 불리한 조치를 할 수 있음을 협약의 내용에 포함하여야 하며, 전문기관,
연구기관, 연구책임자 및 참여연구원 등은 이 영에서 정하는 사항 및 관련 국가
연구개발사업 보안관리규정을 준수해야 한다(제24조의10).

3 과학기술분야 정부출연연구기관 등의 설립·운영 및 육성에 관한 법률

이 법은 과학기술분야 정부출연연구기관의 설립·지원·육성과 체계적인
관리 및 책임경영에 관한 기본적인 사항을 정함으로써 효과적인 국가 과학기술
혁신체제의 구축과 과학기술분야 정부출연연구기관의 경영 합리화 및 발전을
도모함을 목적으로 2004년 제정되었다.

비밀유지와 관련하여서는 과학기술분야 정부출연연구기관과 이 법에 따
라 설립되는 연구기관 및 국가과학기술연구회의 임원이나 직원 또는 그 직에

있었던 사람, 회계감사를 수행하는 공인회계사, 연구기관 및 연구회의 위탁을 받아 그 업무를 수행하는 자는 직무상 알게 된 비밀을 누설하거나 다른 용도로 사용하여서는 아니 되며(제31조), 이를 위반한 자는 2년 이하의 징역 또는 500만 원 이하의 벌금에 처한다(제36조).

제 2 절 영업비밀보호 관련 법령

1 영업비밀보호법

가. 개 요

연구보안과 관련하여 중요한 법률 중의 하나는 「부정경쟁방지 및 영업비밀의 보호에 관한 법률」이다. 이 법은 지속적인 개정을 통하여 기업의 영업비밀 보호에서 기업 이외에 개인이나 비영리기관을 포함한 "영업비밀 보유자"의 영업비밀을 유출하는 자는 이 법이 적용된다. 즉, 정부산하 연구기관 및 민간 연구기관 연구개발 관련자에게 모두 적용된다.

영업비밀의 보호 배경은 다음과 같다. WTO 무역관련 지적재산권 협정(TRIPs)에 영업비밀이 포함될 것이 확실시되자 정부는 외국의 선진기술의 도입을 유도하고, 다른 한편으로는 국제 통상 마찰을 줄이고, 또한 1986년 7월 합의한 한·미 간 통상관련 지적재산권 합의사항에 따른 의무를 이행하는 측면에서도 영업비밀제도의 도입이 필요하였다. 이에 1991년 12월 31일 부정경쟁방지법의 개정을 통하여 영업비밀 보호제도를 도입하게 되었다. 당시 주요내용으로는 영업비밀의 부정취득행위 등 영업비밀 침해행위의 유형을 정하고, 영업비밀 침해행위에 대한 민사적 구제수단으로 침해행위 금지·예방청구권, 손해배상청구권 및 신용회복조치청구권 등을 규정하고, 영업비밀의 선의취득자를 구제하기 위하여 특례규정을 두어 선의취득자에 대한 침해행위 금지·예방청구권 등의 행사를 제한하도록 하였다. 또한 기업의 임·직원이 그 기업 특유의 생산기술에 관한 영업비밀을 제삼자에게 누설하는 행위에 대하여는 3년 이하의 징역 또는 3천만원 이하의 벌금을 과할 수 있도록 벌칙을 두되, 친고죄로 하였다.

이후 1998년 "반도체기밀 유출사건"[6])을 계기로 영업비밀의 중요성과 함께 형사법적 보호방안에 관심이 집중되어, 1998년 12월 31일 개정을 통하여 「부정경쟁방지 및 영업비밀보호에 관한 법률」로 개정하여 처벌규정이 보완되었다. 개정이유도 "우리기업의 기술수준이 향상되고 국제교류가 증대됨에 따라 핵심기술의 유출 등 영업비밀 침해행위가 증가가 우려되므로 이에 효율적으로 대처할 수 있도록 관련 규정을 보완"하기 위함을 밝히고 있다. 주요내용으로는 행위주체에 전직임직원도 포함시켰으며, 보호객체를 기업의 특유한 생산기술에서 "기업에 유용한 기술상 비밀"로 하고, 국외유출은 7년 이하의 징역 또는 1억원 이하의 벌금으로 가중처벌, 국내유출은 5년 이하의 징역 또는 5천만원 이하의 벌금으로 상향조정하였으며, 징역형과 벌금형의 병과가능 및 국가안보나 중대한 공익을 위해 필요한 경우 친고죄에 대한 예외를 인정하였다. 그리고 민사적으로는 영업비밀 침해행위로 인한 손해배상을 청구하는 경우 침해자의 이익액을 청구인의 손해액으로 추정하는 규정도 마련하였다.

2004년 1월 20일 개정을 통하여는 처벌대상을 종전의 해당 기업의 전·현직 임직원에서 모든 위반자로 확대하고 보호대상 영업비밀에 경영상 영업비밀을 추가하도록 하며, 영업비밀 침해행위의 벌금과 관련하여 국외유출은 1억원 이하 또는 국내유출은 5천만원 이하의 벌금에 처하던 것을 재산상 이득액의 2배 이상 10배 이하로 상향조정하였다. 또한 친고죄 규정을 삭제하고 미수범과 예비·음모자를 처벌하도록 하는 등 형사벌칙의 강화를 목적으로 하는 법률개정이 이루어졌다.

---

6) 대법원 1999. 3. 12. 선고 98도4704 판결 참조.
이 사건은 삼성전자의 반도체 회사의 연구원으로 근무하던 자들이 1998년 2월 KSTC라는 유령업체를 통해 삼성전자의 첨단반도체 기술관련 비밀자료를 대만소재 NTC업체에 유출한 사건이다. 이 사건에서는 영업비밀침해혐의자들 중 2명에게만 실형이 내려지고, 1명은 무죄, 나머지 16명은 집행유예가 선고되었는데, 우리나라 첨단기술의 유출과 예상되는 피해 추정액에 비하여 가벼운 처벌이라는 논란이 일었다(차상육, "영업비밀의 보호 부정경쟁방지 및 영업비밀보호에 관한 법률 제2조 제3호 라.목을 중심으로-", 산업재산권(제23호), 2007, 92면).

　　우리나라의 반도체, LCD, 정보통신 관련 기술유출의 피해가 급증하자 2007년 12월 21일 개정을 통하여 영업비밀을 외국으로 유출하려는 자에 대한 징역형의 법정형을 최고 7년 이하에서 10년 이하의 징역으로 상향 조정하여 영업비밀의 유출방지에 대한 실효성을 강화하였다.

　　이후에도 해외로의 기술유출이 계속 이어지자 2009년 12월 30일 개정을 통하여 막대한 국가 이익의 손실 및 국가경쟁력 저하 방지를 위한 목적으로, 제3자에게 누설한 자만 처벌하는 한계를 극복하고자 외국에서 사용될 것임을 알면서 기업의 영업비밀을 "취득·사용"한 자에 대해서도 이를 제3자에게 누설한 자와 동일하게 처벌하도록 하였다.

　　2013년 7월 30일 개정을 통하여는 과거 기업이 보유한 영업비밀을 유출한 자만 처벌하고, 기업 외에 개인이나 비영리기관의 영업비밀을 유출하는 자에 대해서는 형사적인 조치가 불가능하였던 것을 시정하여 기업 이외에 개인이나 비영리기관을 포함한 "영업비밀 보유자"의 영업비밀을 유출하는 자를 처벌하도록 하였다. 또한 "영업비밀 원본증명제도"를 도입하여 영업비밀 침해 관련 소송 시 영업비밀 보유사실에 대한 입증 부담을 완화할 수 있도록 하였다.

　　2015년 1월 28일 개정을 통하여는 영업비밀의 요건 중의 하나인 비밀관리성과 관련하여 비밀유지에 필요한 "상당한 노력"을 "합리적인 노력"으로 완화하고, 원본증명서를 발급받은 자는 전자지문의 등록 당시에 해당 전자문서의 기재 내용대로 정보를 보유한 것으로 추정하는 규정을 신설함으로써 중소기업의 영업비밀보호를 강화하고 영업비밀 보유자의 입증곤란을 완화하기 위한 조치가 이루어졌다.

나. 영업비밀

　　이 법에서 "영업비밀"이란 "공공연히 알려져 있지 아니하고(비공지성) 독립된 경제적 가치를 가지는 것으로서(경제적 유용성), 합리적인 노력에 의하여 비밀로 유지(비밀관리성)된 생산방법, 판매방법, 그 밖에 영업활동에 유용한 기술상 또는 경영상의 정보"를 말한다(법 제2조 제3호). 영업비밀을 분류하면 다음 표와 같다.

표 3-2 영업비밀의 분류

기술정보			경영정보		
대 상	설 명	비 고	대 상	설 명	비 고
시설 및 제품의 설계도	중요 공장이 설계도면, 기계장치의 배치도, 제품 생산 라인의 설계도, 공정 설계도	그 회사만의 독자적이며 미공개된 정보나 자료	각종 주요계획	경영전략, 신규 투자계획, 신제품 개발/생산계획, 마케팅/판매계획, 인력수급계획 등	공개되면 경쟁업체의 대응이 있을 수 있는 계획은 영업비밀로 지정
물건의 생산 및 제조 방법	제품의 생산, 가공, 조립 또는 제조방법으로 비법이거나 미공개된 것		고객명부	지역별 고객리스트, 연령별 또는 직업별 분류표 및 대리점/영업점의 제반 영업자료 등	고객정보의 유출은 개인 정보보호 차원에서 사회적 물의를 일으킬 수 있음
물질의 배합 방법	물질을 생성하는 반응순서, 원료의 배합순서, 배합비율, 시차 등으로서도 미공개 되고, Reverse Engineering 으로 알아낼 수 없는 것	식품이나 음식의 제조비법, 의약품이나 화공약품의 제조생산 방법 등	관리정보	원가분석, 마진율, 거래처 정보, 인사/재무 관리 및 경영분석 정보 등	공개되면 자사의 피해가 우려되거나 경쟁회사에 유리한 정보
연구개발 보고서 및 데이터	연구개발과정, 결과보고서 및 연구에 사용된 데이터	연구에 성공하지 못하고 실패한 자료도 영업 비밀로 보호 가능			
실험 데이터	개발 중인 시제품 또는 시제품의 성능 실험, 의약품의 효능 시험, 기계장치의 시운전 데이터 등		매뉴얼 등 중요자료	• 그 기업의 기술과 경험을 바탕으로 한 방법 기술 서류 • 그 회사만의 독특한 방법이나 기법을 담고 있는 모든 매뉴얼 등	• 원료 투입순서, 화합물의 반응 방법, 합성방법 등 • 판매기법, 고객 접근 및 설득 방법, 시장 조사 방법, 원가 산정 방법 등
시설, 기계설비, 장비	기업이나 개인이 독자적으로 개발하여 보유하고 있는 시설, 특수장비와 설비 등	시설과 지역을 통제구역으로 지정하고 접근을 제한하여 비밀로 관리			

"공연히 알려져 있지 아니한"이란 불특정 다수인이 그 정보를 알고 있거나 알 수 있는 상태에 있지 아니한 것으로서, 공개된 간행물 등에 게재되지 않고 비밀상태인 것을 의미한다.[7] 이를 "비공지성"이라고 하는데, 비공지성은 영업비밀의 가장 기본적인 속성이며, 영업비밀 침해행위의 기본 출발점이라고 할 것이다. 정보의 보유자는 당해 정보가 비밀상태이기 때문에 동 정보에 대한 경제적 이익과 시장에서 경쟁 우위를 확보하게 된다. 비공지성은 상대적 개념으로 보유자 이외의 타인이 당해 정보를 알고 있다 하더라도 보유자와의 사이에 비밀준수의무가 형성된 경우라면 비공지 상태, 비밀로 유지관리하더라도 누구나 입수 가능하다면 영업비밀이 아니다.[8] 한편, 역분석을 통하여 제조비법의 영업비밀 등을 알 수 있는 경우라도 그 분석에 고도의 전문지식과 장기간의 연구를 요하는 경우에도 비공지성 요건을 충족한다.[9] 비공지성의 입증책임은 영업비밀의 보유자인 원고에게 있다. 그러나 당해정보의 미공개, 원고이외의 제3자가 당해정보를 알지 못한 것을 모두 입증케 하면 이를 입증치 못할 가능도 있어 가혹하다. 따라서 통상적으로 영업비밀로 관리된 그 정보가 일반적 경로로는 입수될 수 없고, 피고가 당해 정보를 획득한 경로(피고의 종업원이 원고회사의 직원이었다는 사실 등)와 피고의 영업비밀이 원고의 것과 동일하다는 것 등을 입증하면, 그 정보는 공연히 알려져 있지 않은 것으로 사실상 추정되며, 피고 측에서 독자적으로 정보를 창출했다는 것을 반증해야 한다.

영업비밀로서 보호받기 위해서는 어떤 정보가 기술상·경영상 경제적 가치를 가지고 있어야 하는데, 이것이 영업비밀의 두 번째 요건인 "경제적 유용성"이다. 이는 영업비밀보유자가 시장에서 특정한 정보의 사용을 통해 경업자에 대한 경제상의 이익을 얻을 수 있거나 정보의 취득 또는 개발을 위해 상당한

---

7) 대법원 2004. 9. 23. 선고 2002다60610 판결.

8) 영업비밀은 절대적인 비밀을 뜻하는 것이 아니고 일부 또는 일정범위의 사람들이 알고 있다고 하더라도 비밀로서 유지되고 있으면 영업비밀에 해당된다(서울고법 1996. 2. 29. 선고 95나14420 판결).

9) 음료의 열감지 테이프 및 잉크 등 온도감응수단을 부착하는 아이디어가 국내에서 사용된 바는 없다 할지라도 국외에서 이미 공개 또는 사용됨으로써 그 아이디어의 경제적 가치를 얻을 수 있는 자에게 알려져 있는 상태에 있다면, 그 아이디어는 영업비밀이라고 볼 수 없다(서울지법 1997. 2. 14. 96가합7170 판결).

비용이나 노력이 필요한 경우 등을 의미한다.[10] 따라서 현실적으로 사용되고 있지 않다 하더라도 장래에 있어서 경제적 가치를 발휘할 가능성이 있는 정보 (잠재적으로 유용한 정보)도 경제적 가치를 가지며, 과거에 실패한 연구데이터와 같은 정보도 경제적 가치를 가지고 있다. 즉, 장기간 특정기술의 연구에 막대한 투자를 한 결과 당해 기술의 실현불가능이라고 판단된 정보는 경쟁자에게 중대한 경제적 가치가 있다.

경제적 가치를 지닌 비공지 상태의 기술·경영 정보라 하더라도 영업비밀로서 보호받기 위해서는 당해 정보의 보유자가 비밀유지를 위하여 "합리적인 노력"이 필요한데, 이것이 영업비밀의 세 번째 요건이며, 실무적으로 가장 중요한 요건인 "비밀관리성"이다. 비밀관리성과 관련하여 과거에는 영업비밀로 보호받기 위해서는 "상당한 노력"으로 비밀을 유지하여야 하는데, 자금사정이 좋지 않은 중소기업은 영업비밀 보호를 위한 충분한 시스템을 구비하지 못하여 영업비밀로 보호받지 못하는 사례가 발생하고 있어 2015년 1월 28일 개정을 통하여 비밀유지에 필요한 "상당한 노력"을 "합리적인 노력"으로 완화하였다.

비밀관리성과 관련하여서는 영업비밀 보유자가 주관적으로 비밀을 유지하려는 의사(비밀관리 의사)를 가져야 하고, 객관적으로 제3자 또는 종업원이 알 수 있는 방식으로 비밀임을 표시하여 관리하여야 한다.[11] 한편, 어떤 경우에 당해 정보가 "합리적인 노력"으로 관리되고 있는가는 구체적인 상황에 따라서 개별적으로 판단되어야 할 것이나, 다음과 같은 경우를 생각해 볼 수 있다.

① 영업비밀 관리의사 주지: 당해 정보에 비밀표시를 하여 접근할 수 있는 자에게 그것이 영업비밀이라는 사실을 주지시키고 있는 경우

② 대인적 조치: 당해 정보에 접근할 수 있는 사람의 수를 제한하거나, 접근자에게 그 정보를 사용·공개할 수 없다는 취지의 비밀 준수의무를 부과하는 경우

---

10) 대법원 2008. 2. 15. 선고 2005도6223 판결.
11) 영업비밀이 되기 위해서는 사업자가 어떤 정보를 비밀로 생각하는 것만으로는 충분하지 않고, 객관적으로 그 정보가 비밀로 유지·관리되고 있으며, 또 제3자가 그 비밀성을 객관적으로 인식할 수 있어야 한다(대구지법 2007. 2. 13. 선고 2004가합10118판결).

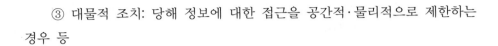

③ 대물적 조치: 당해 정보에 대한 접근을 공간적·물리적으로 제한하는 경우 등

영업비밀에 해당되는 정보는 물적인 매체(서류, 디스크, 필름 등)에 체화된 것 뿐만 아니라, 개인의 기억에 의한 것도 있으므로 영업비밀 주체의 업종, 규모, 종업원의 수, 정보의 성질과 중요성, 비밀침해의 수단과 방법 등을 고려해 볼 때 당해 정보가 비밀이라는 점이 "합리적"으로 추단될 수 있도록 관리할 필요가 있다. 최근 판례는 중소기업의 경우 대기업 수준으로 관리하기에 어려우므로 비밀관리의사 주지, 대인적 조치, 대물적 조치 등을 합리적으로 하는 경우 비밀관리성을 인정하고 있다.[12]

---

12) 서울중앙지방법원 2009. 4. 23. 선고 2008고합1298,2009고합32(병합) 판결.
□ 영업비밀 유지 및 관리
공소외 1 주식회사와 같은 규모의 중소기업은 자금력의 한계 등으로 인하여 대기업과 같은 수준으로 영업비밀을 완벽하게 유지·관리하는 것이 사실상 불가능하다. 이와 같은 상황에서 대기업과 같은 수준의 비밀 유지·관리를 요구한다면, 중소기업은 영업비밀에 대한 보호를 받기 어려울 것이다. 따라서 비밀 유지·관리에 일부 미흡한 부분이 있다 하더라도, 다른 요건들을 모두 충족하는 것을 전제로, 기업의 규모, 자금력 등에 비추어 영업비밀을 유지·관리하기 위한 노력을 게을리하지 않았음이 인정되는 경우,「부정경쟁방지 및 영업비밀보호에 관한 법률」상 영업비밀로 인정할 수 있다. 그런데, 다음과 같은 사정들을 종합적으로 고려하면, 공소외 1 주식회사는 영업비밀을 유지·관리하기 위한 노력을 게을리하지 않았다고 봄이 상당하다.
· 공소외 1 주식회사는 영업비밀의 보호에 관하여 점차 규정을 세분화하고 전산시스템의 적용을 확대해 나가는 등 회사의 성장에 따라 영업비밀에 대한 관리를 점차 강화하고 있었다.
· 보안관리에 관한 규정들이 체계적으로 정리되어 있지 않았고, 엄격하게 적용되었다고 보기도 힘들지만, 공소외 1 주식회사는 2003.경부터 사내보안규정을 마련하여 운영하여 왔고, 2008. 1.경부터 그 규정을 보다 세분화하여 별도의 전산보안규정을 마련하여 운영하여 왔다.
· 공소외 1 주식회사는 위 규정에 따라 보안책임자를 두었고, 일부 문서들은 적색 도장으로 '대외비'라는 취지를 표시하기도 하였다.
· 직원들을 상대로 정기적으로 보안교육을 실시하였던 것으로는 보이지 아니하지만, 공소외 1 주식회사는 2007. 10.경부터 온·오프라인을 통하여 직원들에게 보안의 중요성을 강조하여 왔다.
· 위에서 살펴본 바와 같이, 공소외 1 주식회사는 피고인 1, 2를 포함한 모든 신입사원들로부터 '서약서'를 징구하였고, 퇴사하는 피고인 1로부터 '퇴직시 기업비밀유지 등에 관한 서약서'를 징구받았으며, 협력업체인 공소외 10 주식회사 등으로부터 '기술자산 및 비밀보증 동의서'를 징구하는 등 영업비밀이 외부로 유출되지 않도록 관리하여 왔다.

다. 영업비밀 침해유형

법 제2조 제3호에 영업비밀 침해 행위유형을 열거하고 있다. 이는 크게 부정취득행위형과 비밀유지의무 위반행위형으로 크게 나눌 수 있으며, 이 두 가지 기본형에 악의중과실 취득과 악의중과실 사용이라는 사후적 행위가 각각 2가지씩 더해져 6가지의 행위유형이 된다.

표 3-3 영업비밀의 침해유형

구 분	내 용	비 고
부정취득행위형	절취, 기망, 협박, 그 밖의 부정한 수단[13]으로 영업비밀을 취득하는 행위(이하 "부정취득행위"라 한다) 또는 그 취득한 영업비밀을 사용하거나 공개(비밀을 유지하면서 특정인에게 알리는 것을 포함)하는 행위 (법 제2조 제3호 가호)	기본형
	영업비밀에 대하여 부정취득행위가 개입된 사실을 알거나 중대한 과실로 알지 못하고 그 영업비밀을 취득하는 행위 또는 그 취득한 영업비밀을 사용하거나 공개하는 행위 (법 제2조 제3호 나호)	악의중과실 취득형
	영업비밀을 취득한 후에 그 영업비밀에 대하여 부정취득행위가 개입된 사실을 알거나 중대한 과실로 알지 못하고 그 영업비밀을 사용하거나 공개하는 행위 (법 제2조 제3호 다호)	악의중과실 사용형
비밀유지 위반행위형	계약관계 등에 따라 영업비밀을 비밀로서 유지하여야 할 의무가 있는 자가 부정한 이익을 얻거나 그 영업비밀의 보유자에게 손해를 입힐 목적으로 그 영업비밀을 사용하거나 공개하는 행위 (법 제2조 제3호 라호)	기본형
	영업비밀이 라목에 따라 공개된 사실 또는 그러한 공개행위가 개입된 사실을 알거나 중대한 과실로 알지 못하고 그 영업비밀을 취득하는 행위 또는 그 취득한 영업비밀을 사용하거나 공개하는 행위 (법 제2조 제3호 마호)	악의중과실 취득형
	영업비밀을 취득한 후에 그 영업비밀이 라목에 따라 공개된 사실 또는 그러한 공개행위가 개입된 사실을 알거나 중대한 과실로 알지 못하고 그 영업비밀을 사용하거나 공개하는 행위 (법 제2조 제3호 바호)	악의중과실 사용형

- 공소외 1 주식회사는 출입카드와 지문인식장치를 설치하여 직원 이외의 외부인들의 출입을 통제하였고, 회사 곳곳에 보안에 관한 홍보물, 출입금지 및 사진촬영금지 표시 등을 부착해 놓았다.
- 또한 회사 곳곳에 CCTV를 설치하였고, 2008. 1.경부터 컴퓨터 접속 및 자료 유출 기록 등을 파악할 수 있는 세이프피씨라는 컴퓨터 프로그램을 가동하기 시작하였다.

13) 절취, 기망, 협박은 부정취득행위의 전형적인 수단을 예시, 반드시 이에 한하지는 않는다.

라. 민사적 구제

앞의 6가지 행위에 대해서는 다음과 같은 민사적 구제조치가 가능하다. 첫째, 영업비밀 침해에 대한 침해금지 및 침해예방청구권의 행사이다.[14] 영업비밀은 비밀성이 유지되는 동안에만 경제적 가치를 가지는 것이기 때문에 침해행위를 즉시에 중지 및 예방할 수 있는 금지 및 예방청구권은 가장 직접적이고 유효한 수단이라고 할 것이다. 청구권자는 "영업비밀 보유자"로 당해 정보를 직접 개발생산한 경우뿐만 아니라 양수인, 실시권 계약 등 정당한 권원에 의하여 영업비밀을 보유·사용하는 자를 포함한다. 금지청구와 관련하여 "전직금지" 청구가 가능한데, 이는 헌법상의 직업 선택의 자유와 자유로운 경쟁, 퇴직 이후 근로자의 생계를 고려하여 이를 엄격하게 판단한다.[15] 이미 영업비밀로 인하여 침해가 발생한 경우에는 손해배상청구권을 행사할 수 있다. 특허법 제130조는 특허권의 침해행위에 대하여 과실이 있는 것으로 추정함에 반하여, 영업비밀 침해행위에 대해서는 과실 추정 규정이 없기 때문에 고의·과실에 대한 입증책임은 불법행위 일반론에 따라 손해배상 청구권자가 부담한다. 손해액의 입증이 용이하지 않기 때문에 손해액의 추정에 관한 규정을 두어 영업비밀 침해행위로

강도, 폭행, 주거침입, 횡령, 배임, 장물취득에 관한 죄 등 형벌법규에 해당하는 행위 및 미인계, 도청, 매수, 스카우트, 위장취업 등 부정한 수단도 포함된다고 할 것이다.

14) 제10조(영업비밀 침해행위에 대한 금지청구권 등) ① 영업비밀의 보유자는 영업비밀 침해행위를 하거나 하려는 자에 대하여 그 행위에 의하여 영업상의 이익이 침해되거나 침해될 우려가 있는 경우에는 법원에 그 행위의 금지 또는 예방을 청구할 수 있다.
② 영업비밀 보유자가 제1항에 따른 청구를 할 때에는 침해행위를 조성한 물건의 폐기, 침해행위에 제공된 설비의 제거, 그 밖에 침해행위의 금지 또는 예방을 위하여 필요한 조치를 함께 청구할 수 있다.

15) 이와 관련한 판례들을 살펴보면 경업금지기간은 영업비밀 존속기간을 넘을 수 없으며(대법원 1998. 2. 13. 선고 97다24528 판결 참조), 대체로 1년 정도를 유효하게 보되(서울고등법원 1998. 10. 29. 선고 98나35947 판결 등), 기술속도가 빠르지 않는 경우에 있어서는 3년도 유효하다고 본 판례(서울고등법원 2003. 4. 23. 선고 2002나42925 판결 등)가 있다. 즉, 판례들은 영업비밀 보호기간은 1~3년으로, 70~80%가 1년으로 보는 것으로 분석된다. 기산점에 대하여 대법원은 근로자의 퇴직 이전에 미리 전직 금지를 구하는 경우에는 영업비밀을 취급하던 업무에서 이탈한 시점을 기준으로 하며, 퇴직 이후 전직금지를 구하는 경우에는 근로자의 퇴직 시점을 기준으로 보고 있다(대법원 2003. 3. 14. 선고 2002다73869 판결).

인한 손해액산정을 용이하도록 하고 있다(법 제14조의2). 또한 법원은 부정경쟁행위로 인한 영업상 이익의 침해에 관한 소송에서 당사자의 신청에 의하여 상대방 당사자에 대하여 침해로 인한 손해액을 산정하는 데 필요한 자료의 제출을 명할 수 있다(법 제14조의3). 영업비밀 침해행위는 타인이 노력한 기술적 성과에 무임승차하여 그 타인의 신용과 명성을 해치고 이익을 취하는 행위로서 금전배상만으로는 부족하므로, 손해배상에 갈음 또는 손해배상과 병행하여 신용회복에 필요한 조치를 할 수 있도록 규정하고 있다(법 제12조). 이러한 조치로는 침해자의 비용으로 패소 또는 유죄 판결을 받은 사실이 있다는 내용의 해명광고, 판결문을 게재하는 방법이 있다.

영업비밀 취득당시에는 거래에 의해 정당하게 취득하였고, 그 과정에서 선의이고 무중과실인 경우라도, 이후에 진정한 영업비밀 보유자로부터 금지청구 등의 송달을 받은 경우 사후적 악의자가 되고 이러한 경우 영업비밀을 사용하거나 공개할 수 없는 불합리가 발생하여 "선의자에 관한 특례"를 두고 있다(제13조). 이는 영업비밀에 관한 거래의 안전성을 확보하기 위한 것으로, 정상적인 거래에 의하여 영업비밀을 취득한 자의 사용·공개행위에 대하여 영업비밀 침해로 인정할 경우 정상적인 기술거래가 위축되는 것을 방지하기 위함이다.

마. 형사적 구제

형사처벌과 관련하여서는 영업비밀의 국외유출은 10년 이하의 징역 또는 1억원 이하의 벌금에 처하며, 국내유출은 5년 이하의 징역 또는 5천만원 이하의 벌금에 처해진다(법 제18조).[16] 형사처벌 관련 내용은 다음 표와 같다.

---

16) 법인의 대표자나 법인 또는 개인의 대리인, 사용인, 그 밖의 종업원이 그 법인 또는 개인의 업무에 관하여 제18조 제1항부터 제4항까지의 어느 하나에 해당하는 위반행위를 하면 그 행위자를 벌하는 외에 그 법인 또는 개인에게도 해당 조문의 벌금형을 과한다. 다만, 법인 또는 개인이 그 위반행위를 방지하기 위하여 해당 업무에 관하여 상당한 주의와 감독을 게을리하지 아니한 경우에는 그러하지 아니하다(법 제19조).

표 **3-4** 영업비밀 침해 시 형사처벌 내용

구 분	구성요건	처 벌	미수처벌	예비음모
국외 유출	부정한 이익을 얻거나 영업비밀 보유자에게 손해를 입힐 목적으로 그 영업비밀을 외국에서 사용하거나 외국에서 사용될 것임을 알면서 취득·사용 또는 제3자에게 누설한 자	10년 이하의 징역 또는 1억원 이하의 벌금. 벌금형에 처하는 경우 위반행위로 인한 재산상 이득액의 10배에 해당하는 금액이 1억원을 초과하면 그 재산상 이득액의 2배 이상 10배 이하의 벌금	○	3년 이하의 징역 또는 2천만원 이하의 벌금
국내 유출	부정한 이익을 얻거나 영업비밀 보유자에게 손해를 입힐 목적으로 그 영업비밀을 취득·사용하거나 제3자에게 누설한 자	5년 이하의 징역 또는 5천만원 이하의 벌금. 벌금형에 처하는 경우 위반행위로 인한 재산상 이득액의 10배에 해당하는 금액이 5천만원을 초과하면 그 재산상 이득액의 2배 이상 10배 이하의 벌금	○	2년 이하의 징역 또는 1천만원 이하의 벌금
기타	제9조의7 제1항을 위반하여 원본증명기관에 등록된 전자지문이나 그 밖의 관련 정보를 없애거나 훼손·변경·위조 또는 유출한 자 제9조의7 제2항을 위반하여 직무상 알게 된 비밀을 누설한 사람	1년 이하의 징역 또는 1천만원 이하의 벌금	×	×

바. 영업비밀 원본증명제도

한편, 영업비밀을 포함하고 있는 전자문서의 원본 여부를 증명하기 위하여 그 전자문서로부터 고유의 식별값인 전자지문을 추출하여 원본증명기관에 등록하고, 필요한 경우 원본증명기관이 전자지문을 이용하여 그 전자문서가 원본임을 증명하는 영업비밀 원본증명제도를 도입하였다(제9조의2부터 제9조의7까지). 영업비밀 침해 관련 소송 시 영업비밀 보유사실에 대한 입증 부담을 완화할 수 있게 되어 영업비밀 보유자의 권익을 효과적으로 보호할 수 있을 것으로 기대된다.

2 산업기술의 유출방지 및 보호에 관한 법률

가. 개 요

외국으로부터 기술을 도입함으로써 산업발전을 해왔던 과거와는 달리, 발의 당시 기술력이 선진국 수준으로 크게 향상되었고, 특히 반도체·휴대폰·LCD 등 첨단 분야에서는 최고수준의 기술력을 확보하여 세계시장을 주도함에 따라 주변 경쟁국들의 기술유출 시도가 대폭 증가되고 있는 실정이었다.[17][18] 그리고 기술유출 사안에 대하여 적용할 수 있는 법률로는 「부정경쟁방지 및 영업비밀보호에 관한 법률」이 있고, 「기술개발촉진법」, 「대외무역법」 및 「정보통신망 이용촉진 및 정보보호에 관한 법률」에서도 간접적이나마 관련 내용을 규정하고 있지만, 「부정경쟁방지 및 영업비밀보호에 관한 법률」의 경우에는 그 당시에는 민간기업의 영업비밀이 침해된 경우에 대하여 사후처벌 위주로만 규율하고 있어 적용범위가 제한적이며, 다른 법률들도 기술의 유출 그 자체를 방지하기 위한 규정들이 아니어서 기술유출방지를 위한 법적·제도적 기반도 상당히 미흡한 실정이었다. 이에 따라 우리 경제의 지속적인 성장을 위해서는 경쟁국보다 우위의 기술력을 확보함과 동시에 이러한 기술이 부정한 방법에 의하여 유출되는 것을 방지하기 위한 법적·제도적 기반의 구축이 시급히 이루어져야 할 필요가 있었다.[19]

이러한 배경하에 2004년 11월 9일 이광재 의원 등 여야의원 34명이 "산업기술의유출방지및보호지원에관한법률안"을 발의하였고, 2006년 9월 29일 국회 본회의를 수정통과한 후, 2006년 10월 27일 「산업기술유출방지 및 보호에 관한 법률」(법률 제8062호)로 제정되어 마침내 2007년 4월 28일에 시행되게 되었다.

---

17) 산업자원위원회, 「산업기술의유출방지및보호지원에관한법률안 검토보고서」, 2005. 11, 6면.
18) 1998년부터 2005년 6월말까지 기술유출 기도단계에서 적발된 통계를 보면, 총 82건에서 약 77조원으로 추정되는 손실을 예방한 것으로 평가되고 있다. 특히, 휴대폰과 PDP 등 전기전자 분야와 정보통신분야의 첨단기술에 대한 기술유출 시도가 전체 기술유출시도의 72%를 차지하고 있어 현재 우리나라가 경쟁국들보다 기술우위를 점하고 있는 산업분야의 핵심기술들이 기술유출의 목표가 되고 있다(산업자원위원회, 앞의 보고서, 6면).
19) 산업자원위원회, 앞의 보고서, 7면.

시행 이후 산업기술을 외국으로 유출하는 자에 대한 벌칙이 최고 7년 이하의 징역 또는 7억원 이하의 벌금에 그치고 있어 지능화·대형화되고 있는 산업기술의 불법 유출방지를 위한 실효성 있는 대응에는 미흡한바, 2008년 3월 14일 개정을 통하여 산업기술의 해외유출사범에 대한 처벌 수위를 최고 10년 이하의 징역 또는 10억원 이하의 벌금에 처할 수 있도록 벌칙을 상향 조정하였다.

2009년 1월 30일 개정을 통하여는 국가핵심기술의 보호를 위 보호구역의 설정, 출입허가 또는 출입 시 휴대품 검사 등의 조치를 거부·방해하거나 기피한 자에 대해 과태료를 부과할 수 있도록 하였다.

이후, '드릴십 사건'[20]과 관련하여 소송과정에서 처벌의 명확성의 원칙 등 위헌소지가 있다는 문제 등이 제기되어 개정이 필요하였다.[21] 이에 2011년 7월 25일 개정을 통하여 산업기술의 적용대상을 명확하게 하기 위하여 산업기술을 법률 또는 해당 법률에서 위임한 명령에 따라 지정·고시·공고·인증한 기술로 한정하고, 국가핵심기술을 현행 법령에서 지정·고시·공고·인증한 산업기술뿐만 아니라 그 밖의 중요한 기술 중에서도 선정할 수 있도록 하여 그 지정범위를 확대하였다(제2조 제1호 및 제2호). 그리고 외국기업 합법적인 인수·합병을 통한 기술유출 사건 등이 발생하여 이에 대한 대응이 필요하여 국가핵심기술의 국외유출을 목적으로 한 외국인투자를 사전에 방지·차단할 수 있는 최소한의 법적 장치를 마련하기 위하여 국가로부터 연구개발비를 지원받아 개발한 국가핵심

---

20) 삼성중공업은 드릴십 상부구조 설계기술의 개발용역을 의뢰한 네덜란드 그렌랜드사로부터 설계도면을 받아 이를 이용하여 드릴십을 건조하고 있었고, 중국인 A씨가 ABS(미국선급협회)의 선급검사관으로 삼성중공업에서 선급검사 업무를 담당하고 있었다. A씨는 2007. 10. 동료 선급검사관으로부터 받은 USB 메모리에 삼성중공업의 드릴십 설계기술 파일이 있는 것을 발견하고, 이를 피고인의 노트북과 외장하드에 옮겨 유출을 시도하였다. 다행히도 유출 전에 적발되어 약 32조원의 국부유출을 방지할 수 있었다. 유출될 뻔한 기술은 우리나라의 독보적인 기술이자 7대 국가핵심기술로 지정된 '드릴십'(심해원유시추선) 설계기술이었다.

21) 2013년 7월 23일 2011헌바39 사건에 대하여 헌법재판소는 "2011년 개정 전 산업기술 유출방지법이 유출 금지대상을 삼고 있는 '관계 중앙행정기관의 장이 법령에 따라 지정 또는 고시·공고한 기술' 부분은 그 법령을 구체적으로 특정하지 않아 도저히 그에 해당하는 법령이 무엇인지, 지정 또는 고시·공고를 하는 관계 중앙행정기관의 장이 누구인지 통상의 판단 능력을 가진 일반인이 그 해석을 통해서 구체적으로 확정할 수 없게끔 되어 있다"고 하였다.

기술을 보유한 대상기관이 국외 인수·합병 등을 하려는 경우 장관에게 사전 신고하도록 하였다(제11조의2). 그리고 형사처벌 이외에 산업기술의 침해행위를 하거나 하려는 자에 대하여 금지청구권을 인정하였으며(제14조의2), 장관 및 정보수사기관의 장의 직권으로 기술유출 방지에 필요한 조치를 할 수 있도록 하였다(제15조 제2항).

2005년 1월 28일에도 일부개정이 있었다. 먼저 산업기술의 범위에 국가핵심기술, 건설신기술, 보건신기술 및 핵심 뿌리기술이 포함되는 점을 명시적으로 규정하고, 그 밖의 법령에 따라 지정·고시·공고·인증되는 기술의 경우에는 산업통상자원부장관이 관보에 고시하는 기술만 산업기술의 범위에 포함되도록 하였다(제2조 제1호). 이는 범죄구성요건의 핵심요소인 산업기술의 범위를 명확하게 규정하여 형사처벌에 대한 구성요건을 더욱 명확하게 하기 위함이다. 그리고 기존 법률은 피해 발생 전의 예방적 보호조치에는 한계가 있었는바, 산업기술에 대한 비밀유지의무가 있는 자가 산업기술에 대한 보유 또는 사용 권한이 소멸됨에 따라 기업 등으로부터 산업기술에 관한 문서, 도화, 전자기록 등 특수매체기록의 반환이나 산업기술의 삭제를 요구받고도 부정한 이익을 얻거나 그 기업 등에 손해를 가할 목적으로 이를 거부 또는 기피하거나 그 사본을 보유하는 행위를 금지하도록 하였다(제14조 제6호의2 신설). 산업기술에 관한 문서 등의 반환 요구 및 산업기술 삭제 요구 불응 시 형사처벌의 대상이 된다. 그리고 산업기술보호위원회가 국무총리 소속에서 산업통상자원부장관 소속으로 이관되었고(제7조), 산업기술 확인 제도가 신설되었으며(제14조의3), 산업기술분쟁조정위원회의 의사정족수 및 의결정족수를 법률에 명시하였다(제23조 제6항).

나. 보호대상

이 법이 보호하는 대상은 산업기술이다. 이 법에서 산업기술이라 함은 "제품 또는 용역의 개발·생산·보급 및 사용에 필요한 제반 방법 내지 기술상의 정보 중에서 행정기관의 장이 산업경쟁력 제고나 유출방지 등을 위하여 이 법 또는 다른 법률 또는 이 법 또는 다른 법률에서 위임한 명령에 따라 지

정·고시·공고·인증하는 다음의 기술"을 말한다(제2조 제2호).[22]

① 제9조에 따라 고시된 국가핵심기술
② 「산업발전법」 제5조에 따라 고시된 첨단기술의 범위에 속하는 기술
③ 「산업기술혁신 촉진법」 제15조의2에 따라 인증된 신기술
④ 「전력기술관리법」 제6조의2에 따라 지정·고시된 새로운 전력기술
⑤ 「환경기술 및 환경산업 지원법」 제7조에 따라 인증된 신기술
⑥ 「건설기술 진흥법」 제14조에 따라 지정·고시된 새로운 건설기술
⑦ 「보건의료기술 진흥법」 제8조에 따라 인증된 보건신기술
⑧ 「뿌리산업 진흥과 첨단화에 관한 법률」 제14조에 따라 지정된 핵심 뿌리기술
⑨ 그 밖의 법률 또는 해당 법률에서 위임한 명령에 따라 지정·고시·공고·인증하는 기술 중 산업통상자원부장관이 관보에 고시하는 기술

이 중에서 "국가핵심기술"은 국내외 시장에서 차지하는 기술적·경제적 가치가 높거나 관련 산업의 성장잠재력이 높아 해외로 유출될 경우에 국가의 안전보장 및 국민경제의 발전에 중대한 악영향을 줄 우려가 있는 기술로서 산업통상부장관이 산업기술보호위원회의 심의 등의 절차를 거쳐 지정된 것을 말한다(제2조 제3호).

다. 산업기술 보호 정책 수립

산업기술의 유출방지 및 보호에 관한 종합계획은 산업통상부장관이 중앙행정기관의 장과 협의하고, 산업기술보호위원회의 심의를 거쳐 수립·시행하며(제5조 제1항 및 제2항), 관계중앙행정기관의 장은 종합계획에 따라 매년 산업기술의 유출방지 및 보호에 관한 시행계획을 수립·시행하여야 한다(제6조 제1항). 산

---

22) 산업기술의 유출 및 침해행위에 대해서는 형사처벌하도록 규정하고 있는데, 범죄구성요건의 핵심요소인 산업기술의 범위를 명확하게 규정할 필요가 있다는 취지에서 2015년 1월 28일 일부개정이 있었다. 이 법에 따라 보호되는 산업기술의 범위에 국가핵심기술, 건설신기술, 보건신기술 및 핵심 뿌리기술이 포함되는 점을 명시적으로 규정하고, 그 밖의 법령에 따라 지정·고시·공고·인증되는 기술의 경우에는 산업통상자원부장관이 관보에 고시하는 기술만 산업기술의 범위에 포함되도록 하였다. 이와 관련하여 산업기술의 유출방지 및 보호에 관한 법률 제2조 등 위헌소원(2013. 7. 25. 2011헌바39) 사건에서 "구 산업기술의 유출방지 및 보호에 관한 법률(2006. 10. 27. 법률 제8062호로 제정되고, 2011. 7. 25. 법률 제10962호로 개정되기 전의 것) 제36조 제2항 중 제14조 제1호 가운데 '부정한 방법에 의한 산업기술 취득행위'에 관한 부분은 헌법에 위반된다"는 헌법재판소의 판단이 있었다.

업통상자원부장관은 종합계획을 3년마다 수립·시행하여야 한다(시행령 제2조).

종합계획에는 산업기술의 유출방지 및 보호에 관한 ① 기본목표와 추진방향, ② 단계별 목표와 추진방안, ③ 홍보·교육, ④ 기반구축, ⑤ 산업기술보호기술의 연구개발, ⑥ 산업기술보호 정보의 수집·분석·가공과 보급, ⑦ 국제협력에 관한 사항이 포함된다(제5조 제3호).

종합계획의 수립·시행, 국가핵심기술의 지정·변경 및 해제, 국가핵심기술의 수출, 국가핵심기술을 보유하는 대상기관의 해외인수·합병 등에 관한 사항 등을 심의하기 위하여 산업통상자원부장관 소속23)으로 산업기술보호위원회를 두고 있다. 위원회는 위원장 1인을 포함하여 25인 이내의 위원으로 구성된다. 위원장은 산업통상자원부장관이며, 위원은 관계중앙행정기관의 차관·차장,24) 정보수사기관의 장이 지명하는 자, 학식과 경험이 풍부한 자 중 산업통상자원부장관이 위촉하는 자로 구성된다(제7조 제1항부터 제3항까지). 그리고 위원회에 산업기술의 유출방지 및 보호와 관련된 정책과제의 협의·조정과 위원회의 효율적인 운영을 위하여 정책협의회를 둘 수 있다(시행령 제5조 제7항).

산업기술의 유출방지 및 보호에 관하여 위원회의 심의사항에 대한 사전검토, 위원회로부터 위임받은 사항, 그 밖에 산업기술의 유출방지 및 보호를 위하여 필요한 실무적 사항을 사전에 전문적으로 검토하기 위하여 위원회에 분야별 전문위원회를 둔다(제7조 제4항). 전문위원회는 전기전자, 정보통신, 자동차, 철강, 조선, 원자력, 우주, 생명공학 등의 분야로 구분하여 설치하며, 다시 각 전문위원회는 위원장 1명을 포함한 15명 이내의 위원으로 구성된다(시행령 제7조).

---

23) 2015년 1월 28일 이 법의 개정을 통하여 산업기술보호위원회를 국무총리 소속에서 산업통상자원부장관 소속으로 이관되었다. 즉, 기존 산업기술보호위원회는 분야별 전문위원회, 실무위원회를 거쳐 본 위원회에서 최종 의사결정을 하는 3단계 심의구조로 운영됨에 따라 효율적인 회의 운영에 어려움이 있었음에 따라, 산업기술보호위원회를 산업통상자원부장관 소속으로 이관하고, 정부위원은 각 부처 차관·차장 또는 이에 상당하는 공무원으로 변경하며, 실무위원회를 폐지하여 2단계 심의구조로 변경함으로써 산업기술보호위원회의 신속한 의사결정이 이루어지도록 한 것이다.

24) 기획재정부 제1차관, 교육부차관, 미래창조과학부 제1차관, 외교부 제2차관, 법무부차관, 국방부차관, 농림축산식품부차관, 보건복지부차관, 환경부차관, 국토교통부 제1차관 및 해양수산부차관, 중소기업청장, 특허청장이 이에 해당된다(시행령 제5조 제1항).

라. 산업기술의 유출 방지 및 관리

산업통상자원부장관은 산업기술의 유출을 방지하고 "산업기술을 보호하기 위하여 필요한 방법·절차 등에 관한 지침"을 관계 중앙행정기관의 장과 협의하여 제정하고 이를 대상기관이 활용할 수 있도록 하고 있다(제8조 제1항).

산업기술의 유출방지 및 보호에 관한 법률에는 그 기술의 중요성 때문에 국내외 시장에서 차지하는 기술적·경제적 가치가 높거나 관련 산업의 성장잠재력이 높아 해외로 유출될 경우에 국가의 안전보장 및 국민경제의 발전에 중대한 악영향을 줄 우려가 있는 기술인 "국가핵심기술"의 수출, 국가핵심기술을 보유하는 대상기관의 해외인수·합병 등에 대하여 일정한 규제를 하고 있다.

국가핵심기술은 산업통상자원부장관이 국가핵심기술을 선정하거나 관계 중앙행정기관의 장으로부터 그 소관의 지정대상기술을 선정·통보받은 경우에는 위원회의 심의를 거쳐 국가핵심기술로 지정할 수 있다. 지정대상기술을 선정함에 있어서 해당 기술이 국가안보 및 국민경제에 미치는 파급효과, 관련 제품의 국내외 시장점유율, 해당 분야의 연구동향 및 기술 확산과의 조화 등을 종합적으로 고려하여 필요최소한의 범위 안에서 선정하여야 한다(제9조 제1항 및 제2항). 이러한 절차로 선정된 국가핵심기술을 보유·관리하고 있는 대상기관의 장은 보호구역의 설정·출입허가 또는 출입 시 휴대품 검사 등 국가핵심기술의 유출을 방지하기 위한 기반구축에 필요한 조치를 하여야 한다(제10조 제1항).

국가핵심기술의 수출과 관련하여서는 "국가로부터 연구개발비를 지원받아 개발한 국가핵심기술"을 보유한 대상기관이 해당국가 핵심기술을 외국기업 등에 매각 또는 이전 등의 방법으로 수출하고자 하는 경우에는 산업통상자원부장관의 승인25)을 얻어야 한다. 산업통상자원부장관은 승인신청에 대하여 국가핵심기술의 수출에 따른 국가안보 및 국민경제적 파급효과 등을 검토하여 관계 중앙행정기관의 장과 협의한 후 위원회의 심의를 거쳐 승인할 수 있다(제11조

---

25) 승인을 얻은 국가핵심기술이 「대외무역법」 제19조 제1항의 기술인 경우에는 같은 조 제2항에 따라 허가를 받은 것으로 보며, 「방위사업법」 제30조 및 제34조의 국방과학기술 및 방산물자인 경우에는 같은 법 제57조 제2항에 따라 허가를 받은 것으로 본다. 이 경우 산업통상자원부장관은 사전에 관계중앙행정기관의 장과 협의를 하여야 한다(제11조 제3항).

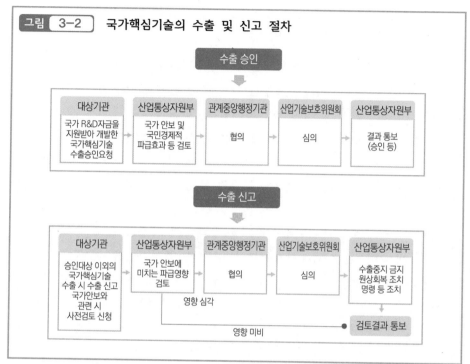

그림 3-2 국가핵심기술의 수출 및 신고 절차

출처: 국가정보원 산업기밀보호센터.

제1항 및 제2항). 승인대상 외의 대상기관이 국가핵심기술을 수출하고자 하는 경우에는 산업통상자원부장관에게 사전신고를 하여야 한다(제11조 제4항).

산업통상자원부장관은 신고대상인 국가핵심기술의 수출이 국가안보에 심각한 영향을 줄 수 있다고 판단하는 경우에는 관계중앙행정기관의 장과 협의한 후 위원회의 심의를 거쳐 국가핵심기술의 수출중지·수출금지·원상회복 등의 조치를 명할 수 있다(제11조 제5항). 또한 수출하려는 국가핵심기술이 국가안보와 관련되는지 여부에 대하여 산업통상자원부장관에게 사전검토도 신청할 수 있다(제11조 제6항).

국가핵심기술을 보유하는 대상기관의 해외인수·합병 등은 다음과 같은 절차를 거쳐야 한다. "국가로부터 연구개발비를 지원받아 개발"한 국가핵심기술을 보유한 대상기관이 대통령령으로 정하는 해외 인수·합병, 합작투자 등 외

국인투자[26])를 진행하려는 경우에는 산업통상자원부장관에게 미리 신고[27])하여
야 하며, 대상기관은 대통령령으로 정하는 외국인[28])에 의하여 해외인수·합병

---

26) 산업기술의 유출방지 및 보호에 관한 법률 시행령 제18조의2(해외인수·합병 등의 신고
등) ① 법 제11조의2 제1항에서 "대통령령으로 정하는 해외 인수·합병, 합작투자 등 외국
인투자"란 다음 각 호의 어느 하나에 해당하는 경우를 말한다.
  1. 외국인이 단독으로 또는 다음 각 목에 해당하는 자와 합산하여 법 제11조의2 제1항에
     따른 국가핵심기술을 보유한 대상기관(이하 이 조에서 "보유기관"이라 한다)의 주식
     또는 지분(장래에 주식 또는 지분으로 전환하거나 주식 또는 지분을 인수할 권리를 포
     함한다. 이하 "주식등"이라 한다)을 100분의 50 이상 소유하려는 경우(100분의 50 미만
     을 소유하려는 경우로서 주식등의 최다소유자가 되면서 보유기관의 임원 선임이나 경
     영에 지배적인 영향력을 행사할 수 있게 되는 경우를 포함한다)
    가. 외국인의 배우자, 8촌 이내의 혈족, 4촌 이내의 인척
    나. 외국인이 단독으로 또는 주요 주주나 주요 지분권자와의 계약 또는 합의에 의하여
       조직변경 또는 신규사업에의 투자 등 주요 의사결정이나 업무집행에 지배적인 영향
       력을 행사할 수 있는 회사
    다. 외국인이 단독으로 또는 주요 주주나 주요 지분권자와의 계약 또는 합의에 의하여
       대표자를 임면하거나 임원의 100분의 50 이상을 선임할 수 있는 회사
  2. 외국인이 보유기관의 영업의 전부 또는 주요 부분의 양수·임차 또는 경영의 수임방식
     으로 보유기관을 경영하려는 경우
  3. 외국인이 보유기관에 자금을 대여하거나 출연을 하면서 과반수 이상의 임원 선임에
     지배적인 영향력을 행사할 수 있게 되는 경우
27) 산업기술의 유출방지 및 보호에 관한 법률 시행령 제18조의2(해외인수·합병 등의 신고
등) ③ 법 제11조의2 제1항 및 제2항에 따라 해외인수·합병 등의 신고를 하려는 보유기관
은 산업통상자원부령으로 정하는 국가핵심기술 해외인수·합병 등 신고서에 다음 각 호
의 서류를 첨부하여 산업통상자원부장관에게 제출하여야 한다.
  1. 해외인수·합병 등과 관련된 계약서 또는 계획서(법 제11조의2제1항에 따른 신고를 하
     는 경우에만 해당한다)
  2. 해외인수·합병 등을 진행하려는 외국인의 명칭, 주요 주주 현황, 매출액, 자산총액 및
     사업내용
  3. 해당 해외인수·합병 등의 내용 및 관련 시장 현황에 관한 자료
  4. 국가핵심기술의 용도와 성능에 관한 기술자료
  5. 국가핵심기술의 제공 조건과 방법에 관한 자료
  6. 국가핵심기술을 사용한 관련 제품의 시장 규모와 경쟁력 수준에 관한 자료
28) 산업기술의 유출방지 및 보호에 관한 법률 시행령 제18조의2(해외인수·합병 등의 신고
등) ② 법 제11조의2 제2항에서 "대통령령으로 정하는 외국인"이란 다음 각 호의 어느 하
나에 해당하는 자를 말한다.
  1. 대한민국의 국적을 가지지 아니하는 개인
  2. 외국의 법률에 따라 설립된 법인
  3. 외국정부의 대외경제협력업무를 대행하는 기관
  4. 국제부흥개발은행·국제금융공사·아시아개발은행 등 개발금융에 관한 업무를 취급하
     는 국제기구

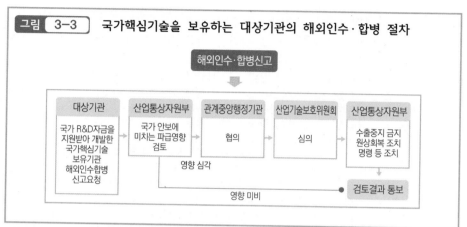

그림 3-3 국가핵심기술을 보유하는 대상기관의 해외인수·합병 절차

출처: 국가정보원 산업기밀보호센터.

등이 진행되는 것을 알게 된 경우 지체 없이 산업통상자원부장관에게 신고하여
야 한다(제11조의2 제1항 및 제2항).

산업통상자원부장관은 국가핵심기술의 유출이 국가안보에 심각한 영향을
줄 수 있다고 판단하는 경우에는 관계 중앙행정기관의 장과 협의한 후 위원회
의 심의를 거쳐 해외인수·합병 등에 대하여 중지·금지·원상회복 등의 조치를
명할 수 있다(제11조의2 제3항). 산업통상자원부장관은 국가핵심기술을 보유한 대
상기관이 제1항 및 제2항에 따른 신고를 하지 아니하거나 거짓이나 그 밖의 부
정한 방법으로 신고를 하고서 해외인수·합병 등을 한 경우에는 정보수사기관
의 장에게 조사를 의뢰하고, 조사결과를 위원회에 보고한 후 위원회의 심의를
거쳐 해당 해외인수·합병 등에 대하여 중지·금지 등 필요한 조치를 명할 수
있다(제11조의2 제5항).

마. 산업기술 유출 시 벌칙 및 금지청구권

이 법에서는 형사적 제재를 통한 산업기술의 불법 유출방지에 주된 목적
이 있는 바 형사처벌이 상당히 강력하다(해외유출 10년 이하의 징역 또는 10억원 이하의
벌금, 국내유출 5년 이하의 징역 또는 5억원 이하의 벌금). 현행 법률은 비밀유지의무가

5. 대외투자업무를 취급하거나 대행하는 국제기구

있는 자가 산업기술을 외부로 유출하거나 사용 또는 공개하는 등 산업기술 보유기관에 피해가 발생한 경우를 중심으로 범죄구성요건을 설정하고 있어 피해 발생 전의 예방적 보호조치에는 한계가 있어, 2015년 1월 28일 개정을 통하여 "산업기술에 관한 문서 등의 반환 요구 및 산업기술 삭제 요구 불응"시에 형사처벌할 수 있도록 하였다. 따라서 산업기술에 대한 비밀유지의무가 있는 자가 산업기술에 대한 보유 또는 사용 권한이 소멸됨에 따라 기업 등으로부터 산업기술에 관한 문서, 도화, 전자기록 등 특수매체기록의 반환이나 산업기술의 삭제를 요구받고도 부정한 이익을 얻거나 그 기업 등에 손해를 가할 목적으로 이를 거부 또는 기피하거나 그 사본을 보유하는 행위는 금지된다고 할 것이다.

　　산업기술보호법의 벌칙규정은 제36조에 규정되어 있으며, 주요내용은 다음과 같다. 산업기술을 "외국"에서 사용하거나 "외국"에서 사용될 것임을 알면서 부정취득·사용·공개행위, 비밀유지의무자가 부정유출·사용·공개·제3자가 사용하게 하는 행위에 대하여, 그리고 부정행위가 개입된 사실을 알고 취득·사용·공개 및 취득한 후 동조 각호의 행위가 개입된 사실을 안 뒤 사용·공개하는 행위, 산업기술에 관한 문서 등의 반환 및 산업기술 삭제요구 불응을 한 자에 대해서는 15년 이하의 징역 또는 15억원 이하의 벌금에 처하도록 규정하고 있다(제36조 제1항).

　　"국내"에서 사용하거나 사용될 것임을 알면서 비밀유지의무자가 부정유출·사용·공개·제3자가 사용하게 하는 행위에 대하여, 그리고 부정행위가 개입된 사실을 알고 취득·사용·공개 및 취득한 후 동조 각호의 행위가 개입된 사실을 안 뒤 사용·공개하는 행위, 산업기술에 관한 문서 등의 반환 및 산업기술 삭제요구 불응을 한 자 또한 7년 이하의 징역 또는 7억원 이하의 벌금에 처하도록 하고 있다(제36조 제2항).

　　이 법 제14조 제4호에 해당하는 행위, 즉 개입된 사실을 중과실로 알지 못하고 취득·사용·공개 및 취득한 후 동조 각호의 행위가 개입된 사실을 중과실로 알지 못하고 사용·공개하는 행위를 한 자에 대해 3년 이하의 징역 또는 3억원 이하의 벌금에 처하도록 하고 있다(제36조 제3항). 산업기술보호법에는 몰수 규정이 있으며(제36조 제4항), 미수범은 처벌한다(제36조 제6항). 산업기술보호법상의

표 **3-5**   산업기술보호법의 벌칙규정

구 분	해당 조문	행위 형태	법정형 및 과태료	비 고
산업기술 국외 유출·침해	§36①	• 외국에서 사용하거나 외국에서 사용될 것임을 알면서 산업기술 침해행위(동법 제14조 제4호 제외)를 한 자. • 국가핵심기술을 수출시 미승인·부정한 방법으로 승인하는 행위, 심의시 국가핵심기술의 수출중지·금지·원상회복 등의 조치를 이행하지 않는 행위 • 산업기술에 관한 문서 등의 반환 및 산업기술 삭제요구 불응	• 15년 이하 징역 • 15억원 이하 벌금	병과, 예비·음모·미수 규정, 양벌규정
산업기술 국내 유출·침해	§36②	• 산업기술 침해행위(동법 제14조 제4호 제외)를 한 자 • 국가핵심기술을 수출시 미승인·부정한 방법으로 승인하는 행위, 심의시 국가핵심기술의 수출중지·금지·원상회복 등의 조치를 이행하지 않는 행위 • 산업기술에 관한 문서 등의 반환 및 산업기술 삭제요구 불응	• 7년 이하의 징역 • 7억원 이하 벌금	상동
산업기술 과실유출·침해	§36③	• 제14조 제4호의 행위를 한 자	• 3년 이하의 징역 • 3억원 이하 벌금	병과, 양벌규정
몰수·가액추징	§36④	• 제1항 내지 제3항의 죄를 범한 자가 범죄하는 행위	• 범죄행위로 얻은 재산 몰수 • 몰수할 수 없는 때 가액 추징	
직무상 비밀누설·도용	§36⑤	• 비밀유지의무자가 그 직무상 알게 된 비밀을 누설 또는 도용하는 행위	• 5년 이하 징역 • 10년 이하 자격정지 또는 5천만원 이하 벌금	

출처: 윤해성·박달현·김혜경·황태정, 「형사특별법 정비방안(8) – 산업·무역/과학기술·정보분야」, 한국형사정책연구원, 2008, 154면 재구성.

처벌규정을 이해하기 쉽도록 정리하면 [표 3-5]와 같다.

형사적 구제 이외에도 이 법 대상기관에 대하여 금지청구권을 인정하고 있다. 즉, 대상기관은 산업기술 침해행위를 하거나 하려는 자에 대하여 그 행위에 의하여 영업상의 이익이 침해되거나 침해될 우려가 있는 경우에는 법원에 그 행위의 금지 또는 예방을 청구할 수 있다. 또한 금지청구를 할 때에는 침해행위를 조성한 물건의 폐기, 침해행위에 제공된 설비의 제거, 그 밖에 침해행위의 금지 또는 예방을 위하여 필요한 조치를 함께 청구할 수 있다(제14조의2).

산업기술을 보유한 기업·연구기관·전문기관·대학 등의 임직원 및 이 법에 따른 지정·사전검토·조사·접수·상담·연구개발 및 분쟁조정 등의 업무를 수행하는 자에 대한 비밀유지의무를 부과하고 있으며(제34조), 벌칙적용에 있어서 공무원으로 의제되어 가중처벌의 대상이 된다(제35조).

바. 산업기술보호 기반구축 등

이 법은 산업기술의 보호를 위하여 벌칙 등도 규정하고 있지만 산업기술 보호를 위한 기반조성과 관련하여 관련 규정을 두고 있다.

먼저, 산업기술보호의 시책을 효율적으로 추진하기 위하여 한국산업기술 보호협회의 설립에 대한 근거가 마련되어 있다(제16조). 협회는 ① 산업기술보호를 위한 정책의 개발 및 협력, ② 산업기술의 해외유출 관련 정보 전파, ③ 산업기술의 유출방지를 위한 상담·홍보·교육·실태조사, ④ 국내외 산업기술보호 관련 자료 수집·분석 및 발간, ⑤ 국가핵심기술의 보호·관리 등에 관한 지원업무, ⑥ 산업기술의 보호를 위한 지원업무, ⑦ 산업기술분쟁조정위원회의 업무지원 등의 업무를 적극적으로 수행하고 있다.

산업통상자원부장관은 산업기술 보호를 위한 실태조사(제17조), 국제협력(제18조) 뿐만 아니라 대상기관의 임직원을 대상으로 산업기술보호 교육을 실시할 수 있다(제19조). 정부는 산업보안기술의 개발 및 전문인력의 양성에 관한 시책을 수립하여 추진할 수 있으며, 또한 산업보안기술의 개발 등 산업기술의 유출방지 및 보호에 기여한 공이 큰 자 또는 산업기술을 해외로 유출한 사실을 신고한 자 등에 대하여 예산의 범위 내에서 포상 및 포상금을 지급할 수 있는 근거를 마련하고 있다(제20조 및 제21조).

사. 산업기술분쟁조정위원회

산업기술 유출 등으로 인한 소송의 경우 그 기간이 길고, 공개재판주의가 원칙이라 분쟁 중의 영업비밀 등이 소송절차 중에 공개 될 우려가 있어, 소송에 어려움이 있다. 이러한 문제를 소송 이외의 방법으로 해결[29]하고자 산업기술의 유출에 대한 분쟁을 신속하게 조정하기 위하여 산업통상자원부장관 소속하에 "산업기술분쟁조정위원회"의 설치근거를 마련하였다.

조정은 절차의 비공개가 원칙이라 그 산업기술의 영업비밀 등이 공개될 염려가 없다는 장점이 있으며, 소송은 평균 상고까지 2~3년이 소요됨에 반해 조정을 통하면 3개월 내외 분쟁을 해결할 수 있고, 해당분야의 전문가가 조정에 참여하여 기술에 대한 이해도도 높다는 여러 장점이 있다.

먼저 산업기술분쟁조정위원회는 위원장 1인을 포함한 15인 이내의 위원으로 구성된다(제23조). 분쟁의 조정을 효율적으로 수행하기 위하여 조정위원회에 5인 이내의 위원으로 구성되는 조정부를 두며, 그 중 1인은 변호사의 자격이 있는 자로 한다(제24조).

산업기술유출과 관련한 분쟁의 조정을 원하는 자는 신청취지와 원인을 기재한 조정신청서를 조정위원회에 제출하여 분쟁의 조정을 신청할 수 있으며, 분쟁조정 신청을 받은 조정위원회는 신청을 받은 날부터 3월 이내에 이를 심사하여 조정안을 작성하여야 한다. 다만, 부득이한 사정이 있는 경우에는 산업기술분쟁조정위원회의 의결로 1월의 범위 내에서 기간을 연장할 수 있다(제26조). 당사자가 조정안을 수락하고 기명날인한 경우에는 해당조정조서는 "재판상 화해"와 동일한 효력을 갖는다(제28조 제4항).

---

29) 소송 이외의 분쟁해결 방법으로는 화해, 알선, 조정, 중재 등이 있는데 이와 같이 소송에 갈음하는 분쟁해결 방법을 "대체적 또는 대안적 분쟁해결"(ADR: Alternative Dispute Resolution)이라고 한다.

3 중소기업기술 보호 지원에 관한 법률

대기업이 우월적 지위에서 중소기업이 연구개발한 기술을 탈취하는 불공정 사례 등 중소기업의 기술유출 및 침해사례가 빈번히 발생하여 기술보호역량이 취약한 중소기업의 피해가 증가하고 있으나,[30] 중소기업의 기술보호 및 기술유출 대응역량은 매우 취약하다.[31] 그러나 산업기술보호법과 영업비밀보호법 등 현행법을 통한 보호에는 한계가 있고,[32] 기술유출에 취약한 중소기업에 대한 체계적인 기술보호 및 지원시책을 추진할 필요성 또한 있어 2014년 5월 28일 「중소기업기술 보호 지원에 관한 법률」이 제정되었다.

이 법의 목적은 중소기업기술 보호를 지원하기 위한 기반을 확충하고 관련 시책을 수립·추진함으로써 중소기업의 기술보호 역량과 기술경쟁력을 강화하고 국가경제의 발전에 이바지하기 위함이다(제1조). 이 법에서 "중소기업기술"이란 중소기업 및 「중소기업 기술혁신 촉진법」 제2조 제2호에 따른 중소기업자가 직접 생산하거나 생산할 예정인 제품 또는 용역의 개발·생산·보급 및 사용에 필요한 독립된 경제적 가치를 가지는 기술 또는 경영상의 정보를 말한다(제2조 제2호).

중소기업기술 보호와 관련하여 산업기술보호법, 영업비밀보호법과의 중첩이 있을 수 있으므로, 산업기술보호법, 영업비밀보호법으로 보호가 가능하면

---

30) 중소기업청에 따르면 최근 3년 동안 중소기업의 12.1%가 기술유출로 인한 피해를 경험하였고, 건당 피해규모는 10.2억원('09년) → 14.9억원('10년) → 15.8억원('11년) → 15.7억원('12년)으로 지속적으로 증가하는 추세이다(산업통상자원위원회, 「중소기업기술보호 지원에 관한 법률안 검토보고서」, 2013. 12, 3면).

31) 기술보호역량지수가 34.9점(100점 만점)으로 '취약' 수준이며 대기업(62.4점)의 56% 수준에 불과하며, 실태조사('12년 11월)에 따르면, 대기업과의 수·위탁관계에 있는 중소기업의 14%가 거래관계에서 기술요구 경험이 있으며, 이 중 82%는 거래단절 등을 우려하여 기술의 일부 또는 전체를 제공한 것으로 나타났다(산업통상자원위원회, 앞의 보고서, 4면).

32) 산업기술보호법에 따라 관계중앙행정기관의 장이 법률 등에 의해 지정·고시된 '산업기술'에 해당하지 않는 중소기업기술이나, 지정·고시된 산업기술 중에도 유효기간은 경과되었으나 보호 필요성이 있는 중소기업기술 등이 존재하므로, 이들 기술에 대한 보호필요성이 제기되고, 개발기술의 관리 및 보호가 소홀하여 독립적 경제적 가치는 있으나 "영업비밀"로 인정되지 않는 다수의 기술을 보유하고 있는 현실을 고려할 필요가 있다(산업통상자원위원회, 앞의 보고서, 9면~10면 참조).

이들이 먼저 적용되고, 이들 법률에 관련 규정이 없는 경우 중소기업기술보호
법이 적용된다(제4조).

중소기업기술 보호에 관한 지원계획의 수립 및 추진과 관련하여서는 중소
기업청장이 중소기업기술보호에 관한 지원계획을 수립·시행하도록 하고, 관련
행정기관의 장·전문가 등과 협의하거나 자문을 받도록 하고 있다(제5조 및 제6
조). 그리고 중소기업청장은 중소기업기술 보안역량 강화를 위한 실태조사, 중
소기업기술 보호지침의 제정 등을 할 수 있다(제7조 및 제8조). 또한 중소기업청장
이 중소기업기술의 유출방지와 보호를 위하여 기술자료 임치제도 활용 지원,
국가연구개발사업 성과물의 보호 지원, 중소기업기술 보호 진단 및 자문 등, 해
외진출 중소기업의 기술보호 등 각종 지원사업을 수행하도록 하고 있다(제9조부
터 제13조까지).

중소기업기술 보호 기반조성과 관련하여서는 중소기업청장은 중소기업기
술 보호 지원 전담기관지정, 보안기술 개발의 촉진 및 보급, 기술보호 전문인력
의 양성, 중소기업기술 보호 홍보·교육, 기술보호관제서비스의 제공, 보안시스
템의 구축 지원, 국제협력, 기술보호 상생협력, 중소기업기술 보호 포상 등의
사업을 실시할 수 있다(제14조부터 제22조까지). 또한 중소기업청장은 중소기업기
술의 보호 지원에 관한 업무를 전담하는 기관을 지정하고, 그 경비 등을 지원할
수 있도록 하였다(제14조). 그리고 중소기업의 기술유출로 인한 분쟁의 조정 및
중재를 위한 '중소기업기술분쟁조정·중재위원회'를 설치하여 운영하도록 하였
다(제23조부터 제28조까지).

중소기업 기술보호·지원 업무와 관련하여 비밀유지의무를 가지는 자[33]가
비밀유지의무를 위반한 경우 3년 이하의 징역 또는 3천만원 이하의 벌금에 처
한다(제32조 및 제34조).

---

[33] 비밀유지의무를 가지는 자는 ① 중소기업기술의 보호 및 관리 현황에 대한 실태조사 업무
를 수행하는 자, ② 침해신고 접수, 기술보호 진단 및 자문 등의 업무를 수행하는 자, ③
중소기업기술 개발사업자에게 고용되어 보안기술의 연구개발 업무를 수행하는 자, ④ 기
술보호관제서비스 업무를 수행하는 자, ⑤ 중소기업기술 분쟁조정·중재 업무를 수행하는
자, ⑥ 중소기업청장의 권한의 일부를 위임·위탁받아 업무를 수행하는 자이다.

| 제 3 절 | 개인정보보호 및 정보통신망 관련 법령 |

1 개인정보보호법

가. 개 요

최근 금융사의 개인정보유출, 인터넷포털사이트의 개인정보유출 등 개인 정보의 유출과 관련하여 사회적으로 크게 이슈가 되고 있다. 연구활동은 연구 의 대상으로 참여한 개인정보의 유출이나, 왜곡, 민감정보 교환에 항상 노출되 어 있다. 따라서 연구보안도 개인정보보호에 소홀히 할 수 없다고 할 것이다. 이에 많은 연구기관들은 개인정보보호 및 권익보호를 위해 개인정보보호 관련 법령을 준수하며, 개인정보처리방침을 가지고 있으며, 홈페이지 보안관리 등 개인정보유출 방지에 노력하고 있다.

개인정보보호법 제정 전에는 공공기관, 정보통신, 금융, 교육 등에서 공공 기관 개인정보보호법, 신용정보법, 정보통신망법 등 분야별 개별법이 있는 경 우에 한해 개인정보를 보호하고 있었다. 그러나, 정보사회의 고도화와 개인정 보의 경제적 가치 증대로 사회 모든 영역에 걸쳐 개인정보의 수집과 이용이 보 편화되고 있으나, 국가사회 전반을 규율하는 개인정보 보호원칙과 개인정보 처 리기준이 마련되지 못해 개인정보보호의 사각지대가 발생하였고, 개인정보의 유출·오용·남용 등 개인정보 침해 사례가 지속적으로 발생함에 따라 국민의 프라이버시 침해는 물론 명의도용, 전화사기 등 정신적·금전적 피해가 초래되 었다. 이에 공공부문과 민간부문을 망라하여 국제 수준에 부합하는 개인정보 처리원칙 등을 규정하고, 개인정보 침해로 인한 국민의 피해 구제를 강화하여 국민의 사생활의 비밀을 보호하며, 개인정보에 대한 권리와 이익을 보장하기 위하여 2011년 9월 개인정보보호법이 제정되었다.

나. 개인정보의 정의 등

"개인정보"란 살아 있는 개인에 관한 정보로서 성명, 주민등록번호 및 영상 등을 통하여 개인을 알아볼 수 있는 정보를 말하며, 해당 정보만으로는 특정 개인을 알아볼 수 없더라도 다른 정보와 쉽게 결합하여 알아볼 수 있는 것을

표 3-6 개인정보의 예시

유형구분	개인정보 항목
일반정보	이름, 주민등록번호, 운전면허번호, 주소, 전화번호, 생년월일, 출생지, 본적지, 성별, 국적
교육 및 훈련정보	학교출석사항, 최종학력, 학교성적, 기술자격증 및 전문면허증, 이수한 훈련 프로그램, 동아리활동, 상벌사항
가족정보	가족의 이름, 출생지, 생년월일, 주민등록번호, 직업, 전화번호
병역정보	군번 및 계급, 제대유형, 주특기, 근무부대
부동산정보	소유주택, 토지, 자동차, 기타소유차량, 상점 및 건물
소득정보	현재 봉급액, 봉급경력, 보너스 및 수수료, 기타소득의 원천, 이자소득, 사업소득
기타 수익정보	보험(건강, 생명 등) 가입현황, 회사의 판공비, 투자프로그램, 퇴직프로그램, 휴가, 병가
신용정보	대부잔액 및 지불상황, 저당, 신용카드, 지불연기 및 미납의 수, 임금압류 통보에 대한 기록
고용정보	현재의 고용주, 회사주소, 상급자의 이름, 직무수행평가기록, 훈련기록, 출석기록, 상벌기록, 성격 테스트결과, 직무태도
법적정보	전과기록, 자동차 교통 위반기록, 파산 및 담보기록, 구속기록, 이혼기록, 납세기록
의료정보	가족병력기록, 의료기록, 정신질환기록, 신체장애, 혈액형, IQ, 약물테스트 등 각종 신체테스트 정보
조직정보	노조가입, 종교단체가입, 정당가입, 클럽회원
통신정보	전자우편(E-mail), 전화통화내용, 로그파일(Logfile), 쿠키(Cookies)
위치정보	GPS나 휴대폰에 의한 개인의 위치정보
신체정보	지문, 홍채, DNA, 신장, 가슴둘레
습관 및 취미정보	흡연, 음주량, 선호하는 스포츠 및 오락, 여가활동, 비디오 대여기록, 도박성향

출처: 교육과학기술부·한국정보화진흥원, 「개인정보 보호법 업무사례집」, 2012, 8~9면.

포함한다(제2조 제1호). 개인정보를 예시하자면 다음과 같다.

"처리"란 개인정보의 수집, 생성, 연계, 연동, 기록, 저장, 보유, 가공, 편집, 검색, 출력, 정정(訂正), 복구, 이용, 제공, 공개, 파기(破棄), 그 밖에 이와 유사한 행위를 말한다(제2조 제2호).

"정보주체"란 처리되는 정보에 의하여 알아볼 수 있는 사람으로서 그 정보의 주체가 되는 사람을 말한다(제2조 제3호).

"개인정보파일"이란 개인정보를 쉽게 검색할 수 있도록 일정한 규칙에 따라 체계적으로 배열하거나 구성한 개인정보의 집합물(集合物)을 말한다(제2조 제4호).

"개인정보처리자"란 업무를 목적으로 개인정보파일을 운용하기 위하여 스스로 또는 다른 사람을 통하여 개인정보를 처리하는 공공기관, 법인, 단체 및 개인 등을 말한다(제2조 제5호). 따라서 공공기관, 영리목적의 민간분야 사업자, 협회 및 동창회 등 비영리기관 및 단체를 모두 포괄한다. 여기에서 "공공기관"이란 국회, 법원, 헌법재판소, 중앙선거관리위원회의 행정사무를 처리하는 기관, 중앙행정기관(대통령 소속 기관과 국무총리 소속 기관을 포함한다) 및 그 소속 기관, 지방자치단체, 그리고 그 밖의 국가기관 및 공공단체 중 대통령령으로 정하는 기관(제2조 제6호)을 말한다. 특히 대통령으로 정하는 기관에는 국가인권위원회, 공공기관의 운영에 관한 법률에 따른 공공기관, 지방공사와 지방공단, 특별법에 따라 설립된 특수법인, 초·중등교육법, 고등교육법, 그 밖의 다른 법률에 따라 설치된 각급 학교가 포함된다(시행령 제2조). 특히 공공기관의 운영에 관한 법률에 따른 공공기관에서 여러 국가 연구기관이 해당된다.

따라서 결국 국책연구소 등은 결국 개인정보처리자의 지위를 가지게 되며, 개인정보처리자는 개인정보 처리업무를 총괄해서 책임질 개인정보 보호책임자를 의무적으로 지정해야 하며, 개인정보보호 계획의 수립 및 시행, 개인정보 처리 실태 및 관행의 정기적인 조사 및 개선, 개인정보 처리와 관련한 불만의 처리 및 피해 구제, 개인정보 유출 및 오용·남용 방지를 위한 내부통제시스템의 구축 등 개인정보보호를 위한 의무를 가진다고 할 것이다.

"영상정보처리기기"란 일정한 공간에 지속적으로 설치되어 사람 또는 사물의 영상 등을 촬영하거나 이를 유·무선망을 통하여 전송하는 장치로서 대통령령으로 정하는 장치를 말하는데(제2조 제7호), 주로 CCTV와 네트워크 카메라가 이에 해당된다(시행령 제7조).

다. 개인정보 보호정책 수립

개인정보보호와 관련한 중요 사항에 대하여 의사결정의 신중성·전문성·객관성 확보를 위하여 개인정보 보호 기본계획, 법령 및 제도 개선 등 개인정보에 관한 주요 사항을 심의·의결하기 위하여 대통령 소속으로 위원장 1명, 상임위원 1명을 포함한 15명 이내의 위원으로 구성하는 「개인정보 보호위원회」를 두고, 개인정보 보호위원회에 사무국을 설치하도록 하였다(제7조, 제8조). 2015년 7월 24일 개정으로 따른 개인정보 침해요인 평가에 관한 사항도 보호위원회의 기능으로 추가되었다.

개인정보의 보호와 정보주체의 권익 보장을 위하여 행정자치부장관은 3년마다 개인정보보호 기본계획을, 중앙행정기관의 장은 기본계획에 따른 시행계획을 작성하고, 보호위원회의 심의·의결을 거쳐 이를 시행하여야 한다(제9조, 제10조). 행정자치부장관은 개인정보의 처리에 관한 기준, 개인정보 침해의 유형 및 예방조치 등에 관한 표준 개인정보 보호지침(이하 "표준지침"이라 한다)을 정하여 개인정보처리자에게 그 준수를 권장할 수 있다(제12조).

라. 개인정보의 수집·이용·제공

개인정보처리자는 다음에 해당하는 경우에는 개인정보를 수집할 수 있으며 그 수집 목적의 범위에서 이용할 수 있다(제15조).

① 정보주체의 동의를 받은 경우, 이 경우 개인정보의 수집·이용 목적, 수집하려는 개인정보의 항목, 개인정보의 보유 및 이용 기간, 동의를 거부할 권리가 있다는 사실 및 동의 거부에 따른 불이익이 있는 경우에는 그 불이익의 내용을 정보주체에게 알려야 하며, 이의 사항을 변경하는 경우도 이를 알리고 동의를 받아야 한다.

② 법률에 특별한 규정이 있거나 법령상 의무를 준수하기 위하여 불가피

한 경우

③ 공공기관이 법령 등에서 정하는 소관 업무의 수행을 위하여 불가피한 경우

④ 정보주체와의 계약의 체결 및 이행을 위하여 불가피하게 필요한 경우

⑤ 정보주체 또는 그 법정대리인이 의사표시를 할 수 없는 상태에 있거나 주소불명 등으로 사전 동의를 받을 수 없는 경우로서 명백히 정보주체 또는 제3자의 급박한 생명, 신체, 재산의 이익을 위하여 필요하다고 인정되는 경우

⑥ 개인정보처리자의 정당한 이익을 달성하기 위하여 필요한 경우로서 명백하게 정보주체의 권리보다 우선하는 경우. 이 경우 개인정보처리자의 정당한 이익과 상당한 관련이 있고 합리적인 범위를 초과하지 아니하는 경우에 한한다.

한편, 개인정보처리자는 개인정보를 수집하는 경우에는 그 목적에 필요한 최소한의 개인정보를 수집하여야 하며, 필요한 최소한의 정보 외의 개인정보 수집에는 동의하지 아니할 수 있다는 사실을 구체적으로 알리고 개인정보를 수집하여야 한다. 특히 개인정보처리자는 정보주체가 필요한 최소한의 정보 외의 개인정보 수집에 동의하지 아니한다는 이유로 정보주체에게 재화 또는 서비스의 제공을 거부하여서는 아니 된다(제16조).

개인정보처리자는 정보주체의 동의를 받은 경우, 제15조 제1항 제2호·제3호 및 제5호[34)]에 따라 개인정보를 수집한 목적 범위에서 개인정보를 제공하는 경우를 제외하고는 정보주체의 개인정보를 제3자에게 제공하여서는 아니된다. 동의를 받을 때에도 개인정보를 제공받는 자, 개인정보를 제공받는 자의 개인정보 이용 목적, 제공하는 개인정보의 항목, 개인정보를 제공받는 자의 개인정보 보유 및 이용 기간, 동의를 거부할 권리가 있다는 사실 및 동의 거부에 따른 불이익이 있는 경우에는 그 불이익의 내용을 정보주체에게 알려야 하며, 이 사

---

34) 법률에 특별한 규정이 있거나 법령상 의무를 준수하기 위하여 불가피한 경우, 공공기관이 법령 등에서 정하는 소관 업무의 수행을 위하여 불가피한 경우, 정보주체 또는 그 법정대리인이 의사표시를 할 수 없는 상태에 있거나 주소불명 등으로 사전 동의를 받을 수 없는 경우로서 명백히 정보주체 또는 제3자의 급박한 생명, 신체, 재산의 이익을 위하여 필요하다고 인정되는 경우.

항을 변경하는 경우에도 이를 알리고 동의를 받아야 한다. 국외의 제3자에게 제공할 때에도 마찬가지이다(제17조).

개인정보의 목적 외 이용·제공은 제한된다. 그러나 정보주체 또는 제3자의 이익을 부당하게 침해할 우려가 있을 때를 제외하고는 개인정보를 목적 외의 용도로 이용하거나 이를 제3자에게 제공할 수 있다. 다만, 5~9까지의 경우는 공공기관의 경우에 한정된다(제18조).

1. 정보주체로부터 별도의 동의를 받은 경우
2. 다른 법률에 특별한 규정이 있는 경우
3. 정보주체 또는 그 법정대리인이 의사표시를 할 수 없는 상태에 있거나 주소불명 등으로 사전 동의를 받을 수 없는 경우로서 명백히 정보주체 또는 제3자의 급박한 생명, 신체, 재산의 이익을 위하여 필요하다고 인정되는 경우
4. 통계작성 및 학술연구 등의 목적을 위하여 필요한 경우로서 특정 개인을 알아볼 수 없는 형태로 개인정보를 제공하는 경우
5. 개인정보를 목적 외의 용도로 이용하거나 이를 제3자에게 제공하지 아니하면 다른 법률에서 정하는 소관 업무를 수행할 수 없는 경우로서 보호위원회의 심의·의결을 거친 경우(공공기관에 한정)
6. 조약, 그 밖의 국제협정의 이행을 위하여 외국정부 또는 국제기구에 제공하기 위하여 필요한 경우(공공기관에 한정)
7. 범죄의 수사와 공소의 제기 및 유지를 위하여 필요한 경우(공공기관에 한정)
8. 법원의 재판업무 수행을 위하여 필요한 경우(공공기관에 한정)
9. 형(刑) 및 감호, 보호처분의 집행을 위하여 필요한 경우(공공기관에 한정)

개인정보처리자는 보유기간의 경과, 개인정보의 처리 목적 달성 등 그 개인정보가 불필요하게 되었을 때에는 지체 없이 그 개인정보를 파기하여야 한다(제21조).

마. 개인정보의 처리제한

개인정보처리자는 사상·신념, 노동조합·정당의 가입·탈퇴, 정치적 견해, 건강, 성생활 등에 관한 정보, 유전정보, 범죄경력자료에 해당하는 정보 등 정보주체의 사생활을 현저히 침해할 우려가 있는 "민감정보"를 처리하여서는 아니 된다. 또한 주민등록번호, 여권번호, 운전면허번호, 외국인등록번호도 처리

할 수 없다.

다만, 정보주체에게 제15조 제2항 각 호 또는 제17조 제2항 각 호의 사항을 알리고 다른 개인정보의 처리에 대한 동의와 별도로 동의를 받은 경우, 법령에서 처리를 요구하거나 허용하는 경우는 예외이다. 개인정보처리자가 예외적으로 고유식별정보를 처리하는 경우에는 그 고유식별정보가 분실·도난·유출·위조·변조 또는 훼손되지 않도록 암호화 등 안전성 확보에 필요한 조치를 하여야 한다(제23조 및 제24조).

한편, 주민등록번호의 경우 ① 법령에서 구체적으로 주민등록번호의 처리를 요구하거나 허용한 경우, ② 정보주체 또는 제3자의 급박한 생명, 신체, 재산의 이익을 위하여 명백히 필요하다고 인정되는 경우, ③ 주민등록번호 처리가 불가피한 경우로서 안전행정부령으로 정하는 경우를 제외하고는 원칙적으로 주민등록번호를 처리할 수 없다. 또한 주민등록번호가 분실·도난·유출·위조·변조 또는 훼손되지 아니하도록 암호화 조치를 통하여 안전하게 보관하여야 한다. 그리고 주민등록번호를 처리하는 경우에도 정보주체가 인터넷 홈페이지를 통하여 회원으로 가입하는 단계에서는 주민등록번호를 사용하지 아니하고도 회원으로 가입할 수 있는 방법을 제공하여야 한다(제24조의2). 이러한 예로 들 수 있는 것은 전자서명, 아이핀(i-PIN), 공인인증서, 휴대전화 인증 등이다.

CCTV 등 영상정보처리기기의 경우 공개된 장소의 영상정보처리기기 설치 및 운영은 원칙적으로 제한된다. ① 법령에서 구체적으로 허용하는 경우, ② 범죄의 예방 및 수사를 위해 필요한 경우, ③ 시설안전 및 화재 예방을 위하여 필요한 경우, ④ 교통단속을 위하여 필요한 경우, ⑤ 교통정보의 수집·분석 및 제공을 위하여 필요한 경우는 예외이다. 또한 교정시설, 정신의료기관, 정신질환자 사회복귀시설 및 정신요양시설을 제외하고는 불특정다수가 이용하는 목욕탕, 화장실, 탈의실 등 개인의 사생활을 현저히 침해할 우려가 있는 장소 내부의 설치는 금지된다. 영상정보처리기기의 설치 시 반드시 안내판 설치 의무화, 설치목적 및 장소, 촬영범위 및 시간, 관리 책임의 성명 및 연락처 기재(위탁 시 수탁자의 명칭 및 연락처)가 적힌 안내판을 설치하여야 한다(제25조).

개인정보처리자가 제3자에게 개인정보의 처리 업무를 위탁하는 경우에는

① 위탁업무 수행 목적 외 개인정보의 처리 금지, ② 개인정보의 기술적·관리적 보호조치에 관한 사항, ③ 기타 개인정보의 안전한 관리를 위하여 필요한 사항(위탁업무의 목적 및 범위, 재위탁 제한, 개인정보에 대한 접근 제한 등 안전성 확보 조치, 개인정보의 관리 현황 점검 등 감독, 손해배상 등 책임에 관한 사항) 등의 내용이 포함된 문서에 의하여야 한다. 특히 재화나 서비스의 홍보 및 판매권유 업무의 위탁 시 정보주체에 대한 고지의무를 진다. 그리고 위탁자는 개인정보의 보호를 위한 수탁자 교육, 처리현황 점검 등 감독책임을 지며, 손해배상책임 발생 시 수탁자는 개인정보처리자의 소속직원으로 간주된다(제26조).

바. 개인정보의 안전한 관리

개인정보처리자는 개인정보가 분실·도난·유출·위조·변조 또는 훼손되지 아니하도록 내부 관리계획 수립, 접속기록 보관 등 안전성 확보에 필요한 기술적·관리적 및 물리적 조치를 하여야 한다(제29조).[35]

개인정보처리자는 ① 개인정보의 처리 목적, ② 개인정보의 처리 및 보유 기간, ③ 개인정보의 제3자 제공에 관한 사항(해당되는 경우에만 정함), ④ 개인정보 처리의 위탁에 관한 사항(해당되는 경우에만 정함), ⑤ 정보주체의 권리·의무 및 그 행사방법에 관한 사항 등을 포함하는 개인정보 처리 방침을 수립·공개하여야 하며, 인터넷 홈페이지에 지속적으로 게재하는 방법 등으로 공개하여야 한다(제30조).

개인정보 안전성 확보를 위해서 개인정보처리자는 개인정보의 처리에 관한 업무를 총괄해서 책임질 개인정보 보호책임자를 지정하여야 하며, 개인정보 보호책임자는 ① 개인정보 보호 계획의 수립 및 시행, ② 개인정보 처리 실태 및 관행의 정기적인 조사 및 개선, ③ 개인정보 처리와 관련한 불만의 처리 및 피해 구제, ④ 개인정보 유출 및 오용·남용 방지를 위한 내부통제시스템의 구축, ⑤ 개인정보 보호 교육 계획의 수립 및 시행, ⑥ 개인정보파일의 보호 및

---

35) 개인정보처리자가 개인정보를 처리함에 있어서 개인정보가 분실·도난·유출·변조·훼손되지 아니하도록 안전성을 확보하기 위하여 취하여야 하는 세부적인 기준으로 「개인정보의 안전성 확보조치 기준(행정자치부고시 제2014－7호)」을 마련하여 2014년 12월부터 시행하고 있다.

관리·감독 등의 업무를 수행한다(제31조).

공공기관의 장이 개인정보파일을 운용하는 경우에는 개인정보파일의 명칭, 운영 근거 및 목적, 개인정보의 항목, 처리방법, 보유기간, 개인정보의 통상·반복적 제공의 경우 제공받는 자의 사항을 행정자치부장관에게 등록하여야 한다.36) 변경된 경우에도 같다(제32조). 공공기관의 장은 대통령령으로 정하는 기준37)에 해당하는 개인정보파일의 운용으로 인하여 정보주체의 개인정보 침해가 우려되는 경우에는 그 위험요인의 분석과 개선 사항 도출을 위한 평가(이하 "영향평가"라 한다)를 하고 그 결과를 행정자치부장관에게 제출하여야 한다(제33조).

행정자치부장관은 개인정보처리자의 개인정보 처리 및 보호와 관련한 일련의 조치가 이 법에 부합하는지 등에 관하여 인증할 수 있으며, 인증 유효기간은 3년이다(제32조의2).

---

36) 다음의 경우는 예외이다(제32조의 제2항).
   1. 국가 안전, 외교상 비밀, 그 밖에 국가의 중대한 이익에 관한 사항을 기록한 개인정보파일
   2. 범죄의 수사, 공소의 제기 및 유지, 형 및 감호의 집행, 교정처분, 보호처분, 보안관찰처분과 출입국관리에 관한 사항을 기록한 개인정보파일
   3. 「조세범처벌법」에 따른 범칙행위 조사 및 「관세법」에 따른 범칙행위 조사에 관한 사항을 기록한 개인정보파일
   4. 공공기관의 내부적 업무처리만을 위하여 사용되는 개인정보파일
   5. 다른 법령에 따라 비밀로 분류된 개인정보파일
37) 개인정보보호법 시행령 제35조(개인정보 영향평가의 대상) 법 제33조 제1항에서 "대통령령으로 정하는 기준에 해당하는 개인정보파일"이란 개인정보를 전자적으로 처리할 수 있는 개인정보파일로서 다음 각 호의 어느 하나에 해당하는 개인정보파일을 말한다.
   1. 구축·운용 또는 변경하려는 개인정보파일로서 5만명 이상의 정보주체에 관한 법 제23조에 따른 민감정보(이하 "민감정보"라 한다) 또는 고유식별정보의 처리가 수반되는 개인정보파일
   2. 구축·운용하고 있는 개인정보파일을 해당 공공기관 내부 또는 외부에서 구축·운용하고 있는 다른 개인정보파일과 연계하려는 경우로서 연계 결과 50만명 이상의 정보주체에 관한 개인정보가 포함되는 개인정보파일
   3. 구축·운용 또는 변경하려는 개인정보파일로서 100만명 이상의 정보주체에 관한 개인정보파일
   4. 법 제33조 제1항에 따른 개인정보 영향평가(이하 "영향평가"라 한다)를 받은 후에 개인정보 검색체계 등 개인정보파일의 운용체계를 변경하려는 경우 그 개인정보파일. 이 경우 영향평가 대상은 변경된 부분으로 한정한다.

34조(개인정보 유출 통지 등) ① 개인정보처리자는 개인정보가 유출되었음을 알게 되었을 때에는 지체 없이 해당 정보주체에게 유출된 개인정보의 항목, 유출시점과 경위, 피해 최소화를 위한 조치방법, 대응조치 및 피해 구제절차, 신고접수 담당부서 및 연락처를 알려야 한다(제34조). 안전성 확보에 필요한 조치를 다한 경우를 제외하고는 행정자치부장관은 개인정보처리자가 처리하는 주민등록번호가 분실·도난·유출·위조·변조 또는 훼손된 경우에는 5억원 이하의 과징금을 부과·징수할 수 있다(제34조의2).

사. 정보주체의 권리보장

이 법은 정보주체에게 개인정보의 열람, 정정·삭제, 개인정보의 처리정지 요구권을 부여하고 있다. 대리인 또는 14세 미만 아동의 법정대리인에 의한 권리행사가 가능하며, 열람 등 요구자에 대한 실비 범위에서 수수료와 우송료 청구 가능하다. 정보주체는 공공기관에 개인정보 열람요구서를 제출하거나 행정안전부장관을 통해 요구가 가능하다(제35조 내지 제38조).

정보주체는 개인정보처리자가 이 법을 위반한 행위로 손해를 입으면 개인정보처리자에게 손해배상을 청구할 수 있으며, 300만원 이하의 범위에서 법정손해배상도 가능하다. 이 경우 그 개인정보처리자는 고의 또는 과실이 없음을 입증하지 아니하면 책임을 면할 수 없다(제39조, 제39조의2).

아. 분쟁조정 및 단체소송

개인정보와 관련한 분쟁의 조정을 원하는 자는 개인정보 분쟁조정위원회에 분쟁조정을 신청할 수 있다. 개인정보 분쟁조정위원회는 위원장 1인을 포함한 20인 이내의 위원으로 구성되며, 조정사건의 분야별 5인 이내의 조정부를 구성해 분쟁업무를 효율적으로 수행하고 있다. 분쟁조정의 처리기간은 60일이다(제40조 내지 제44조). 한편, 이 법에서는 개인정보피해의 대량·소액 특성을 고려하여 집단분쟁조정제도가 마련되어 있다. 국가 및 지방자치단체, 개인정보보호단체 및 기관, 정보주체, 개인정보처리자는 50명 이상의 다수의 정보주체에게 같거나 비슷한 유형의 피해 또는 권리침해가 발생한 경우, 일괄적으로 분쟁조정을 의뢰 또는 신청이 가능하다(제49조).

개인정보처리자가 집단분쟁조정을 거부하거나 그 조정결과를 수락하지 않는 경우 법원에 권리침해행위 금지·중지를 구하는 소(訴) 제기가 가능하다(제51조). 다만, 단체소송의 남발방지를 위해 사전에 집단분쟁조정제도를 거치도록 하고, 소송대상은 권리침해행위의 금지 및 중지 청구소송으로 한정된다는 것에 유념하여야 한다.

자. 벌칙 등

공공기관이 보유한 개인정보 변경·말소하여 공공기관의 업무 수행 방해, 정보주체의 동의없는 개인정보 제3자 제공 등에 대해서는 벌칙으로 규정하고 있다. 개인정보보호법 위반과 관련한 벌칙을 간단히 도표화 하면 다음과 같다.

표 3-7 개인정보보호법의 형사처벌

조 문	행위유형	형 량
제70조(벌칙)	1. 공공기관의 개인정보 처리업무를 방해할 목적으로 공공기관에서 처리하고 있는 개인정보를 변경하거나 말소하여 공공기관의 업무 수행의 중단·마비 등 심각한 지장을 초래한 자 2. 거짓이나 그 밖의 부정한 수단이나 방법으로 다른 사람이 처리하고 있는 개인정보를 취득한 후 이를 영리 또는 부정한 목적으로 제3자에게 제공한 자와 이를 교사·알선한 자	10년 이하의 징역·1억원 이하의 벌금
제71조(벌칙)	1. 정보주체의 동의를 받지 아니하고 개인정보를 제3자에게 제공한 자 및 그 사정을 알고 개인정보를 제공받은 자 2. 개인정보를 목적 이외로 이용하거나 제3자에게 제공한 자 및 그 사정을 알면서도 영리 또는 부정한 목적으로 개인정보를 제공받은 자 3. 민감정보 처리제한 규정을 위반하여 민감정보를 처리한 자 4. 개인정보처리 권한이나 법적근거 없이 고유식별정보를 처리한 자 5. 업무상 알게 된 개인정보를 누설하거나 권한 없이 다른 사람이 이용하도록 제공한 자 및 그 사정을 알면서도 영리 또는 부정한 목적으로 개인정보를 제공받은 자 6. 다른 사람의 개인정보를 훼손, 멸실, 변경, 위조 또는 유출한 자	5년 이하의 징역·5천만원 이하의 벌금

제72조(벌칙)	1. 영상정보처리기기의 설치 목적과 다른 목적으로 영상정보처리기기를 임의로 조작하거나 다른 곳을 비추는 자 또는 녹음기능을 사용한 자 2. 거짓이나 그 밖의 부정한 수단이나 방법으로 개인정보를 취득하거나 개인정보 처리에 관한 동의를 받는 행위를 한 자 및 그 사정을 알면서도 영리 또는 부정한 목적으로 개인정보를 제공받은 자 3. 직무상 알게 된 비밀을 누설하거나 직무상 목적 외에 이용한 자	3년 이하의 징역·3천만원 이하의 벌금

2 정보통신망 이용촉진 및 정보보호에 관한 법률

영업비밀 요건을 충족 못하는 경우에, 정보통신망 침해에 따른 비밀 누설의 경우 「정보통신망 이용촉진 및 정보보호에 관한 법률」의 활용이 유용하다.

사안에 따라 접근권한이 없이 접근했다는 이유로 이 법 제48조 제1항을 적용하기도 하고, 비밀침해를 이유로 제49조를 적용하기도 한다. 본 죄는 퇴직자 뿐만 아니라 누구든지 그 대상이 될 수 있다. 제49조 위반이 형량이 더 강하다.

누구든지 정당한 접근권한 없이 또는 허용된 접근권한을 넘어 정보통신망에 침입하여서는 아니되며(제48조 제1항), 이를 위반한 경우 3년 이하 징역 또는 3천만원 이하의 벌금에 처한다(제72조 제1호). 누구든지 정보통신망에 의하여 처리·보관 또는 전송되는 타인의 정보를 훼손하거나 타인의 비밀을 침해·도용 또는 누설하여서는 아니되며(제49조), 이를 위반한 경우 5년 이하 징역 또는 5천만원 이하의 벌금에 처한다(제71조 제11호).

3 정보통신기반 보호법

이 법은 전자적 침해행위에 대비하여 주요 정보통신 기반시설의 보호에 관한 대책을 수립·시행하기 위한 근거법이다(제1조). 형사처벌과 관련하여서는 주요정보통신기반시설 침해행위와 비밀유지의무 위반에 대한 처벌규정이 있다.

표 3-8	정보통신기반 보호법의 형사처벌	
구 분	**금지행위 유형**	**형 량**
제12조 (주요정보통신 기반시설 침해행위 등의 금지)	• 접근권한을 가지지 아니하는 자가 주요정보통신기반시설에 접근하거나 접근권한을 가진 자가 그 권한을 초과하여 저장된 데이터를 조작·파괴·은닉 또는 유출하는 행위 • 주요정보통신기반시설에 대하여 데이터를 파괴하거나 주요정보통신기반시설의 운영을 방해할 목적으로 컴퓨터바이러스·논리폭탄 등의 프로그램을 투입하는 행위 • 주요정보통신기반시설의 운영을 방해할 목적으로 일시에 대량의 신호를 보내거나 부정한 명령을 처리하도록 하는 등의 방법으로 정보처리에 오류를 발생하게 하는 행위	10년 이하의 징역 · 1억원 이하의 벌금 (제28조) (미수범 처벌)
제27조 (비밀유지의무)	• 다음 각 호의 어느 하나에 해당하는 기관에 종사하는 자 또는 종사하였던 자는 그 직무상 알게된 비밀을 누설하여서는 아니 됨 - 정보통신기반보호위원회 및 실무위원회 - 주요정보통신기반시설에 대한 취약점 분석·평가업무를 하는 기관 - 침해사고의 통지 접수 및 복구조치와 관련한 업무를 하는 관계기관 등 - 정보공유·분석센터	5년 이하의 징역 · 10년 이하의 자격정지 · 5천만원 이하의 벌금 (제29조)

4 통신비밀보호법

이 법은 통신 및 대화의 비밀과 자유에 대한 제한은 그 대상을 한정하고 엄격한 법적 절차를 거치도록 함으로써 통신비밀을 보호하고 통신의 자유를 신장함을 목적으로 한다(제1조). 따라서 개인의 통신을 검열, 감청하지 못하게 하는 것을 법의 주요내용으로 하고 있다.

누구든지 이 법과 형사소송법 또는 군사법원법의 규정에 의하지 아니하고는 우편물의 검열·전기통신의 감청 또는 통신사실확인자료의 제공을 하거나 공개되지 아니한 타인 간의 대화를 녹음 또는 청취하지 못한다(제3조). 이를 위반하여 우편물의 검열 또는 전기통신의 감청을 하거나 공개되지 아니한 타인

간의 대화를 녹음 또는 청취하거나, 이에 의하여 지득한 통신 또는 대화의 내용
을 공개하거나 누설한 자는 1년 이상 10년 이하의 징역과 5년 이하의 자격정지
에 처한다(제16조 제1항).

04

연구보안 관리체계

| 제4장 | 연구보안 관리체계 |

| 제1절 | 보안정책 수립 및 보안 조직 |

1 보안정책

최근에 우리나라의 연구개발은 단순히 선진국의 기술을 모방하는 형태에서 탈피하여 최첨단 기술을 개발하고 창조하는 형태로 변화하는 양상을 나타내고 있으며 이를 위해 연구개발 비용은 매년 증가하고 있다. 2013년도 총 연구개발비는 59조 3,009억원으로 전년대비 3조 8,508억원(6.9%) 증가하였다. 따라서 연구개발비는 세계 6위권에 속하며 GDP대비 연구개발비 비중은 OECD 국가 중에서 가장 높은 것으로 나타났다.

이와 동시에 첨단 기술이 해외로 유출되었다가 적발된 건수도 점차 증가하는 경향을 나타내고 있으며 기술유출에 따른 예상 피해액은 50조원으로 추정하고 있다.

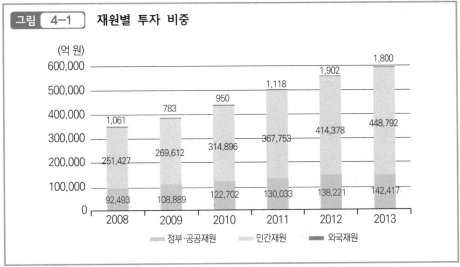

그림 4-1 재원별 투자 비중

출처: 미래창조과학부 · 한국과학기술기획평가원, 「2013년도 연구개발활동조사보고서」, 2014, 6면.

그림 4-2 기술유출 피해 규모

출처: 국가정보원 산업기밀보호센터.

따라서 많은 비용과 시간과 노력을 투자하여 개발한 연구개발 성과물이 외부로 유출되는 연구보안사고를 미연에 방지하는 것이 가장 중요하다고 할 수 있다. 이처럼 연구보안사고를 사전에 예방하기 위한 기본 조치사항으로 연구기관의 환경에 적합한 연구보안정책을 체계적으로 수립하고 이를 모든 임직원이 준수해야 한다.

2 보안조직과 기능

가. 연구보안심의회

나날이 새롭게 변하는 연구보안 환경에 신속하게 대응하기 위하여 자체적으로 가칭 「연구보안심의회」를 구성해야 한다. 연구보안 관리업무와 관련된 중요한 사안들을 심의하고 결정하여 연구보안 관련 업무의 효율적인 운영을 도모할 수 있을 뿐만 아니라 연구보안사고를 사전에 예방하고 피해를 최소화할 수 있다.

따라서 연구보안심의회를 운영하기 위한 세부 지침도 마련해야 하는데 연구보안심의회의 주요 역할 및 기능을 정립하고 이를 구성하기 위한 방법 및 절차 등을 수립해야 한다. 또한, 이를 개최하기 위한 절차 및 운영방법 등에 관한 세부적인 사항도 마련하고 연구보안심의회에서 심의하고 의결해야 하는 주요 사항들을 구체적으로 명시하여야 한다.

(1) 구성 및 방법

연구보안심의회 조직은 위원장과 위원, 간사로 구성하고 내부 임직원들 중에서 공식적인 절차를 거쳐 연구기관의 장이 임명하여야 한다.

(2) 위원 구성

위원장을 포함하여 5인 이상 10인 이내로 구성하되, 연구관리 또는 연구보안 업무 경험이 풍부한 임직원을 중심으로 선발하여야 한다. 또한, 위원장은 연구관리 및 연구보안 업무를 담당하는 임원들 중에서 임명하는 것이 바람직하다.

(3) 심의 내용

연구보안심의회는 연구개발사업과 관련된 자체 보안관리 규정을 제정 또

는 개정할 필요가 있거나 연구개발과제의 보안등급 분류에 대한 적정성을 심의
할 수 있으며 연구보안사고 발생 시 처리 방안과 연구보안 포상을 위한 추천자
를 심의할 수도 있다. 그 밖에 위원장이 필요하다고 인정하는 사항에 대해서도
심의 가능하다.

(4) 개최 및 운영 방법

연구보안심의회의 서무를 처리하기 위하여 간사 1인을 두어야 하며 연구
관리 부서장 또는 연구보안 부서장이 간사 역할을 수행하도록 한다. 연구보안
심의회는 연구기관의 장 또는 위원장의 필요에 의해 개최할 수 있으며 재적위
원의 3분의 2이상 출석과 출석위원의 과반수 이상의 찬성으로 의결하되, 가부
동수인 경우 위원장이 결정하도록 한다. 또한, 위원장이 필요하다고 인정할 때
에는 관계자를 출석시켜 의견을 진술하도록 하고 심의 내용이 경미한 사항은
서면결의로 처리할 수도 있다. 위원장은 연구보안 관련 포상 및 처벌을 인사위
원회 안건으로 상정할 수 있으며 위원장 유고 시에는 위원장이 지명하는 위원
이 그 직무를 대행할 수 있도록 해야 한다. 연구기관의 규모가 작거나 연구보안
심의회 운영이 부담스러운 경우에는 연구개발과제를 심의하는 위원회에서 그
기능을 수행할 수도 있다.

나. 보안조직 및 관리자

연구보안 업무를 철저하게 이행하고 관리하기 위하여 연구보안관리 업무
를 전담해서 처리할 수 있는 연구보안 전담조직을 구성하고 전담인력을 배치하
여야 한다. 이를 통해서만 연구보안관리 업무를 체계적으로 관리 감독할 수 있
으며 연구보안사고 발생 시에도 신속하게 대응하고 처리할 수 있다.

연구보안 책임자는 연구보안과 관련된 종합계획을 수립하고 이를 효율적
으로 운영하기 위하여 지도 감사 및 교육을 정기적으로 시행하여야 한다. 연구
보안 담당자는 연구보안사고 예방을 위한 전반적인 보안조치를 수행하고 연구
보안 실태 점검 및 재발방지를 위한 대책을 이행하여야 한다. 또한, 연구보안
수준을 강화하기 위하여 연구과제별 또는 부서별로 분임연구보안 책임자와 담

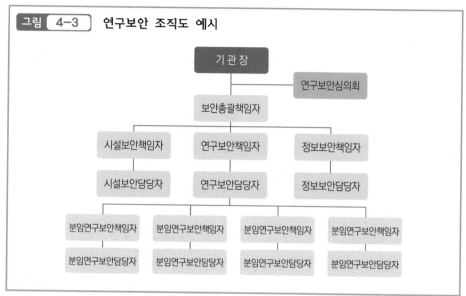

그림 4-3 연구보안 조직도 예시

출처: 미래창조과학부, 「국가연구개발사업 보안관리 표준매뉴얼」, 2014, 26면.

당자를 지정하여 운영할 수도 있다.

(1) 연구보안 관리자 선정 절차

연구보안 책임자는 연구기관의 장이 임명하며 연구보안 담당자가 본연의 업무를 충실히 이행할 수 있는 여건을 조성해야 한다. 연구보안 책임자는 연구보안 업무를 효율적으로 이행하기 위하여 연구과제별 또는 부서별로 연구책임자(또는 부서장)를 분임연구보안 책임자로 임명할 수 있으며 참여연구원(또는 부서원) 중에서 분임연구보안 담당자를 임명할 수 있다.

(2) 연구보안 관리자 자격 기준

연구보안 업무를 효율적으로 수행하기 위한 관리자의 자격 기준은 연구관리 업무를 수행한 경험이 풍부하거나 그에 합당한 경험이 있는 자로서 외부에서 실시하는 연구보안 관련 전문교육을 이수한 자를 선정하여야 한다.

(3) 연구보안 관리자 임무

연구보안 책임자 및 담당자는 연구보안관리 업무를 수행하는 데 필요한 계획을 수립하고 이를 관리 감독하여야 하며 연구보안 관련 규정을 제·개정하기 위하여 연구보안심의회에 안건을 상정할 수도 있다. 또한, 연구보안심의회를 개최하고 운영하기 위한 간사 임무를 수행하여야 하며 연구책임자 및 참여연구원에 대한 보안서약서 징구 업무를 포함하여 전 직원 대상으로 정기적인 연구보안 교육을 실시해야 한다. 또한, 자체적으로 연구보안관리 실태를 점검하여 개선책을 마련하여야 하며 연구기관에서 수행하는 연구개발 보안과제 현황을 파악하고 관리해야 한다. 연구보안사고 발생 시 신속하게 절차에 따라 대응하고 조치하여야 하며 사고 재발방지책을 마련하여 연구보안심의회에 보고해야 한다. 이외에도 비밀문서가 외부에 유출되지 않도록 연구보안과 관련된 규정 및 지침 등을 충실하게 준수하고 이행하여야 한다.

(4) 분임연구보안 책임자와 담당자 임무

분임연구보안 책임자는 자체적으로 참여연구원의 연구보안관리 실태를 점검하고 연구보안 교육을 실시할 수 있으며 분임연구보안 담당자는 연구보안 관리부서에서 지시하는 사항들을 이행하고 연구개발과 관련된 비밀문서를 관리대장에 기록하고 보관하여야 한다. 또한, 비밀문서를 소각 또는 파기하는 업무도 수행하여야 하며 비밀문서가 누설, 도난, 분실 및 손상 방지를 위한 조치사항들을 숙지하고 이행하여야 한다.

제 2 절 | 보안 규정

1 보안관리 규정

국가연구개발사업 및 국가핵심기술을 보호하기 위하여 국가에서 제정한

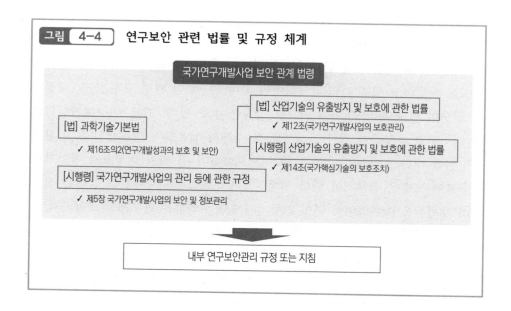

그림 4-4 연구보안 관련 법률 및 규정 체계

법률로는 「과학기술기본법」과 「산업기술의 유출방지 및 보호에 관한 법률」이 있다.

연구기관 자체적으로 연구보안관리 규정을 제정하기 위해서는 국가에서 정하는 상위법을 준수해야 한다. 연구보안관리 규정의 일반적인 구성은 제1장에 총칙으로 규정의 목적 및 적용 대상 등을 명시하고 제2장에서는 보안등급 분류 기준 및 보안등급 변경절차 등을 명시한다. 제3장에서는 연구개발과제의 성과물을 보호하기 위한 조치 사항들을 명시하고 제4장에서는 보안사고 발생 시 처리 사항과 보안관리 규정 위반 시 처리 사항에 관한 내용을 명시하면 된다. 제5장 기타에서는 본 규정에서 규정한 내용 이외의 사항에 대한 관계 법령을 명시하고 마지막에 부칙으로 본 규정의 시행일과 경과 조치 사항 등을 명시하면 된다.

특히, 연구보안관리 규정에 포함해야 하는 중요한 사항은 연구보안관리를 전담하는 부서와 담당자 지정을 명시하고 연구보안관리 심의기구로 연구보안 심의회를 구성하는 절차를 명시해야 한다. 또한, 위원장을 포함하여 위원들의 임기와 위원회에서 다루어야 하는 주요 심의 내용 등을 구체적으로 명시해야

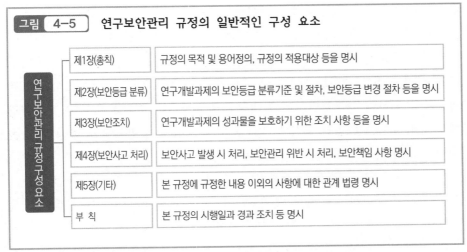

그림 4-5 연구보안관리 규정의 일반적인 구성 요소

연구보안관리 규정 구성요소	제1장(총칙)	규정의 목적 및 용어정의, 규정의 적용대상 등을 명시
	제2장(보안등급 분류)	연구개발과제의 보안등급 분류기준 및 절차, 보안등급 변경 절차 등을 명시
	제3장(보안조치)	연구개발과제의 성과물을 보호하기 위한 조치 사항 등을 명시
	제4장(보안사고 처리)	보안사고 발생 시 처리, 보안관리 위반 시 처리, 보안책임 사항 명시
	제5장(기타)	본 규정에 규정한 내용 이외의 사항에 대한 관계 법령 명시
	부 칙	본 규정의 시행일과 경과 조치 등 명시

출처: 미래창조과학부, 「국가연구개발사업 보안관리 표준매뉴얼」, 2014, 19면.

한다.

　이와 더불어 연구개발과제의 보안등급을 분류하는 기준과 절차를 명시해야 하며 보안등급의 변경이 필요하다고 판단될 때 이를 변경하는 절차도 기술해야 한다. 또한, 연구개발 성과물에 대한 보안등급을 부여하는 절차와 변경 절차도 마련해야 하며 그 결과를 관련 기관 및 해당 연구책임자에게 통보하는 절차도 수립해야 한다. 연구개발과제의 산출물 및 성과물을 보호하기 위하여 보안등급에 따른 보안 조치사항과 참여연구원, 외국기업 및 외국인, 연구개발결과 공개, 통신기기 활용, 국제공동연구, 해외 기술이전, 연구개발 성과물관리 등을 위한 보안 조치 사항도 기술해야 한다.

　연구개발과제 보안관리 현황을 전문기관에 보고하는 절차와 보안관리실태 점검결과에 따른 개선조치 시한과 보고대상 범위도 규정해야 한다. 보안사고의 유형 및 정의를 구체화하고 보안사고 발생 시 처리방안과 절차를 명시해야 하며 보안관리 준수 의무사항과 보안관리 위반사항에 따른 처리내용을 명시해야 한다. 연구 시제품 제작, 공동연구 및 위탁연구, 해외유치과학자 등에 관한 보안대책과 더불어 연구기관의 고유 기능 및 연구개발 환경을 고려하여 적용 가능한 내용 위주로 규정을 작성하여야 한다.

중요한 연구개발 관련 정보 및 성과물이 외부로 유출되는 수법은 나날이 발전하기 때문에 연구보안사고를 미연에 방지하기 위해서는 현실에 맞게 연구보안 관리 규정도 수시로 보완하고 개정하여야 한다. 또한, 연구보안사고의 재발방지를 위하여 연구보안관리 실태점검에서 발견된 취약점에 대한 개선책과 연구보안사고 발생 원인 분석에 의한 보안대책 등을 반영하여 규정 및 지침을 수정·보완하는 작업도 게을리 해서는 안된다.

연구보안관리 규정을 제정하거나 개정하고자 하는 경우에는 적법한 승인 절차를 거쳐야 한다. 즉, 자체 연구보안심의회의 심의를 거쳐 연구기관의 장으로부터 최종 승인을 받아야 하며 연구보안관리 책임자는 제·개정된 연구보안관리 규정 및 지침을 전 직원이 숙지하고 준수할 수 있도록 게시판 또는 이메일, 홍보책자 등을 통해 널리 알리고 즉시 시행하여야 한다.

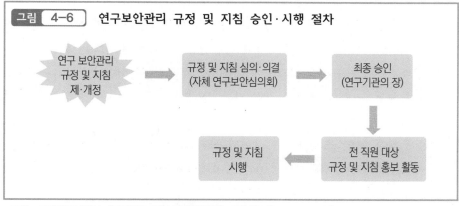

그림 4-6 연구보안관리 규정 및 지침 승인·시행 절차

출처: 미래창조과학부, 「국가연구개발사업 보안관리 표준매뉴얼」, 2014, 21면.

2 공동 및 위탁연구 시 사전승인 절차 이행

연구개발 성과물이 외부로 유출될 경우 기술적, 재산적 가치에 상당한 손실이 발생할 수 있다. 따라서 보안과제를 수행하는 연구책임자가 외국기업 또

는 해외 연구기관과 공동연구 또는 위탁연구를 수행하고자 하는 경우에는 연구
정보가 무단으로 외국에 유출되는 사고가 발생하지 않도록 주의해야 한다. 이
러한 연구보안사고를 예방하기 위해서는 협약 전에 연구기관 및 소관 중앙행정
기관으로부터 사전 승인을 받아야 한다.

가. 사전 승인 절차

보안과제를 수행하는 연구책임자가 국제 공동연구 또는 위탁연구를 진행
하고자 하는 경우에는 연구보안 책임자에게 이러한 사실을 공식적인 문서로 제
출하여야 한다. 연구보안 책임자는 이를 연구보안심의회에 안건으로 상정하여
심의를 받아야 하며 심의 결과는 연구기관의 장에게 보고하여 최종 승인을 받
아야 한다. 심의가 통과된 보안과제에 대한 공동연구 또는 위탁연구에 대한 협
약 계약은 연구기관이 중앙행정기관에 승인을 요청하여야 한다. 중앙행정기관
은 기술보호를 위한 보안대책을 포함하여 공동연구 또는 위탁연구의 타당성을
검토한 후 그 결과를 연구기관에 통보한다. 중앙행정기관으로부터 승인을 받은
보안과제는 연구보안 책임자가 보안과제 연구책임자에게 그 사실을 통보한다.

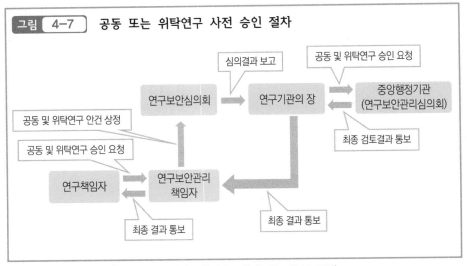

그림 4-7 공동 또는 위탁연구 사전 승인 절차

출처: 미래창조과학부, 「국가연구개발사업 보안관리 표준매뉴얼」, 2014, 56면.

즉, 중앙행정기관으로부터 사전 승인을 받은 보안과제인 경우에만 국제 공동연구 또는 위탁연구를 외국 기업 또는 연구기관에 협약 계약을 요청할 수 있다.

나. 보안과제 협약 시 보안대책

외국기업 및 해외 연구기관과 공동연구 또는 위탁연구를 수행하고자 하는 경우에 중요한 연구 정보나 성과물이 외국으로 무단 유출되지 않도록 대비책을 강구하기 위하여 협약서 작성 시 연구보안과 관련된 중요한 사항이 누락되지 않도록 협약서에 보호대책을 명시하여야 한다.

적절한 보호대책 없이 협약을 진행하는 경우에는 중요한 연구 정보가 유출되더라도 외교나 국가 간 법률 차이 등의 문제로 인해 법적으로 대응하거나 피해 보상을 받는 데 어려움을 겪을 수 있다. 따라서 국제 공동연구 또는 위탁연구를 수행하고자 하는 경우에는 반드시 제공하고자 하는 연구개발 정보의 범위와 서로 간의 연구개발 영역을 설정하고 연구 성과물의 귀속 및 특허권 이용 등에 관한 사항들을 명확하고 구체적으로 명시하여야 한다. 또한, 협약서에는 참여자의 신원확인, 보안준수의무 고지, 서약서 집행 등의 보안조치를 강구하고 연구보안 관리자를 지정하여 연구를 수행하는 과정에서 관리 감독 업무를 수행하도록 하는 등 보호대책을 마련한 후에 협약 체결을 진행하여야 한다. 연구보안을 위해 연구협약서에 포함 될 내용을 요약 정리하면 다음과 같다.

① 국제 공동연구 및 위탁연구를 위해 제공하는 특허나 노하우의 보호대책에 관한 사항

② 연구개발 또는 성과물과 관련된 정보의 비밀유지 의무 및 보안조치 사항

③ 연구개발 범위 및 역할분담, 비용분담 등에 관한 사항

④ 연구개발 중단 사태 발생 시 처리에 관한 사항

⑤ 연구개발 기간에 관한 사항

⑥ 연구개발 성과물 귀속에 관한 사항

⑦ 연구개발 장비의 소유권에 관한 사항

⑧ 특허권 출현 등의 처리 및 소유권에 관한 사항

⑨ 특허권 실시(제3자에 대한 실시 허락)에 관한 사항

⑩ 공동연구 또는 위탁연구 종료 후 이용특허권 처리에 관한 사항
⑪ 계약 위반 시 법적 대응 및 처리에 관한 사항
⑫ 연구보안 감독업무를 수행하는 연구보안관리자 지정에 관한 사항 등

제 3 절 │ 교육 및 캠페인

1 연구보안 교육 및 홍보

연구개발 정보를 외부로 유출하기 위한 수법은 점점 더 교묘하게 발전하고 있으며 이와 더불어 핵심기술이 외부로 유출되는 연구보안사고도 매년 증가하고 있는 추세이다. 이처럼 연구보안사고가 줄어들지 않는 가장 주된 이유는 임직원들이 연구보안 의식수준이 부족하여 연구보안관리 규정을 제대로 숙지하지 않기 때문이다. 따라서 연구보안사고를 미연에 방지하거나 연구보안사고가 발생하더라도 피해를 최소화하기 위해서는 전 임직원을 대상으로 연구보안 교육을 정기적 또는 수시로 실시하여야 하며 임직원들이 규정을 숙지하여 업무에 적용하고 실천할 수 있도록 해야 한다. 연구보안 교육의 효과를 극대화하기 위해서는 정해진 시점에 전 임직원을 대상으로 교육을 실시해야 한다. 따라서 매년 연구보안 교육 계획 및 교육 내용을 구체적으로 수립하고 이행하여야 한다. 또한, 연구보안과 관련된 전문적인 내용을 교육하고자 하는 경우에는 외부 전문가나 전문기관에 의뢰하여 교육을 실시하는 것도 좋은 방법이라고 할 수 있다.

연구보안관리 규정이 제정된 이후에도 연구보안 환경이 변하거나 새로운 연구보안 사고에 따른 개선책을 반영하기 위하여 수시로 규정 및 지침을 개정해야 한다. 그리고 빠른 시간 내에 연구보안 교육을 실시하여 전 직원이 새로운 규정 및 지침을 숙지하고 업무에 적용할 수 있도록 조치해야 한다. 연구기관의 교육 환경 및 여건에 따라 연구보안 책임자는 집합교육 또는 온라인교육, 유인

표 4-1 보안교육 방법 및 장·단점

교육 방법	장 점	단 점
집합 교육	• 학습자의 성실성과 참여도 관리가 용이 • 교습자와 학습자 간 상호작용 가능 • 온라인교육 대비 시스템 구축을 위한 초기비용 불필요 • 체험적 요소가 중요한 학습과정에는 적절	• 교육 시간, 공간, 이동에 따른 제약사항 발생 • 교육장소, 교육 부대비용 증가 • 일회성 교육으로 학습 효과 저조
온라인 교육	• 교육 시간과 공간 제약없이 교육 대상자들이 편리한 방식으로 교육 수강 • 자료 공유가 쉽고 최신 정보 제공 • 학습자의 심리적 부담 최소화 • 지속적인 반복학습이 가능하여 학습효과 증대	• 학습자의 성실성과 참여도 관리의 어려움 • 교습자와 교육 대상자 간 상호작용 부족 • 시스템 구축에 따른 과다한 초기비용 발생 • 교재개발, 시스템 운영 등 지속적인 투자 필요 • 체험적 요소가 중요한 학습과정에는 부적절
유인물 배포	• 교육 시간, 장소, 이동에 따른 제약없이 교육 가능 • 교육 비용이 가장 저렴 • 수시 반복 학습 가능 • 학습자의 심리적 부담 최소화	• 학습자의 성실성과 참여도 관리의 어려움으로 학습효과가 가장 저조 • 교습자와 교육 대상자 간 상호작용 부족 • 체험적 요소가 중요한 학습과정에는 부적절

물 배포 등 적절한 교육 방법을 선택하여 시행하여야 한다.

연구보안 교육의 질적 향상을 도모하기 위하여 교육이 완료된 후에는 임직원을 대상으로 설문조사를 실시하여 미흡한 점은 없는지 의견을 수렴하여 조치하거나 향후 교육계획 수립 시 반영해야 한다.

가. 연구보안 교육 계획 수립

연구보안 책임자는 연구기관의 연구 환경과 근무 여건을 고려하여 연구보안 교육 시기와 실시 횟수, 교육 내용 및 교육 방법 등에 관한 사항 등을 중심으로 연구보안 교육 계획을 매년 초에 수립해야 한다. 연구보안관리 교육 시행 계획(안)은 연구보안심의회의 의결을 거쳐 연구기관의 장에게 보고하여 최종 승인을 받아야 한다.

나. 연구보안 교육 횟수

연구보안 교육은 정기적으로 실시하는 정기교육과 필요에 따라 비정기적으로 실시하는 수시교육으로 구분된다. 정기교육은 시행 계획에서 정한 바에 따라 매년 정해진 시점에 실시하되, 최소한 매년 두 번 이상 시행하는 것이 바람직하다. 수시 교육은 신입직원이 입사한 경우 또는 연구보안관리 규정이 개정된 경우와 연구보안사고가 발생한 경우 등, 연구기관의 장 또는 연구보안 책임자가 연구보안 교육이 필요하다고 인정한 경우에는 해당자들을 대상으로 수시로 교육을 실시해야 한다.

다. 연구보안 교육 시행 방법

연구보안 교육을 실시하는 방법은 앞서 언급한 바와 같이 연구기관의 교육여건 및 환경에 따라 집합교육, 온라인교육, 유인물 배포 등 연구보안 책임자가 효율적인 보안교육 방법을 선택하여 실시하면 된다. 연구보안 교육을 실시하기 전에 호응도 및 참여도를 높이기 위하여 교육 대상자에게 교육 실시 관련 내용을 사전에 공지하는 것이 좋다.

라. 연구보안 교육 사후관리

연구보안 교육은 모든 임직원이 참석하는 것을 원칙으로 하여야 한다. 부득이한 사유로 교육에 참석하지 못한 임직원은 차후에 별도 교육을 실시하거나 유인물 배포, 전자메일로 유인물 발송 등 교육내용을 숙지할 수 있도록 조치해야 한다. 또한, 교육대상자들로부터 설문조사를 실시한 후 미비한 사항에 대한 개선책을 마련하여 다음 교육계획 수립 시 반드시 반영하여 교육의 효과를 극대화 할 필요가 있다.

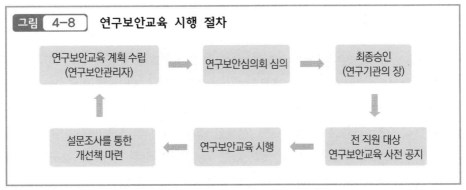

그림 4-8 연구보안교육 시행 절차

연구보안교육 계획 수립
(연구보안관리자)
→
연구보안심의회 심의
→
최종승인
(연구기관의 장)

↑   ↓

설문조사를 통한
개선책 마련
←
연구보안교육 시행
←
전 직원 대상
연구보안교육 사전 공지

출처: 미래창조과학부, 「국가연구개발사업 보안관리 표준매뉴얼」, 2014. 29면.

2 연구보안점검 실시

연구보안사고를 예방하고 그로 인한 피해를 최소화하기 위하여 임직원들이 연구보안관리 규정을 제대로 준수하고 있는지 확인하기 위해 보안점검을 정기적으로 실시해야 한다. 또한, 보안점검 과정에서 취약점이 발견되면 개선책을 마련함으로써 연구보안 관리를 한층 더 강화할 수 있는 계기가 된다.

연구보안 책임자는 매년 보안점검 계획을 수립하여 최종 결정권자의 승인을 받은 후에 전 직원을 대상으로 보안점검을 시행하여야 한다. 출장, 휴가 등으로 연구보안 점검을 받지 못한 임직원은 별도로 재점검 일정을 마련하여 시행하여야 보안점검의 효과를 극대화할 수 있다. 연구보안 점검을 시행하기에 앞서 보안점검 항목을 만들어야 하며 보안점검의 신뢰성을 확보하기 위하여 점검영역과 점검항목으로 구분하여 세밀한 영역까지 보안점검이 가능하도록 설계하여야 한다. 점검영역에서 점검해야 할 주요 사항은 보안관리체계가 제대로 이루어지고 있는지와 참여연구원과 연구개발 내용 및 결과는 잘 관리되고 있는지 점검해야 한다. 또한, 연구시설과 정보통신망 관리도 규정을 잘 준수하고 있는지와 연구개발과제 보안관리 현황도 제대로 관리하고 있는지 점검해야 한다.

시간이 지남에 따라 연구보안 환경이 변하거나 연구보안 관련 규정 또는 지침이 변경되기 마련이다. 이때, 연구보안 점검영역 및 점검항목도 변경된 연구보안 환경 또는 규정이나 지침 등을 반영하여 수정하거나 보완하여야 한다. 연구보안 점검은 연구보안관리 부서와 시설관리 부서, 정보시스템관리 부서와 합동으로 실시하되, 부서 고유기능에 맞게 역할을 분담하여 시행하면 효율적으로 점검할 수도 있다. 연구보안관리 점검을 위한 절차는 다음과 같다.

가. 연구보안 점검 계획 수립

연구보안관리자는 매년 초에 연구보안 점검 계획을 수립하여야 하며 계획 수립 단계에서 보안점검 대상 및 시기, 점검 내용 및 방법을 명시하고 점검반 구성 방법 등을 작성하여야 한다.

연구보안 점검 계획은 자체 연구보안심의회의 심의를 거쳐 연구기관의 장으로부터 최종 승인을 받은 후에 시행하여야 한다.

나. 연구보안 점검 실시

보안점검 계획에 따라 연구보안 점검을 실시하기 전에 전 직원에게 점검 대상, 점검 내용 및 방법, 점검 일시 등을 사전에 공지해야 한다.

연구보안 점검은 사전에 작성된 점검표에 의해 실시하되, 휴가, 출장 등으로 자리를 비운 직원은 향후에라도 보안점검을 실시하거나 그에 준하는 조치를 이행하여야 한다.

다. 점검 결과보고서 작성 및 사후 조치 이행

연구보안관리자는 연구보안관리 실태 점검 과정에서 발견된 취약점을 비롯하여 조치사항 및 개선사항을 포함한 점검 결과보고서를 작성해야 한다. 점검결과보고서는 연구보안심의회 승인을 거친 후 연구기관의 장에게 보고하여 최종 승인을 받아야 한다.

점검 결과 발견된 취약점에 대한 개선 권고 사항들은 반드시 연구보안 규정이나 지침, 보안교육 자료 등에 반영하여야 한다. 새로이 개정된 연구보안관리 규정이나 지침은 전 직원이 새로운 보안수칙을 준수할 수 있도록 가급적 빠른 시일 내에 공지해야 한다.

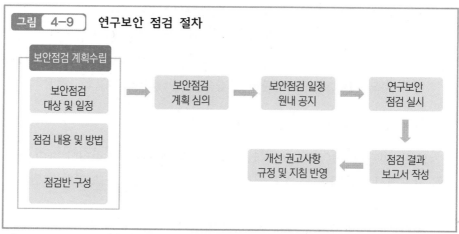

그림 4-9 연구보안 점검 절차

출처: 미래창조과학부, 「국가연구개발사업 보안관리 표준매뉴얼」, 2014, 49면.

제 4 절 │ 연구보안사고 관리

1 연구보안관리 우수자 및 위반자 조치

가. 연구보안관리 우수자 조치

연구보안사고를 예방하기 위해서는 정기적인 보안교육도 중요하지만 임직원들이 이러한 교육내용을 몸소 실천하는 것이 더 중요하다. 따라서 정기 또는 불시에 보안점검을 실시하여 연구보안관리 우수자들에게 사기진작 및 공로를 치하하기 위하여 포상을 실시하여야 한다. 이를 통해 임직원들의 적극적인 참여를 유도하고 보안 의식을 제고할 수 있다.

연구보안관리 우수자에 대한 객관성과 공정성을 확보하기 위하여 포상 선정 기준을 마련하여야 한다. 특히, 재직 중 징계 및 경고 처분을 받은 자 또는 각종 비위, 부조리 등으로 물의를 일으켜 포상대상자로 합당하지 않다고 판단되거나 기타 법규상 결격사유가 있는 자는 제외하여야 한다. 포상추천 대상자에 대하여는 반드시 연구보안관리자의 책임 하에 공적조서, 경력 확인 등을 실시하고 결격사유 해당 유무를 철저히 조사하여 포상적격자를 엄선 추천해야 한다. 포상추천 대상자의 공적사항은 반드시 추천기준에 의한 구체적이고 세밀한 공적사항을 기록하여 공적 내용을 분명하게 파악할 수 있도록 작성하여야 한다. 연구보안관리 우수자는 중복포상을 방지하기 위하여 포상추천 대상자에서 일정기간 배제하여야 한다. 연구보안관리 우수자를 선정하기 위한 공식적인 절차를 수립하고 그에 합당한 포상금 및 인사상 가점을 부여하는 규정 및 지침을 마련하여 시행하여야 한다. 연구보안관리 우수자 선정 절차 및 사후 조치는 다음과 같다.

(1) 연구보안관리 우수자 선정 및 포상 기준 마련

- 자체 규정에 연구보안 우수자 선정 및 포상 기준을 수립해야 한다.
- 선정 기준은 상위기관에서 실시하는 연구보안감사, 연구보안평가, 자체적으로 정기 또는 불시에 실시한 연구보안 점검 결과 성적이 우수한 임직원을 선정해야 한다. 그리고 연구보안관리 우수자에 대한 인사고과, 승진, 포상, 교육훈련 등 모든 임직원이 관심을 가질 수 있는 파격적인 포상 기준을 마련해야 한다.

(2) 연구보안관리 우수자 선정 절차 수립

- 연구보안관리 우수자는 자체 연구보안심의회 또는 인사위원회 등의 심의를 거쳐 선정한다. 연구보안 책임자는 심의에서 최종 확정된 연구보안관리 우수자를 연구기관의 장에게 보고하여 최종 승인을 받아야 한다.

(3) 연구보안관리 우수 사례 확산

- 연구보안관리 우수자는 내부 게시판을 통하여 전 직원들에게 공지하고 우수 사례를 임직원들이 공유할 수 있도록 게시판 또는 유인물을 제작·배포하여 보안의식 수준을 제고하여야 한다.

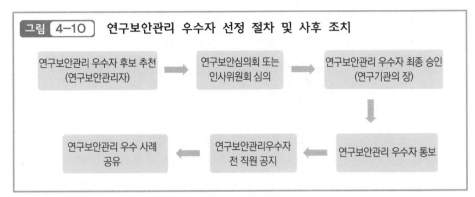

그림 4-10 연구보안관리 우수자 선정 절차 및 사후 조치

출처: 미래창조과학부, 「국가연구개발사업 보안관리 표준매뉴얼」, 2014, 33면.

나. 연구보안관리 위반자 조치

중요한 연구 정보 및 성과물을 외부로 유출하는 목적은 개인적인 영리가 대부분을 차지하며 그 외에도 금전 유혹이나 인사불만, 처우불만 등이 있다. 기술이 유출되는 유형으로는 무단보관이 가장 많은 부분을 차지하고 있으며 내부 공모에 의한 유출과 직원 매수에 의한 유출, 공동연구, 위장합작 등이 그 뒤를 잇고 있다.

연구보안사고는 사전 계획을 통해 의도적으로 중요한 연구 정보 및 성과물을 외부로 유출하는 경우도 있지만 본인의 부주의 또는 과실로 인하여 본인 의사와 상관없이 연구보안사고가 발생하는 경우도 있다. 하지만, 연구보안관리 규정을 위반하여 중요한 연구 정보 및 성과물이 무단으로 외부로 유출되는 보안사고를 일으킨 위반자는 그에 상응하는 처벌을 받아야 한다. 이를 통해 연구보안사고의 재발을 방지하거나 최소화할 수 있을 뿐만 아니라 임직원들에게 연구보안사고에 대한 경각심을 불러 일으키는 효과를 기대할 수 있다.

따라서 처벌의 공정성과 중립성을 유지하기 위하여 연구보안사고를 철저하게 조사하여 그 결과에 따라 자체 규정을 근거로 위반자를 처벌하는 절차를 수립하고 시행하여야 한다.

(1) 연구보안관리 위반자 처벌 규정 마련

- 연구보안사고의 고의성 여부, 규정위반 사항, 연구기관의 피해 규모 등을 감안하여 위반자를 처벌할 수 있도록 처벌 절차 및 수위를 결정할 수 있는 규정을 마련하여야 한다.
- 연구보안 규정 및 지침을 준수하지 않거나 본인의 부주의 및 과실로 인하여 보안사고가 발생한 경우 연구기관의 장은 그 귀책사유를 감안하여 위반자에게 연구개발사업의 참여를 제한하여야 한다.
- 위반자 처벌규정은 연구보안심의회 또는 인사위원회(또는 징계위원회) 등 관련 위원회의 심의를 거친 후 연구기관 장의 최종 승인을 받는 적법한 절차를 거쳐야 한다.
- 확정된 처벌규정은 모든 임직원이 숙지할 수 있도록 게시판 또는 다른 매체를 통해 공지하여야 한다.

(2) 연구보안관리 위반자 징계 절차 이행

- 연구보안관리 부서에서 보안 위반자를 적발하거나 신고가 접수된 경우 자체 조사를 통하여 징계 안건을 인사관리 부서에 통보하여야 한다.
- 인사관리 부서는 징계 안건을 토대로 그에 합당한 징계 조치를 부여하고 인사(징계)위원회에 안건을 상정하여야 한다.
- 인사(징계)위원회는 보안 위반자에 대한 징계 조치를 검토한 후 징계 조치 결과를 인사관리 부서에 통보하여야 한다.
- 인사관리 부서는 징계 조치 결과를 위반자에게 통보하여 시행하고 전 직원들에게 이러한 사실을 공지하여야 한다.
- 연구보안사고의 심각성으로 인하여 외부 기관으로부터 처벌을 받은 자는 징계 시 그 결과를 반영하여야 한다.

(3) 연구보안관리 위반자 사후 관리

- 연구기관의 장은 위반자가 보안을 필요로 하는 자체 연구개발과제 또는 국가연구개발사업에 참여하는 것을 제한하여야 한다.

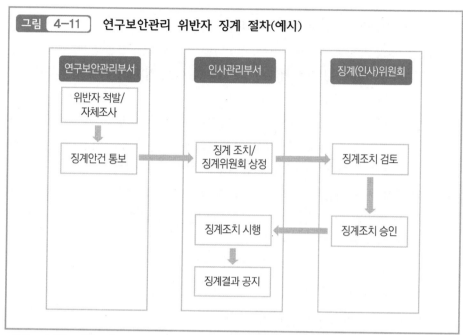

그림 4-11 **연구보안관리 위반자 징계 절차(예시)**

출처: 미래창조과학부, 「국가연구개발사업 보안관리 표준매뉴얼」, 2014, 38면.

- 연구보안 관리자는 연구보안관리 위반자에 대한 현황을 지속적으로 관리하고 유지해야 한다.

참고

연구보안관리 위반자 기준

① 연구정보 및 비밀정보 유출

1. 연구정보 누설

- 개인의 영리적 목적을 위하여 고의로 핵심 연구 산출물 및 성과물 등을 외부로 유출한 경우
- 핵심 연구 산출물 및 성과물 등을 외부로 유출하는 데 가담한 경우

2. 연구정보 분실
- 보안과제 또는 대외비에 해당하는 연구 산출물 및 성과물을 분실한 경우
- 분실 신고 등을 제대로 이행하지 않는 등 적절한 조치를 취하지 않은 경우

3. 연구보안사고 발생 사실 노출
- 연구보안사고에 대한 조사가 완료되기 전에 관련 정보를 외부로 유출한 경우

② 연구개발정보 관리 위반

1. 연구개발정보 보안등급 관리 위반
- 연구 산출물 및 성과물에 대한 보안등급을 부여하지 않은 경우
- 연구 산출물 및 성과물의 보안등급을 과소 또는 과대 분류한 경우

2. 연구 산출물 관리 위반
- 연구 산출물 및 성과물을 방치하거나 비밀보관함에 보관하지 않은 경우
- 연구 산출물 및 저장매체를 복구할 수 없도록 완전하게 폐기하지 않은 경우
- 보안과제 및 대외비의 연구 결과물(보고서 등)을 제한없이 외부로 배포한 경우
- 승인받지 않은 비밀자료 및 대외비 문서를 열람하거나 복사하는 경우

3. 연구개발 성과물권리 확보 소홀
- 보안과제 및 핵심기술에 대한 성과물의 영업비밀 또는 특허권, 지식재산권 확보를 등한시하여 기술적·경제적 손실이 발생한 경우

③ 출입통제 위반

1. 인가되지 않은 제한구역 또는 통제구역을 출입한 경우
2. 노트북, 외장형 디스크, USB 등 저장매체를 사전 허가없이 반·출입한 경우
3. 촬영제한구역에서 사전 허가없이 사진을 찍거나 동영상을 촬영한 경우
4. 정기적 출입자로부터 보안서약서를 받지 않은 경우
5. 보안과제와 관련하여 외부방문자 출입 시 직원이 방문자와 함께 동행하지 않은 경우

④ 사전 승인절차 위반

1. 연구성과 대외공개 사전검토 미이행
- 보안과제 및 대외비에 해당하는 연구성과를 대외로 발표하는 경우 사전 보안성 검토를 이행하지 않은 경우
- 보안과제 및 대외비 자료를 대외로 공개하는 경우 사전에 보안성 검토를 이행하지 않은 경우

2. 보안과제와 관련하여 외부방문자 출입 시 연구보안 책임자의 사전 허가를 받지 않은 경우

3. 보안과제 연구책임자가 해외기업 또는 연구기관과 공동연구(위탁연구 포함)를 수행하기 전에 사전 승인절차를 이행하지 않은 경우

4. 보안과제를 수행하고 있는 연구책임자 또는 참여연구원이 외국 정부나 기관 방문 시 중앙행정기관의 장 또는 국정원장에게 통보하지 않은 경우

5. 보안과제 참여연구원이 외국인과 접촉 시 연구책임자의 사전 승인절차를 이행하지 않은 경우

6. 보안과제에 외국인이 참여하는 경우 연구기관의 장으로부터 사전 승인을 받지 않은 경우

7. 보안과제와 관련하여 외국 정부·기관 또는 단체가 방문하는 경우 사전에 소관 중앙행정기관의 장 또는 국가정보원장에게 보고하지 않은 경우(단, 긴급한 사유로 인해 사후보고가 타당하다고 인정되는 경우에는 제외)

⑤ 사후조치 위반

1. 연구보안사고 발생 시 사고발생 사실을 즉시 상위 부서장 또는 보안관리담당부서에 보고하지 않은 경우

2. 보안과제 또는 대외비에 해당하는 연구 산출물 및 성과물을 분실한 경우 상위부서장 또는 보안관리담당부서에 분실 신고 등 적절한 조치를 이행하지 않은 경우

3. 보안과제 참여연구원이 외국인과 접촉한 후 2일 이내에 그 결과를 상위 부서장에게 보고하지 않은 경우

2 연구보안사고 관리

가. 사전 조치

연구보안사고는 연구개발사업과 관련된 정보 및 성과물이 외부로 유출되거나 누설, 분실 또는 도난을 당하거나 연구개발사업과 관련된 정보를 유통하고 관리, 보존하는 시스템이 외부로 유출, 손괴 또는 파괴된 경우를 말하며 그 밖에 중앙행정기관의 장이 정하는 보안 관련 사고를 의미한다. 연구보안사고는

사전에 예방하는 것이 가장 좋은 보안대책이다. 따라서 연구보안사고를 예방하고 대응하기 위한 일련의 조치 사항들을 사전에 수립하는 것은 아주 중요하며 반드시 이행하여야 한다. 연구보안사고의 사전 예방 조치로는 연구보안사고 예방 및 대응 방법 등을 명시한 규정을 자체적으로 마련하여 임직원을 대상으로 보안교육을 정기적 또는 수시로 실시하여 임직원의 보안의식 수준을 제고해야 한다. 그리고 임직원이 연구보안 규정 및 수칙들을 제대로 업무에 적용하고 있는지 정기적으로 연구보안실태 점검을 실시하고 그 과정에서 취약점이 발견되면 수정·보완해나가는 절차를 지속적으로 이행하여야 한다. 연구보안사고를 예방하기 위한 사전조치 사항은 다음과 같다.

(1) 연구보안사고 예방 및 대응 수칙 수립

연구보안사고를 예방하고 신속하게 대응하기 위하여 연구보안사고 예방 및 대응 절차와 방법 등을 명시한 규정 또는 지침을 사전에 수립하여야 한다. 연구보안사고를 예방하기 위한 조치사항과 더불어 보안사고 발생 시 단계별 대응방법과 상황 보고체계, 비상연락 체계 등을 구체적으로 명시하여야 한다.

(2) 연구보안 조직 및 시설보안, 정보보안 조직과의 협업체계 구축

연구보안사고는 불시에 발생하는 경향을 지니고 있으므로 연구기관의 장은 연구보안 책임자를 임명하여 지속적으로 연구보안관리 업무를 전담할 수 있도록 배치하여야 한다. 또한, 연구보안사고는 다양한 유출 경로와 기법을 통해 발생하는 특성을 지니고 있기 때문에 연구보안관리 부서는 시설보안 및 정보보안 부서와 협업할 수 있는 체계를 마련하여 연구보안사고 발생 시 신속하게 조치하고 대응할 수 있는 공동 대응기반을 마련하여야 한다.

(3) 연구보안사고 예방 및 대응 요령에 관한 교육 실시

임직원 대상으로 연구보안사고 예방 및 사고 발생 시 신속한 보고 체계와 행동 요령 등을 숙지할 수 있도록 정기적인 교육을 실시하여야 한다. 이를 통해 임직원들이 연구보안사고를 사전에 예방하거나 보안사고 발생 시 신속하게 대응할 수 있어야 한다.

(4) 연구보안사고 대응 모의훈련 실시

연구보안사고 발생 시 신속하고 정확하게 대응하는 역량을 강화하기 위하여 모의훈련 시나리오를 만들어 정기적으로 연구보안사고 대응 훈련을 실시해야 한다. 모의훈련 결과를 평가하고 분석하여 발견된 취약점에 대한 보완책은 반드시 관련 규정과 연구보안 교육에 반영하여 차후에 적절하게 대응할 수 있도록 전 직원을 대상으로 교육을 실시하여야 한다.

(5) 연구보안 실태 점검 실시

연구보안관리 실태 점검 및 조사계획에 따라 매년 임직원들의 연구보안관리 준수 여부를 점검하여야 한다. 연구보안관리 실태 점검에서 발견된 취약점에 대한 보완책은 반드시 관련 규정과 연구보안 교육에 반영하여 차후에 적절하게 대응할 수 있도록 전 직원을 대상으로 교육을 실시하여야 한다.

나. 대응 조치

연구개발사업과 관련된 중요한 정보나 자료가 외부로 유출되거나 누설 또는 분실 등 연구보안사고가 발생한 경우 피해를 최소화하고 빠른 복구를 통해 업무의 연속성을 보장해야 한다. 따라서 연구보안사고 발생 시 신속하고 체계적으로 대응할 수 있는 방안을 마련하여 보안사고 발생 초기에 적절하게 대응하는 것이 아주 중요하다. 연구보안사고 단계별 대응 절차는 다음과 같이 여섯 단계로 구분할 수 있다.

(1) 사고 탐지

연구보안 관리자가 직접 연구보안사고 발생 사실을 감지하거나 내부 직원 또는 외부인에 의한 신고 접수로 사고발생을 탐지할 수 있다.

(2) 초기 대응

연구보안 관리자는 사고 발생 초기에 대응할 수 있는 조치사항을 수행하고 침해 사고가 발생한 사실을 상위부서장과 기관장에게 보고해야 한다. 그리고 연구보안사고 대응팀이 구성되면 초기에 조치한 사항들을 인계하고 이후의 조치는 연구보안사고 대응팀과 함께 공조한다. 원활한 인수인계 및 조치사항들을 검토하기 위해 각 단계에서 수행되는 모든 세부사항들은 문서화를 통해 그 기록을 유지하고 관리하여야 한다.

(3) 대응전략 체계화

초기 대응이 마무리되면 실제로 사고가 발생했는지, 보안사고의 유형은 무엇인지 그리고 보안사고로 인한 잠재적인 피해 규모는 얼마인지 등을 알 수가 있다. 이와 같이 적절한 정보가 수집되면 이를 근거로 현재 사고를 어떻게 처리할 것인지를 결정할 수가 있다. 보안사고의 유형에 따라 가장 적절한 대응전략을 수립하기 위해서는 사고와 관련된 여러 요인들을 전체적으로 고려해야 한다. 즉, 외부에 유출된 정보 또는 성과물이 얼마나 중요하고 민감한지와 사건이 외부에 알려졌는지, 유출자는 누구인지, 경제적 피해 규모는 얼마인지, 외부기관에 협조를 요청해야 되는지 등을 고려하여 최적의 대응전략을 수립한 후 의사결정자의 최종 승인을 받고 최대한 빠른 시간 내에 대응조치를 수행하여야 한다. 또한, 사고 대응과정에서 수사기관에 신고하여 법적인 대응을 할 것인지 아닌지를 결정하여야 하며 사고의 내용이 법적인 조치가 필요한 사항이 아니라 내부에서 처리해야 할 사항이라면 자체적으로 대응조치를 이행하면 된다.

(4) 사고 조사

조사의 핵심은 보안사고를 유발한 행위자와 보안사고의 대상이 무엇인지 알아내는 것이 중요하다. 이를 확인하기 위한 사고 조사과정은 증거자료 수집과 분석단계로 나눌 수 있다. 증거자료 수집은 보안사고 분석을 위해 살펴보아야 할 범행들과 단서들을 수집하는 과정이다. 특히, 법적 소송을 염두해 두고 있다면 수집하는 증거자료는 무결성과 적법성을 유지하여야 한다. 그 다음으로 사고와 관련하여 누가, 무엇을, 언제, 어디서, 어떻게 그리고 왜와 같은 정보들을 알아내기 위하여 수집된 증거자료를 분석하여야 한다.

(5) 보고서 작성

보고서는 연구보안사고를 분석한 내용을 육하원칙에 의거하여 작성하고 원인분석에 따른 대응방안도 작성하여야 한다. 보고서를 접하게 되는 상급자 또는 의사결정권자는 연구보안에 대한 기본지식이 부족한 경우도 있을 수 있으므로 누구나 알아보기 쉬운 형태로 작성하여야 한다.

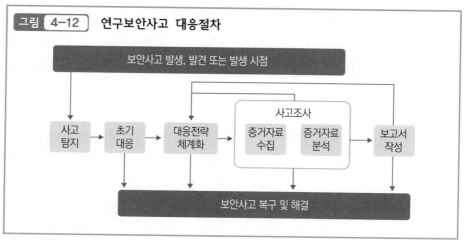

그림 4-12 연구보안사고 대응절차

출처: 미래창조과학부, 「국가연구개발사업 보안관리 표준매뉴얼」, 2014, 43면.

다. 사후 조치

향후 동일한 연구보안사고가 발생하지 않도록 조치를 취하는 사후 조치는 아주 중요한 업무에 해당된다. 따라서 연구보안 사고가 마무리되면 사고 원인 분석 결과를 토대로 보완대책을 마련하여 반드시 관련 규정이나 지침, 보안교육 자료, 연구보안 실태점검 계획, 모의훈련 시행 계획 등에 반영하여야 한다. 또한, 필요 시 외부 전문기관에 보안교육 등 관련 대책을 지원 요청하여 임직원들의 보안의식 수준을 강화해야 하며 보안위반자는 자체 규정에 따라 처벌하여 다른 임직원들에게 연구보안의 중요성과 경각심을 일깨워 주는 계기를 마련해야 한다. 사후 조치에 대한 상세 절차는 다음과 같다.

(1) 연구보안사고 재발방지 대책 수립

연구보안 책임자는 연구보안사고 관련보고서를 근거로 향후 보안사고 재발방지 대책을 수립하여야 한다. 그리고 자체 연구보안심의회를 개최하여 연구보안 사고조치 사항 및 재발방지 대책과 관련된 전반적인 사항을 심의하여 그 결과를 연구기관의 장에게 보고한다.

연구기관의 장은 조치결과 및 향후 재발방지 대책 등을 소관 중앙행정기관에 보고하여 심의 결과를 통보받는다. 또한 연구보안 사고 예방을 위한 대책을 마련하기 위하여 외부 전문기관 또는 전문가의 도움이 필요하다고 판단되면 협조를 요청해야 한다.

(2) 보안사고 원인 분석에 의한 규정 및 지침 개정

중앙행정기관의 장으로부터 심의 결과를 통보받은 연구기관의 장은 자체

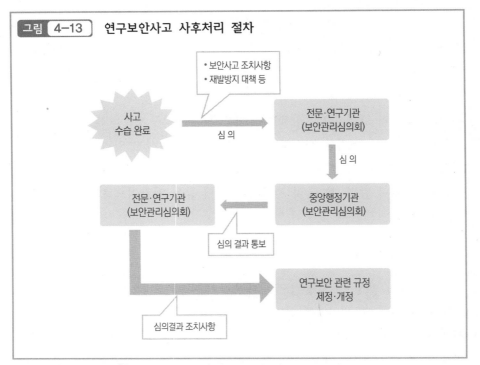

그림 4-13 연구보안사고 사후처리 절차

출처: 미래창조과학부, 「국가연구개발사업 보안관리 표준매뉴얼」, 2014, 46면.

연구보안심의회 심의를 거쳐 재발방지를 위한 개선책을 포함한 심의결과 조치사항들을 연구보안 관련 규정 및 지침, 보안교육 자료 등에 반영해야 한다.

(3) 연구보안 사고 관련자 처벌

연구기관의 장은 연구보안심의회 또는 인사위원회(또는 징계위원회)를 개최하여 내부 규정에 따라 그 귀책사유를 감안하여 징계 여부 및 수위를 결정하여 연구보안 사고 관련자들을 처벌하여야 하며, 연구보안 위반자들이 보안을 필요로 하는 국가연구개발사업 또는 자체 연구개발사업에 참여하는 것을 제한하여야 한다.

3 비상사태 대응

화재, 홍수, 재난, 재해 등으로 불시에 비상사태가 발생했을 경우에 신속하고 정확하게 대응하기 위하여 비상 시 대응계획을 수립하여야 한다. 이러한 사전 준비와 계획으로 비상사태 발생 시 능동적으로 대응할 수 있으며 이를 통해 각종 재난으로 인한 피해 규모를 최소화하고 빠른 시일 내에 정상적인 업무 복구가 가능하다.

자연재난 또는 인적재난 등에 관한 비상사태 발생 시 대응계획은 규정이나 지침보다 더 구체적으로 상세하게 대응계획 및 복구계획을 명시하여야 하며 비상사태 발생을 인지한 시점부터 비상사태 종료 시까지 일련의 대응 과정을 명시하여야 한다. 즉, 대응 조직 및 임무, 비상연락 체계도, 비상사태 발생 시 행동요령, 대피 방법, 복구 및 사후처리 계획 등을 전략적으로 수립해야 하며 상세한 절차는 다음과 같다.

가. 비상사태 발생 시 대응 계획 수립

비상사태 발생 시 효율적으로 대응하기 위한 조직을 구성하고 담당자와 이를 총괄하는 총괄책임자를 임명하여 그에 따른 역할과 임무를 구체적으로 명시해야 한다. 비상사태 발생 시 신속한 대응을 위하여 비상사태 대응 조직원과 외부기관(소방서, 경찰서, 병원 등)의 연락처 등을 포함한 비상연락망을 작성해야 하며 대응 절차 수립 내용은 다음과 같다.

(1) 비상사태 인지

비상사태를 인지함과 동시에 신속하게 상황을 전파하고 비상사태 대응팀을 가동하여야 한다. 그리고 재난관리기관, 긴급구조기관(소방서, 경찰서 등) 등 외부 기관에 신고하는 절차도 수립해야 한다.

(2) 인명 대피 및 구조계획

비상사태 유형별로 대피 요령을 마련하고 대피 장소를 미리 확보하여 대피소까지 안전하게 이동할 수 있는 이동경로를 명시해야 한다. 또한, 부상자 발생 또는 발견 시 응급조치를 포함하여 신속하게 구조하는 방안도 수립해야 한다.

(3) 초기 대응 계획

화재, 홍수, 지진 등 비상사태 유형에 따라 초기에 대응할 수 있는 효율적인 방안을 수립해야 한다.

(4) 중요 자산 대피 계획

자산(연구 산출물, 연구 성과물, 연구장비 등)의 중요도에 따른 우선순위를 정하여 비상사태 발생 시 가급적 중요한 자산도 안전한 장소로 이동시킬 수 있는 대피 계획도 수립해야 한다.

(5) 긴급 복구 계획

재난 피해 규모를 파악하여 빠른 시일 내에 복구가 가능하도록 재난 복구 계획을 수립하여야 한다. 이 때 외부 전문기관의 협조 체계도 마련하여야 한다.

(6) 사후 처리

비상사태 대응 및 처리 과정에서 발견된 문제점에 대한 개선사항 또는 보완책은 비상사태 발생 시 대응계획에 반영하고 재발방지를 위하여 모든 임직원들을 대상으로 교육 및 홍보를 실시하여야 한다.

나. 비상 대응 계획 승인 절차 이행

비상사태 발생 시 대응 계획을 수립하거나 개선사항을 반영하여 수정·보완 작업이 이루어진 경우에는 반드시 자체 비상대책위원회의 심의를 거쳐 심의 결과를 연구기관의 장에게 보고한 후 전 직원들에게 이러한 내용을 공지하여야 한다.

다. 훈련 및 교육

비상사태 발생 시 모든 임직원이 당황하지 않고 신속하게 대응하기 위하여 전 직원을 대상으로 매년 1회 이상 모의훈련을 실시하고 이와 더불어 교육 및 홍보 활동을 지속적으로 이행하여야 한다.

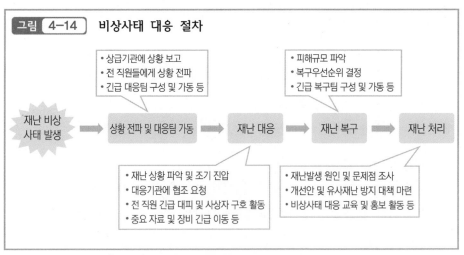

그림 4-14 비상사태 대응 절차

출처: 미래창조과학부, 「국가연구개발사업 보안관리 표준매뉴얼」, 2014, 54면.

05

인적 보안 관리

제5장   인적 보안 관리

제 1 절 │ 인적 보안

1 인적 보안의 의미

　　인적 보안이란 중요한 핵심기술이나 비밀정보를 직접 소유하고 있거나, 연구, 생산, 관리 등의 업무에 종사함으로서 중요한 기술이나 정보의 접근이 용이하고 침해 가능성이 높은 인력을 대상으로 보안이 유지될 수 있도록 관리하는 기술적 과정을 의미한다. 연구보안을 관리하는 주체도 사람이고 연구정보를 유추하는 주체도 사람이므로 인적 보안은 보안 관리의 기본이며 가장 중요한 요소라고 할 수 있다.

　　임직원들이 재직 중이거나 퇴직 후에도 인적 보안은 유지되어야 할 필요가 있으므로 지속적인 관리가 요구된다. 일반 기업이나 연구소는 고용 계약에 의해 비밀유지 의무가 발생되므로 신분상 법적 의무가 있는 공직자에 비해 연구보안의 강도는 약할 수도 있다.

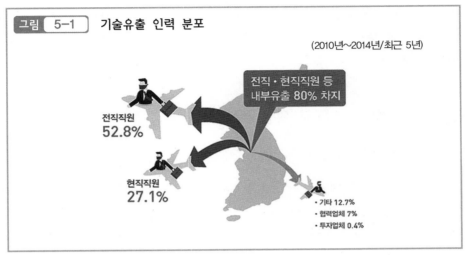

출처: 국가정보원 산업기밀보호센터.

2 인적 보안의 요건

기업 및 연구기관은 핵심기술이나 비밀정보가 외부에 유출되지 않도록 지속적으로 관리하여 경제적인 손실이 발생하거나 기업 이미지가 훼손되지 않도록 최선을 다하여야 한다. 그리고 임직원들은 애사심과 성실성, 신뢰성을 가지고 기관의 보안관리 규정이나 지침에 위배되는 행위를 하지 않도록 평소에 노력해야 한다.

3 인적 보안의 특성 및 한계성

인적 보안은 보안관리의 주체인 동시에 객체가 되는 특성을 지니고 있으며 임직원들의 내면성을 파악하는 데 한계가 있다. 또한, 통제와 규제에 의한 업무 효율성 저하를 빌미로 임직원들의 저항에 부딪칠 수 있으며 퇴직자 또는 전직자의 통제가 사실상 불가능하기 때문에 지속적으로 관리하기에는 한계가 뒤따른다. 또한, 조직의 운영 및 관리 체계와 충돌하여 보안업무를 경시하는 풍

조가 만연할 수도 있고 보안 위반자에 대한 온정적·미온적 처리에 따른 책임의
식 약화와 기관의 윤리와 도덕성 결여로 핵심기술이나 비밀정보가 외부로 유출
되는 한계성을 지니고 있다.

4 인적 보안의 대상과 위반 유형

가. 인적 보안 대상

인적 보안 관리 대상은 차단대상과 보호대상으로 구분할 수 있다. 즉, 보호
할 가치가 있는 핵심기술이나 비밀정보에 접근이 인가되지 아니한 외부 또는
내부 직원(비인가자)이 차단대상이 될 수 있으며 보호할 가치가 있는 기술이나
정보를 연구하고 생산, 관리, 사용하는 등 핵심기술이나 비밀정보에 접근이 가
능한 인원이 보호대상이라고 할 수 있다.

나. 인적 보안 위반 유형

인적 보안과 관련된 위반 유형으로는 다음과 같이 분류할 수 있다.
① 신문, 잡지, 논문 게재, 학술회 등을 통해 고의 또는 과실로 기밀정보를
　　공개하거나 누설하는 경우
② 비인가자의 연구시설 방문 또는 출입을 묵인하는 경우
③ 관리소홀로 인한 대외비 표시 회피 또는 훼손, 유기하는 경우
④ 외부전문가와 토의, 자문, 이메일 교신 등을 통해 연구개발 내용을 누설
　　하는 경우
⑤ 기밀에 속하는 서류 및 정보 등을 무단 반출하는 경우
⑥ 연구개발 내용을 시험 또는 평가받기 위해 타인에게 제공하는 경우
⑦ 소관 업무 업무 외 기밀정보 및 자료에 접근, 탐지, 누설하는 경우
⑧ 퇴직 또는 전직 시 연구자료, 영업비밀 정보를 절취 및 반출하는 경우
⑨ 인가 없이 연구개발 성과의 특허출원 상담을 추진하는 경우

제 2 절 임직원 관리

1 채용 시 인원관리

연구보안사고는 외부인에 의해 발생하는 경우보다는 대부분 내부 사정을 잘 아는 내부직원 또는 퇴직자에 의해 발생하는 경우가 많다. 따라서 신입직원 채용은 아주 중요하며 신중하게 결정해야 할 사항이다. 기관 내부의 중요한 핵심기술이나 기밀정보를 보호할 수 있는 신입직원에 대한 도덕적인 자질과 신원에 대해 면밀히 검토하고, 채용 시에는 서약서 작성 등을 통해 연구보안에 대한 인식을 제고해야 한다. 또한, 신입직원 채용 시 개인의 능력만을 고려하기 보다는 채용단계에서부터 연구보안을 함께 고려하는 것이 추후 내부직원에 의한 연구정보 유출사고를 예방하는 데 큰 도움이 될 것이다. 연구보안 측면에서 신입직원 채용 시 관리 절차는 고용 전과 고용 후로 나눌 수 있는데 고용 전에는 다음 사항들을 중점적으로 검증해야 한다.

먼저 인사담당자가 입사 지원자의 신원을 확인하고 두 번째로 신용 혹은 범죄 사실은 없는지 검증해야 하며 세 번째로 서술된 학력과 전문자격 등의 진위 여부를 확인하고 네 번째로 충성도와 성실성, 도덕성 등을 검증해야 하며 마지막으로 인격적인 결함은 없는지도 판단해야 한다.

신입직원을 고용한 후에는 고용계약서 외에 보안서약서를 추가적으로 징구하여 기관의 보안지침을 준수하겠다는 서약과 불이행 시 민·형사적 책임을

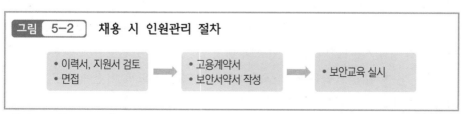

그림 5-2 채용 시 인원관리 절차

- 이력서, 지원서 검토
- 면접

→

- 고용계약서
- 보안서약서 작성

→

- 보안교육 실시

출처: 미래창조과학부, 「국가연구개발사업 보안관리 표준매뉴얼」, 2014. 61면.

지겠다는 서약을 받아냄과 동시에 연구보안에 대한 중요성을 각인시키도록 해야 한다. 아울러 후속 조치로 신입직원들을 대상으로 연구보안 내부 규정과 기타 사항 등에 대한 전반적인 보안교육을 실시하여 연구보안 준수사항을 인지할 수 있도록 해야 한다.

2 재직 중 인원관리

연구기관에 재직 중인 연구원은 연구를 수행하는 과정에서 핵심기술이나 비밀정보를 직접적으로 취급하기 때문에 연구정보를 보호해야 할 책임과 의무가 있는 주체이다. 따라서 재직 중인 연구원들이 연구보안에 관한 책임과 의무를 인지하고 보안의식을 고취시킬 수 있도록 지속적으로 관리할 필요가 있다. 재직 중인 인원이란 연구기관에 의해 일시적 혹은 지속적으로 고용되어 신제품 개발이나 연구과제에 참여 중인 모든 자를 포함한다. 재직 중인 인원을 관리하고자 하는 경우에는 다음 사항을 고려하여야 한다.

모든 임직원들에게 내부 보안관리 규정 준수 의무화를 강제화하고 보안서약서 작성 및 보관과 부서 또는 직무 변경에 따른 연구정보 관련 인수인계 절차를 마련해야 한다. 즉, 취급하는 연구성과물의 보안등급이 높고 낮음에 관계없이 재직 중인 모든 연구원들은 보안관리 규정 준수의 의무화와 보안의식의 각인을 위한 비밀유지서약서를 작성하도록 해야 한다. 국내 연구정보의 해외유출에 따른 국가적 손실을 방지하기 위하여 외국인 연구원의 고용은 원칙적으로 제한하는 것을 권고하지만 필요에 의해 고용된 연구원들이 있다면 영문으로 보안서약서를 받아야 한다. 또한, 작성된 비밀유지서약서는 법적 분쟁 발생 시 증거자료로 활용 될 수 있으므로 연구보안관리자의 책임하에 연구기관 내 물리적으로 안전한 곳에 필요 시 용이하게 찾아볼 수 있는 형태로 보관해야 한다.

재직 중인 연구원의 부서 및 직무변경 등 인력의 고용조건에 변화가 발생한 경우 변경 이전에 습득한 연구정보가 누출되지 않도록 이전에 사용된 정보자산의 반납, 접근권한의 변경 및 회수조치가 연구보안 관리자의 책임하에 신속히 이루어져야 하며, 변경내용에 대하여 항상 기록을 유지하고 해당 부서와 연구보안 관리부서는 변경내용을 공유해야 한다. 재직 중인 연구원이 새로운 프로젝트에 참여할 경우에도 추가적인 보안요구 사항이 생기면 보안서약서를 다시 징구하여야 한다.

3 계약 갱신 시 인원관리

연구기관에 종사하는 임직원의 계약기간이 만료되어 재계약이 필요한 경우에는 연구성과 뿐만 아니라 연구보안의 측면에서 평가한 사항도 재계약 시 적극 반영할 필요가 있다. 계약 갱신 시 확인해야 할 항목은 다음과 같다.
- 이전 계약기간 동안에 해당 인원의 보안규정 준수 여부
- 기밀 유출 시도 여부

이전 계약기간 동안의 보안규정 준수 여부를 평가하기 위하여 해당 연구원은 소속된 부서의 연구책임자로부터 평가에 대한 확인증을 서면으로 받는다. 연구책임자로부터 받은 확인증을 연구기관에 제출하여 최종 승인이 완료되면 재계약을 체결하도록 하고, 연구책임자로부터 규정을 잘 준수하였다는 확인증을 받지 못했거나 확인증을 받았더라도 연구기관으로부터 승인을 받지 못한 경우에는 계약을 갱신하지 않도록 해야 한다.

4 퇴직자 관리

대부분의 기업이나 연구기관은 어떠한 이유에서든지 퇴직자가 발생하기 마련이다. 정년을 채우고 퇴사하는 경우도 있지만 자기 계발이나 적성 또는 더 좋은 환경에서 근무하고 싶어 본인이 몸담고 있는 직장을 떠나는 경우도 있을 수 있다. 하지만, 연구기관과의 마찰이나 갈등으로 인한 퇴직자 또는 연구기관의 기밀 누출을 빌미로 금전적인 유혹에 퇴사하는 경우도 있을 수 있다. 특히, 연구기관에서 중요한 기술개발이나 자료를 담당하는 직원이 퇴직한 경우 기관의 중요한 비밀 내용을 많이 알고 있기에 기관 입장에서는 특별히 관리하지 않

을 수 없다. 이에, 대부분의 기관에서는 퇴직자 보안서약서를 징구하는데 그 내용은 퇴직자가 재직 중에 지득한 영업비밀 또는 핵심기술을 퇴직 후에 사용하거나 공개 또는 누설하지 아니하고 특히, 기업은 영업비밀과 관련된 창업이나 경쟁관계에 있는 기업에 취업하지 않을 것을 서약하는 내용과 이 서약을 위반하여 기업에 손해를 입힐 경우 민·형사상 책임은 물론 부정경쟁방지 및 영업비밀보호에 관한 법률에 의거하여 책임을 지겠다는 내용이 담겨 있다.

퇴직자의 보안 조치 사항은 다음과 같다.

① 출입증 반납과 동시에 정보시스템의 접근권한을 차단하여야 한다.
② 보안서약서를 징구하여야 한다.
③ 반출되는 모든 서류 및 물품을 확인하여 핵심기술이나 기밀정보가 누출되지 않도록 조치하여야 한다.

퇴직자가 연구수행 중에 습득한 중요한 연구정보를 외부에 누설하는 것을 방지하기 위하여 퇴직 시에 반드시 보안관리 규정의 절차를 마련하여 준수하도록 해야 한다. 실제로 연구기관 또는 중소기업에서 재직 시 불만을 가졌거나 기타 갈등으로 퇴직한 경우 악의적인 감정을 가지고 핵심 기술 또는 중요 기밀정보를 경쟁관계에 있는 기업에 유출하는 경우가 빈번하게 발생하였다. 따라서 임직원의 퇴직 징후가 포착되면 사전에 핵심기술이나 기밀정보가 누출되지 않도록 일정기간 동향을 파악하고 감시하며 이상징후 발견 시 신속하게 대응하는 보안조치가 필요하다. 그리고 퇴직 시에는 퇴직사유, 퇴직절차 및 퇴직 후 관리에 관한 모든 과정에 대하여 관리할 필요가 있으며 이러한 노력은 퇴직자에 의한 연구정보 유출을 방지할 수 있는 좋은 예방책이 될 것이다.

5 국외출장자 관리

연구원들이 국제 학회나 세미나 또는 연구 자료 수집, 공동연구 등으로 해외로 출장가는 빈도가 점차 증가하고 있는 추세이다. 해외 출장 중에 연구보안관리 규정을 준수하지 않아 연구보안사고로 이어지는 경우가 발생할 수 있으므로 이를 예방하기 위한 조치 방안을 수립하여야 한다.

연구원이 연구개발과 관련하여 해외로 출장을 가는 경우 생소한 환경에 적응하느라 정신이 없어 중요한 물품을 분실하는 경우도 많고 긴장감이 풀려서 연구보안관리 규정을 허술하게 다루는 경우도 종종 있다. 해외 출장 중에 중요한 자료나 물품을 분실 또는 도난을 당하게 되면 되찾을 수 있는 방법이 거의 없기 때문에 출국 전에 보안상으로 완벽하게 준비하는 것이 가장 중요하다.

해외 출장 중에 연구보안사고를 예방하기 위하여 고려해야 할 사항들은 출장 전 보안조치 사항, 출장 중 보안조치 사항, 출장 후 보안조치 사항으로 구분할 수 있다. 출장 전에는 방문할 국가의 정보를 수집하고 꼭 필요한 자료나 정보가 아니면 가져가지 아니하도록 한다. 또한, 출장 중에는 업무와 무관한 외부인과의 접촉을 자제하고 중요한 정보나 자료가 분실 또는 도난을 당하지 않도록 각별히 주의하여야 하며 출장 후에는 귀국보고서를 작성하여 연구기관의 장에게 제출하여야 한다. 먼저 해외 출장 전 보안조치 사항에 대해 알아보기로 하자.

우선 방문할 국가의 치안문제, 범죄 취약지역, 최근 발생범죄 유형과 대사관, 경찰서, 지인 등 긴급한 상황 발생 시 도움을 받을 수 있는 정보를 확인하여야 한다. 꼭 필요한 경우가 아니라면 연구기관 로고가 있는 옷 또는 가방, 전산장비나 중요한 자료 등은 가지고 가지 않아야 한다. 전산장비에는 강력한 비밀번호를 설정하고 중요한 모든 정보는 암호화하여야 한다. 또한, 전산장비에 있는 프로그램은 악성코드 감염에 의한 정보 유출을 방지하기 위하여 최신 업데이트를 실시하여야 한다. 연구보안관리자는 해외 출장을 앞두고 있는 연구원들을 대상으로 연구보안관리 교육을 실시해야 한다. 특히 보안과제를 수행하고 있는 연구원이 외국 정부나 기관 등을 방문하고자 하는 경우에는 방문 목적 및 관련 내용을 반드시 사전에 상위 중앙행정기관의 장과 국가정보원의 장에게 통보해야 한다. 해외 출장 중에 발표하거나 공개해야 할 연구개발 자료는 사전에 연구책임자 또는 연구보안관리 책임자로부터 보안성 검토를 필히 받아야 한다.

다음은 해외 출장 중 보안조치 사항에 대해 알아보기로 하자. 해외 출장 중에 여행사, 호텔 관계자 등 외부인에게 소속 기관, 체류목적 등 출장과 관련된 정보의 노출을 최소화하여야 한다. 업무와 무관한 사람에게 기관 내 직책, 경력, 담당업무 등 관련 정보를 언급하지 않아야 한다. 대중교통 등 공공장소에서는 연구과제와 관련된 민감한 정보에 대해 얘기하지 말아야 하며 접근 의도가 불분명한 질문 또는 추궁하는 듯한 질문을 하는 사람은 무시하고 명확하지 않은 대답으로 일관한다. 연구과제와 관련된 민감한 정보를 발설해야 하는 경우에는 자체 연구보안관리 규정 또는 지침에 따라 행동해야 한다. 해외 출장 중에 숙소에서 외부로 외출하고자 하는 경우에는 중요한 정보가 저장된 노트북이나 이동매체는 도난이나 복제를 방지하기 위하여 항상 휴대하고 다녀야 한다. 보안을 요구하는 중요한 자료를 국내로 전송하고자 하는 경우에는 호텔이나 학회 또는 세미나 측에서 제공하는 컴퓨터나 팩스의 이용을 최대한 자제하고 본인의 노트북으로 전송하고자 하는 내용을 암호화하여 메일로 전송하여야 한다. 또한, 의심되는 특이한 상황이 발생하게 되면 한국공관 또는 연구기관 등에 반드시 문의하여야 한다.

마지막으로 해외 출장 후 보안조치 사항에 대해 알아보기로 하자. 귀국 후에는 가능한 빠른 시일 내에 전산장비의 패스워드를 반드시 변경하여야 한다. 출장 중에 소지한 전산장비는 연구기관의 정보보안부서에 의뢰하여 악성프로그램이 설치되어 있는지 반드시 점검을 받아야 한다. 그리고 출장 중에 접촉한 인물과 협의한 내용 등을 구체적으로 작성한 귀국보고서를 연구기관에 제출해야 한다.

6 연구성과 유출 혐의자 관리

유출 혐의자는 과거에 연구개발 관련 기밀자료나 연구개발 성과물을 고의적 또는 실수로 외부에 유출한 경험이 있는 자를 의미한다. 따라서 중요한 연구개발 관련 정보 및 성과물을 유출한 혐의가 있는 자는 연구보안사고 재발 방지를 위하여 유출 혐의자를 특별 관리하기 위한 보다 강한 보안관리 대책을 강구하여야 한다.

연구성과 유출 혐의자에 대한 특별 관리대책 방안으로 연구기관의 장은 연구성과 유출 혐의자의 보안과제 참여를 원칙적으로 제한해야 한다. 그리고 일반과제 참여 시에도 연구보안심의회에서 과제 참여의 타당성을 심의하여 연구성과 유출 혐의자의 참여를 제한할 수 있도록 조치해야 한다. 연구성과 유출 혐의자는 업무와 무관한 연구기관의 시설 또는 지역의 출입을 제한하고 외부로 반출 또는 내부로 반입하는 품목에 대해서도 철저하게 통제해야 한다. 특히, 연구개발과 관련된 민감한 정보 또는 자료가 저장되어 있는 정보시스템의 접근 권한을 차단해야 하며 해외 출장 신청 시 연구기관의 장은 방문국가 및 출장목적, 출장기간 등을 면밀하게 검토한 후 승인 여부를 결정하여야 한다.

아울러 연구성과 유출 혐의자에 대한 현황 관리를 게을리 해서는 안 되며 연구성과 유출 혐의자를 효율적으로 관리하기 위하여 담당자를 지정한 후 관리 대장을 만들어 지속적으로 현황을 관리하고 유지해야 한다.

7 보안 교육

최근에 실시한 국가 공공부문 정보보안 수준 진단을 실시한 결과 정보보안 수준 향상을 위한 가장 중요한 요소로 [그림 5−3]과 같이 "보안교육 및 인식제고"로 응답한 경우가 가장 많았다.[1]

대부분의 경우 연구정보 유출은 정보시스템의 취약점을 이용한 해킹에 의한 유출보다는 내부 직원에 의한 연구보안사고가 많은 부분을 차지하고 있다. 이에, 연구원들에게 연구 보안교육을 정기적으로 실시하여 연구보안사고를 사전에 예방하는 것이 최선책이라고 할 수 있다.

보안교육은 크게 시기적으로 정기교육과 수시교육으로 구분할 수 있다. 정기교육은 연구기관 내 모든 임직원 및 연구원들을 대상으로 정기적으로 내부 규정에 의해 이루어지며 수시교육은 보안규정 변경, 신규직원 채용 등 연구보안 책임자가 보안교육이 필요하다고 판단될 때 이루어진다.

---

1) 국가정보원·미래창조과학부·방송통신위원회·행정자치부, 「2015 국가정보보호백서」, 2015, 293면.

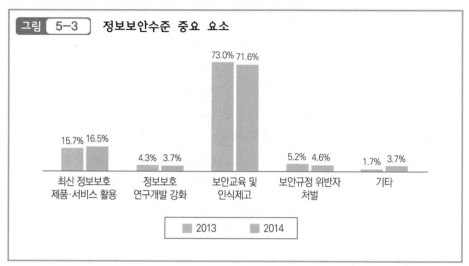

그림 5-3 정보보안수준 중요 요소

73.0% 71.6%

15.7% 16.5%

4.3% 3.7%

5.2% 4.6%

1.7% 3.7%

최신 정보보호 제품·서비스 활용 · 정보보호 연구개발 강화 · 보안교육 및 인식제고 · 보안규정 위반자 처벌 · 기타

2013   2014

출처: 국가정보원·미래창조과학부·방송통신위원회·행정자치부. 「2015 국가정보보호백서」, 2015, 293면.

보안교육 대상으로는 재직 중인 연구원들 뿐만 아니라 연구기관의 소속은 아니지만 연구개발에 참여하는 외부인도 교육 대상에 포함하여야 한다. 그리고 보안교육 기간은 보안사고를 효과적으로 예방하고 대응하기 위하여 입사 시부터 퇴직 시까지 지속적으로 이루어져야 하며 외부연구원들도 참여기간 동안 지속적으로 교육에 참여하여야 한다. 보안 교육내용은 기업이나 연구기관의 특성에 따라 다소 차이가 있을 수 있지만, 기본적으로 연구보안 관리체계 연구보안 규정 및 지침, 규정위반 시 법적 책임, 보안사고 사례, 연구보안 관련 법률 등의 내용이 포함되어야 한다.

보안교육 실시 방법으로는 교육 시기와 상황에 따라 유연하게 선택하여 수행할 수 있으며 집합교육을 비롯하여 온라인교육, 전달교육, 유인물 배포 등으로 구분할 수 있다.

연구보안 교육을 효과적으로 실시하기 위한 절차는 다음과 같다.

가. 계획 수립

연구보안 교육은 매년 초에 수립해야 하며 계획단계에서 교육 대상, 교육

시기, 교육 내용, 교육 장소, 교육 방법 등에 관한 사항들을 수립해야 한다.

정기 교육은 기업이나 연구기관의 내부규정에 명시된 사항을 준수하여 전임직원이 참여 가능한 교육 시기, 교육 장소 등을 계획단계에서 고려하여야 한다. 수시 교육은 신입직원 또는 경력직원이 새로이 채용되거나 보안관련 규정이 변경 또는 연구보안 책임자의 필요에 의해 수시로 진행되어야 하며 연구책임자 및 부서장은 직원들이 수시 교육에 참여할 수 있도록 적극 독려하여야 한다.

나. 교육 기간 및 시기

정기 교육은 재직 중인 연구원 및 연구과제에 참여 중인 외부인을 대상으로 기업 또는 연구기관의 판단하에 연 1회 이상 분기별 혹은 반기별로 실시해야 한다. 비정기적인 교육은 연구기관 또는 연구책임자의 판단하에 추가적으로 보안교육이 필요하다고 판단될 경우에는 수시로 실시한다. 비정기적으로 연구보안 교육을 필요로 하는 상황의 예는 다음과 같다.

- 신입직원 또는 경력직원 채용 시
- 보안과제 또는 신기술 개발 시
- 내부 인사이동이 있을 시
- 연구보안 관련 법률 및 규정 변경 시
- 연구기관 내 보안사고가 발생 시
- 타 기관에서 보안사고 발생 시 유사 사고 재발 예방 시

다. 교육 대상

정기 교육은 연구기관의 모든 연구원을 대상으로 실시하여야 하며 연구정보자산이 위치한 장소에 직·간접적으로 접근할 수 있는 기타 인력 또한 교육 대상으로 포함하여야 한다. 하지만, 비정기적인 교육은 보안교육 취지 및 목적에 따라 모든 연구원이 참여할 수도 있고 특정 관련자만 참여할 수도 있다.

라. 보안교육 내용

보안교육 내용은 앞서 언급한 내용 위주로 실시할 수 있으며 상황에 따라 기업 또는 연구기관의 장 및 연구보안 책임자가 자율적으로 정할 수 있도록 하여야 한다.

마. 승인절차

연구보안 교육을 시행하는 계획은 연구보안심의회의 승인을 거쳐 기업 또는 연구기관의 장으로부터 최종 승인을 득한 후 시행하여야 한다.

바. 결과보고

연구보안 교육을 실시한 후에는 교육 만족도에 대한 설문조사 등을 통하여 교육내용의 적절성과 효과성을 평가하여 기업 또는 연구기관의 장에게 보고하고 미흡한 부분이 발견되면 개선 방안을 마련하여 차후 교육계획 수립 시 반드시 반영하여야 한다.

사. 기 타

출장, 휴가 등의 사유로 보안교육을 이수하지 못한 직원은 추가적인 교육 방안을 마련하여 전 연구원이 빠짐없이 교육을 이수할 수 있도록 해야 한다. 그 예로 교육 내용이 포함된 유인물을 전달하거나 전자메일로 교육 내용을 발송할 수도 있으며 미참여 인원에 한하여 개별적으로 소집하여 별도로 교육할 수도 있다. 또한, 보안교육의 참여를 활성화하기 위하여 특별한 이유없이 교육에 불참한 직원에게는 별도의 벌칙을 마련하여 불이익을 줄 수 있는 제도를 마련하여 시행하여야 한다.

그림 5-4 보안교육 시행 절차

교육계획 수립
• 매년 초 수립, 교육내용 및 대상, 시기, 장소 등을 계획

승인 절차
• 연구보안심의회 의결을 거쳐 연구기관장이 최종 승인

교육 시행
• 장기 교육, 수시 교육 및 참여자 재교육 시행

사후 관리
• 교육시행 결과보고 • 설문지 조사를 통한 의견수렴 • 의견수렴 결과를 교육계획 수립 시 반영

출처: 미래창조과학부, 「국가연구개발사업 보안관리 표준매뉴얼」, 2014, 77면.

제 3 절 | 외래인 관리

1 상시 출입자 및 파견자 관리

연구기관 내에 상시적으로 출입이 가능하지만 임직원이 아닌 경우에는 외래인으로 분류하며 이러한 외래인들을 좀 더 세분화하면 연구기관에 상시적으로 출입하는 자와 일시적으로 출입하는 자로 구분할 수 있다. 상시적으로 출입하는 자는 중요한 연구정보 및 자료를 접촉할 기회가 많은 반면에 연구기관에 소속된 직원이 아니므로 소속감이나 연구정보에 대한 책임의식을 기대하기가 사실상 어렵다. 따라서 일시적으로 출입하는 자와 별도로 구분하여 출입 빈도와 목적에 따라 상시 출입자로 구분하여 관리할 필요가 있다. 상시 출입자는 연구기관의 연구과제를 수행하거나 기타 활동 등을 하는 데 있어서 필요에 의해 상시적으로 출입하는 자를 의미한다. 상시 출입자로는 연구개발 용역업체의 임직원, 시설 경비원과 청소원, 연구시설 및 장비를 A/S하는 업체 직원, 운송업체 직원 등이 있을 수 있다. 다만, 연구개발 및 경비, 청소를 목적으로 파견된 용역업체 직원은 연구개발 정보와 직·간접적으로 접촉할 기회가 많으므로 기타 상시 출입자(연구시설 및 장비 A/S 업체, 운송업체)와 보안대책을 달리 구분해야 한다.

상시 출입자를 관리하기 위한 방법으로는 크게 보안지역의 접근을 통제하는 물리적인 통제와 출입 시 연구기관의 승인을 받는 과정을 거치는 내부규정 절차에 의한 통제가 있다. 외부 출입자에 대한 구체적인 통제를 시행하기 이전에 용역업체, 기타 상시 출입자에게 내부규정에 명시된 '상시출입자 관리' 사항을 제시하여 연구보안의 중요성을 상기시켜야 한다.

가. 용역(파견)업체 임직원

(1) 용역(파견)업체

연구기관은 연구개발 용역업체와 비밀을 유지하기 위한 계약을 체결하여 출입 인력 관리 및 비밀유지의 책임을 이행하도록 해야 한다. 따라서 비밀유지 계약서에 업체명, 출입 인원 수, 출입 인원에 대한 신원확인 및 관리, 비밀 대상과 범위, 비밀유지 의무기간, 비밀침해에 대한 법적 책임 등의 내용이 포함되어 있어야 한다.

(2) 용역(파견)업체 인력

용역업체와의 계약체결이 완료되면 연구기관을 출입하는 자들로부터 보안서약서를 작성하게 하여 연구보안의 준수 사항을 확실히 주지시킨다. 보안서약서에는 출입시간, 출입목적, 연구보안에 대한 서약 등의 내용이 담겨져 있어야 한다. 또한, 용역업체와 계약한 주무부서는 출입증 발급부서에 출입증을 신청하여 용역업체 임직원에게 발급한다. 상시 출입자의 출입증은 일시적으로 출입을 허용하는 출입증과 구분해야 하며 연구기관 외부로 나갈 때에는 반드시 기관에 반납하도록 하여 개인이 소지하지 못하도록 해야 한다.

사전에 출입이 허용된 구역이라 할지라도 보안이 필요한 제한구역 또는 통제구역은 반드시 내부직원과 동행하도록 해야 한다. 또한, 출입대장에 출입하는 시간, 목적, 만나는 대상을 직접 기록하게 하거나 시스템에 의하여 자동으로 기록되게 해야 한다. 연구기관의 담당자는 기록된 사항이 비밀유지계약서 및 비밀유지서약서에 작성된 출입 시간, 인원 수 등의 항목과 일치하는지 확인해야 하며 위반 사항이 적발된 경우에는 출입을 통제해야 한다.

용역업체가 작성한 비밀유지계약서, 출입대장은 연구기관에서 별도로 보관해야 하며 비밀유지 의무사항을 위반했을 경우에는 법적 증거 자료로 활용할 수 있다. 연구책임자는 연구과제 수행에 참여하는 용역업체 인원을 명확하게 파악하여 공동 연구수행 시 연구보안에 각별히 주의해야 한다.

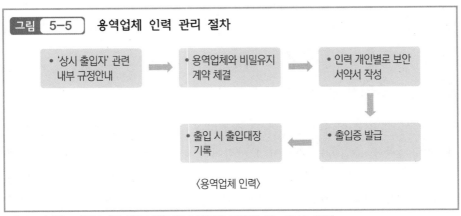

그림 5-5 용역업체 인력 관리 절차

- '상시 출입자' 관련 내부 규정안내 → • 용역업체와 비밀유지 계약 체결 → • 인력 개인별로 보안 서약서 작성

- 출입 시 출입대장 기록 ← • 출입증 발급

〈용역업체 인력〉

출처: 미래창조과학부, 「국가연구개발사업 보안관리 표준매뉴얼」, 2014, 87면.

나. 기타 상시 출입자

용역업체에 소속된 직원이 아니면서 상시적으로 연구기관을 출입하는 자는 업체와의 계약을 체결하기는 어려운 상황이므로 계약서 대신에 개별적으로 보안서약서를 받도록 한다. 보안서약서에 출입시간, 출입목적, 비밀대상과 범위, 위반 시 법적 책임을 반드시 명시하여야 한다. 또한, 출입증을 발급하면 반납의 형태로 개인이 소지하는 것을 금지하고 출입 시 출입대장에 기입하도록 해야 한다.

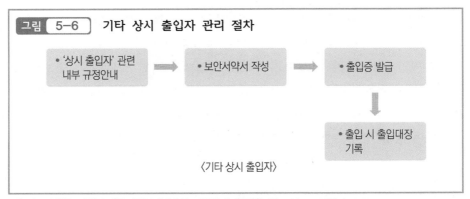

그림 5-6 기타 상시 출입자 관리 절차

〈기타 상시 출입자〉

출처: 미래창조과학부, 「국가연구개발사업 보안관리 표준매뉴얼」, 2014, 87면.

2 일시 출입자 관리

연구기관을 출입하는 빈도와 목적에 따라 일시 출입자를 정의하고 구분한다. 연구기관을 출입하는 기간이 한시적이라 하더라도 이를 통해 연구정보가 유출될 수 있는 가능성을 배제할 수 없기에 일시 출입자의 경우에도 적절한 출입통제가 이루어져야 한다. 일시 출입자는 연구기관을 업무적으로 방문하거나 임직원의 사적인 일로 방문하는 등 연구기관을 한시적으로 방문하는 자를 의미한다. 상시 출입자는 정기적으로 연구기관을 방문하는 반면에 일시적인 출입자는 비정기적으로 연구기관을 방문하기 때문에 출입 시마다 출입통제 절차를 따르도록 해야 한다. 일시 출입자에 대한 연구보안 통제수단으로 지정구역만 방문하도록 하는 물리적 통제방법과 출입 시마다 일련의 과정을 거치도록 하는 절차적 통제방법이 있다.

　　보안과제와 관련하여 일시 출입자가 연구기관을 출입하기 위해서는 사전에 연구기관에 방문 예약을 신청하고 승인을 받을 수 있게 해야 하며 일반과제의 경우 이 절차는 생략해도 무방하다.

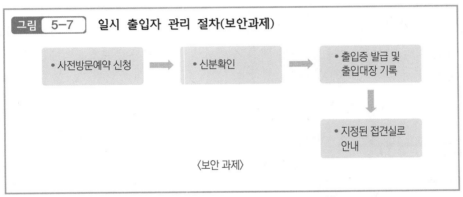

그림 5-7 　일시 출입자 관리 절차(보안과제)

출처: 미래창조과학부, 「국가연구개발사업 보안관리 표준매뉴얼」, 2014, 89면.

　　일시 출입자가 연구기관을 방문하면 신분을 확인해야 한다. 이 때 신분증이 아닌 명함이나 구두로 신분을 확인하는 것은 신분 위장의 우려가 있으므로 반드시 신분증을 확인하도록 한다. 단, 개인이 아닌 단체로 방문할 경우에는 사전에 방문자의 인적사항을 공문으로 받아 번거로움을 최소화하도록 한다. 방문자의 신분 확인이 완료되면 출입자에게 출입증을 발급하며 출입대장에 방문목적, 만나는 임직원, 그와의 관계, 소속 등을 기록하도록 한다. 모든 승인 절차가 끝난 후에는 출입 시 휴대폰, 카메라, USB 등 연구정보가 유출될 가능성이 있는 전자기기는 소지할 수 없도록 보안검색을 철저하게 시행해야 한다. 만약 출입자가 반입 금지 품목을 소유했을 경우 기관에서 물품을 접견시간 동안 일시적으로 보관해야 한다.

　　일시 출입자는 가능한 한 연구기관에서 별도로 마련한 접견실에서 만나

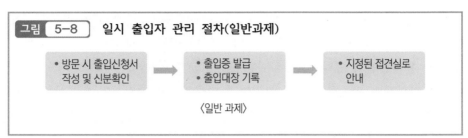

그림 5-8 일시 출입자 관리 절차(일반과제)

- 방문 시 출입신청서 작성 및 신분확인 → • 출입증 발급 • 출입대장 기록 → • 지정된 접견실로 안내

〈일반 과제〉

출처: 미래창조과학부, 「국가연구개발사업 보안관리 표준매뉴얼」, 2014, 89면.

업무를 처리하도록 한다. 단, 일시 출입자가 접견실 이외의 연구실이나 실험실 출입이 필요한 경우에는 직원이 퇴실 시까지 동행해야 하며 보호구역에는 접근하지 못하도록 통제해야 한다.

제 4 절 ┃ 외국인 관리

1 접촉 외국인 관리

국가정보원 산업기밀보호센터에 따르면 2003년부터 2014년간 국내 첨단기술이 해외로 불법 유출되었거나 유출을 기도한 사건으로 총 438건을 적발했다고 밝혔다. 특히, 보안과제인 경우 연구개발 관련 정보 및 성과물 등이 외국에 무단으로 유출되면 기술적·경제적 피해가 심각하다. 이러한 이유로 연구보안책임자 및 연구책임자는 연구보안사고 예방활동을 성실하게 수행하여야 한다. 특히, 과제에 참여하는 연구원 관리에 만전을 기하여야 하며 그 일환으로 참여연구원이 보안과제와 관련하여 외국인과 접촉하는 경우에는 외국인 접촉 현황을 관리대장에 반드시 기록하고 관리대장은 연구책임자가 관리하여야 한다.

가. 외국인 접촉 절차 및 방법 수립

보안과제 참여연구원이 외국인과 접촉하는 경우에는 1일전까지 부록 [별첨 1]의 "외국인 접촉 신청서"를 작성하여 연구책임자의 승인을 득한 후에 접촉하여야 한다. 외국인과의 접촉이 끝난 후에는 2일 이내에 부록 [별첨 2]의 "외국인 접촉 결과서"를 작성하여 연구책임자에게 보고하여야 한다. 아울러 외국인과 접촉한 결과 특이한 사항이 발생하면 연구책임자 또는 연구보안 책임자에게 구두로 보고한 후 서면결과서를 제출하여야 한다. 연구책임자는 이러한 사실을 인지하는 즉시 연구보안관리 담당부서에 필히 통보하여야 한다.

나. 외국인 접촉 현황 관리

연구책임자는 보안과제와 관련하여 참여연구원이 접촉한 외국인의 현황을 관리하기 위하여 별도로 관리대장을 구비하여야 하며 관리대장에 참여연구원 이름 및 접촉대상자 이름, 국적, 접촉일시, 접촉사유 등을 기록하여야 한다.

표 5-1 외국인 접촉 현황 관리대장

참여연구원	외국인 (접촉대상/국적)	접촉일시	접촉사유	연구책임자 (서명)
홍길동				

다. 관리대장 관리 방법

참여연구원이 외국인의 접촉 상황을 관리대장에 기록하면 연구책임자가 사실 여부 및 특이한 사항은 없는지 확인한 후 서명하여야 한다. 그리고 관리주체는 연구책임자로 관리대장이 분실되지 않도록 잘 보관하여야 한다.

2 외국인 연구원 관리

외국인 유치 과학자가 연구개발에 참여하는 경우에는 외국인 연구원에 의해 중요한 연구개발 관련 정보 및 성과물이 해외로 유출될 가능성이 더욱 높아진다고 할 수 있다. 따라서 연구개발과제에 외국인 및 외국 기업 등이 참여하는 것을 원칙적으로 제한할 필요가 있지만 부득이한 경우가 발생하여 외국인 연구원의 참여가 필요한 경우에는 이와 관련된 별도의 보안대책을 마련하여 연구보안 관리를 강화할 필요가 있다.

외국인 연구원 관리는 고용 계약 전에 준수해야 할 보안사항과 연구수행 중에 준수해야 할 보안사항 그리고 연구계약 만료 후에 준수해야 할 보안사항으로 분류할 수 있다. 우선 연구기관의 장은 유치과학자와 계약하기 전에 보안 준수 의무사항이 명시된 서약서[별첨 3]를 징구하고 자체 보안교육을 실시한 후에 계약을 체결해야 한다.

또한, 연구책임자는 외국인 연구원이 연구 수행 도중에 연구개발과 무관한 중요한 자료를 수집하거나 핵심 연구시설의 출입을 시도하는 등 특이한 동향을 수시로 관찰하는 연구보안 활동을 게을리해서는 안된다.

연구계약이 끝난 후에는 연구보안 책임자와 연구책임자가 반출되는 자료의 보안성을 검토하고 연구기관의 장은 연구개발 활동 중에 취득한 기밀내용에 대한 보안을 유지한다는 서약서를 징구하는 등 관련 부서들이 협조하여 연구보안사고가 발생하지 않도록 조치해야 한다.

가. 외국인 연구원의 고용 계약 전 보안대책

연구기관은 고용 계약서상에 보안준수 의무 사항을 명시하고 연구보안관리 규정을 준수한다는 내용이 명시된 영문보안서약서[별첨 3]를 징구해야 한다. 그 다음에는 연구보안 교육을 실시하고 고용 계약을 실시하여야 한다. 연구책임자는 연구보안 책임자의 승인을 거쳐 외국인 연구원이 출입 가능한 지역만 출입할 수 있는 출입증을 해당부서에 발급 신청하여야 한다.

나. 외국인 연구원의 연구 수행 중 보안대책

연구보안 책임자는 외국인 연구원이 소속된 연구책임자를 분임연구보안 관리 책임자로 지정하여 연구책임자로 하여금 수시로 보안교육을 비롯하여 보안관리 실태 점검을 실시하도록 조치하여야 한다. 연구보안 책임자 및 연구책임자는 유치 과학자가 중요한 연구자료를 대출하거나 열람하는 행위를 제한하여야 한다. 단, 연구를 수행하기 위하여 대출 및 열람이 불가피한 자료는 연구책임자가 연구보안 책임자에게 보안성 검토를 의뢰하여야 한다. 연구보안 책임자와 연구책임자는 유치 과학자가 연구와 무관한 연구시설에 접근하는 행위를 원천적으로 차단하고 중요 시설을 무단으로 출입하는 행위와 사전에 허락없이 연구시설을 사진 촬영하는 행위를 제한하는 등의 보안조치를 취하여야 한다. 연구책임자는 외국인 연구원이 불필요하게 야근을 많이 하거나 공휴일에도 연구실에 출근하는 행위는 자제하도록 조치하여야 한다. 또한, 외국인 연구원이 중요한 연구 정보를 무단으로 복사하거나 이동매체 또는 개인이 소유하고 있는 전산장비에 연구 관련 정보 및 자료를 저장하는 행위를 할 수 없도록 조치하여야 한다.

다. 외국인 연구원의 연구계약 만료 시 보안대책

외국인 연구원의 연구계약 기간이 만료되면 연구보안 책임자와 연구책임자는 연구수행 중 취득한 기밀내용이 누설되지 않도록 각종 연구자료, 성과물 및 연구노트 등을 회수해야 한다. 연구보안 책임자와 연구책임자는 외국인 연구원이 연구수행 중에 인지한 연구기밀에 대한 보안유지 의무를 고지하여야 하며 위법 행위 시 처벌 등이 명시된 영문보안서약서를 징구하여야 한다. 이와 더불어 외국인 연구원이 외부로 반출하는 자료 및 장비는 보안성 검토를 실시한 후 반출하게 하는 등 보안대책을 강구하여야 한다. 그리고 외국인 연구원이 연구기관에 무단으로 출입할 수 없도록 관리부서에 출입증을 반납하도록 해야한다.

06

연구내용 보안관리

제6장	연구내용 보안관리

제 1 절	자료 관리

1 주요문서 관리

가. 문서 생성

　　문서란 의사소통을 위해 고안된 정보를 물리적으로 묶어 놓은 것으로 일반적으로 종이류를 일컫는다. 하지만 정보를 기록하는 매개체의 기술적인 발전에 따라서 다양한 형태로 정보를 기록할 수 있게 되었다. 따라서 연구원들이 작성한 연구결과 및 연구 관련 정보가 기록된 것이라면 종이뿐만이 아닌 물리적이고 전자적인 형태의 정보자산 또한 문서에 포함되어야 한다. 예를 들어 출력물, 녹음·녹화 테이프, 차트, 메모, 도면, 그림 및 사진, 파일 등이 포함된다. 단, 여기서의 문서는 연구 성과물을 제외한 연구노트, 회의록 등 연구정보와 관련된 자료들로 한정한다.

　　연구를 수행하는 과정에서 많은 문서가 생성되며 여기에는 연구와 관련된 중요한 정보들이 다량 포함되어 있는 경우가 허다하다. 이렇게 중요한 정보가 문서 형태로 연구정보 외부로 유출되는 사고도 종종 발생하기 때문에 중요한 문서가 외부에 누설, 유출, 훼손되는 것을 방지하고 원래의 목적대로 사용될 수 있도록 초기의 문서 생성 단계부터 관리를 강화할 필요가 있다. 따라서 중요한 연구 관련 내용이 포함된 문서는 필요한 최소한의 양만 생산하고 외부로 유출되지 않도록 특별 관리하여야 한다.

또한 연구기관 내에서 산출되는 모든 문서에는 보안등급을 부여하여야 한다. 보안등급 부여 시 관련문서와 연관 지어 추정 분류하여서는 아니 되며 각 문서에 포함된 연구정보의 내용과 가치에 따라 독립적으로 분류해야 한다. 보안등급은 내용의 가치에 따라 적정하게 분류하되 과대평가나 과소평가를 하여서는 아니 된다. 과대 분류는 과다한 보호로 업무가 가중되거나 필요 없는 제한으로 업무의 지장을 초래하고, 과소 분류는 연구정보 보호의 관리 소홀로 정보가 유출될 우려가 있다. 보안문서의 등급 분류기준으로는 다음과 같다.

표 6-1 보안문서의 등급 분류기준

등급	분류기준
I급 비밀(극비)	국외 유출 또는 누설될 경우 국가이익에 심각한 손실을 초래할 수 있는 문건(국내외 미공개 기술정보, 국가 산업경쟁력에 절대적 영향을 미치는 정보, 국외 동종업계에 절대적 우위를 확보할 수 있는 정보 등)
II급 비밀	국외로 유출 또는 누설 될 경우 국가의 기술발전에 지장을 초래하거나 경제적 손실을 가져올 수 있는 문건(국외 동종업계에 상대적 우위를 확보할 수 있는 정보, 장기 전략에 관한 주요 정보, 주요 분석 자료 등)
대외비	연구 비밀에 속하지 않으나 누설될 경우 간접적으로 손실을 초래할 수 있는 문건(1, 2급 비밀 이외 주요 정보, 관련자 이외 공개가 제한되는 정보 등)
일반 문서	일반문서의 공개범위는 과제참여 최소단위, 연구과제 전체 참여인원, 기관내부 전체로 구분된다.

어떠한 문서를 I급 비밀로 지정하고자 할 때는 먼저 연구책임자가 비밀등급을 신청하고 연구보안 담당부서에서 연구보안심의회에 심의 요청한다. 그 후 담당부서는 결과를 연구기관의 장에게 보고한 후 승인을 받아 보안등급을 지정한다. I급 비밀 외의 등급은 특별한 절차 없이 연구책임자의 판단하에 자율적으로 지정하도록 한다.

앞서 과정을 통해 각 문서의 등급을 지정하면 그에 맞게 문서에 등급을 표기해야 한다. 문서의 등급 표기는 문서를 보호하기 위한 취급 수준을 결정하는 것이므로 모든 문서는 보안등급을 쉽게 식별할 수 있도록 표기하고, 외부기관과도 원활하고 명확한 소통이 가능하도록 표준화된 라벨을 사용하여야 한다. 문서의 형태에 따라 연구기관에서는 다음과 같은 방법으로 표기하여야 한다.

- 비밀문서 보관 봉투
- 도장 또는 스탬프
- 문서작성기의 머리글·바닥글 기능
- 전자문서 출력·다운로드 시 워터마크 기능 활용
- 비밀등급을 알리는 내용 녹음

나. 문서 활용

연구개발 과정에서 생성되는 문서를 활용하는 과정에서 필요에 의해 열람되거나 외부로 배포 또는 발송되는 등의 행위가 이루어진다. 중요한 연구정보가 보안성을 검토하는 절차 없이 외부에 공개되면 심각한 문제를 초래할 수 있으므로 각 상황에 적절한 절차를 마련하고 이행하여야 한다. 먼저 연구기관 내 문서를 활용하는 과정으로는 문서의 열람, 문서의 복제·복사, 문서의 인수인계 등이 있는데, 다음은 각 활용 과정에 따른 문서 보호 절차를 나타낸 것이다.

(1) 열 람

문서보관책임자는 자신이 보관하고 있는 비밀문서를 업무상 열람시키는 경우 비밀관리기록부에 열람자를 기록한 후 열람하게 하여야 한다. 또한 비밀문서에 접근 권한이 있는 모든 임직원은 어떠한 방법으로 열람하든 "비밀열람기록부"에 본인의 서명을 해야 되고, 이 기록은 해당 비밀이 파기된 후라도 상당 기간 보존할 필요가 있다.

비밀열람기록부는 비밀을 생산(작성)한 부서(팀)에서 작성하고, 각 비밀에 대한 열람자 범위를 파악하기 위하여 각 비밀문서 뒷면에 첨부한다. 또한 비밀

열람기록부는 그 비밀을 파기하는 경우에는 그 비밀문서에서 분리하여 별도로 보관하여야 한다.

(2) 복제 및 복사

문서의 복제 및 복사는 실무에서 비밀이 누설되는 가장 흔한 방법이므로 비밀문서는 가능한 한 보관책임자의 철저한 통제하에 일반 취급자들이 비밀문서를 복사하는 것을 제한하는 것이 중요하다. 비밀문서에 접근 권한이 있는 임직원이라고 하더라도 필요에 의해 비밀문서를 복사하고자 하는 경우에는 보관책임자의 승인하에 이러한 사실을 열람기록부에 기록한 후 복사할 수 있도록 허용하여야 한다.

(3) 인수인계

부서(팀)내 비밀문서를 담당하는 관리책임자의 전보 또는 퇴직 등으로 인한 인사이동이 발생할 경우에는 부서(팀)내 후임자에게 인수인계해야 한다. 또한 보안문서를 생성한 부서(팀)가 해체되는 경우에는 인수부서(팀)에 비밀문서를 인계하여야 한다. 보안문서를 인수할 부서(팀)가 없거나 불분명할 때에는 비밀문서는 모두 파기하여야 한다.

(4) 전자파일 활용 시

전자파일 형태로 연구 관련 정보가 업무용 PC나 전자기기에 저장되어 있는 경우 파일의 2차적 활용 제한 여부를 표기해야 한다.

- 인쇄 금지 여부
- 인쇄 후 파기 여부
- 인쇄 후 삭제 여부
- 파일의 전자적 송수신 가능 여부

다. 문서 보관

문서를 사용하지 않을 시에는 특정 장소에 보관해야 한다. 주요문서를 보관한다는 것은 기밀을 보호하는 데 있어서 중요한 수단 중의 하나로 화재, 도난 또는 파괴로부터 보호하고 비인가자의 접근을 방지해야 한다. 보관이라 함은 문서의 처리 완결 후부터 보존되기 전까지의 관리를 의미하며 보통 문서가 생성된 연도의 말일까지 문서를 관리하는 것을 말한다. 참고로 "보관"과 유사한 단어로 "보존"이 존재하는데 이는 보관이 끝난 문서를 소정의 보존 기간에 따라 관리하는 것을 의미한다.

문서보관 주체는 문서를 생성한 연구기관에서 통합적으로 보관하는 방법과 해당 부서에서 보관하는 방법이 있다. 이 기준은 문서의 보안등급과 포함하고 있는 연구 핵심내용의 양에 따라 결정되어야 한다.

연구기관에서 보관하는 경우 지정된 보관 관리책임자가 존재하고 보호 장비가 설치된 안전한 장소에서 보관되므로 부서에서 보관하는 것보다 정보의 유출 위험이 상대적으로 감소하는 장점이 있다. 또한, 문서관리기록부에 의해 문서보관 현황을 쉽게 파악할 수 있으므로 중요도가 높은 문서의 보관 방법에 적합하다. 하지만 모든 주요 문서를 연구기관의 관리하에 보관하는 것은 활용 시 절차가 복잡하여 업무의 효율성이 떨어지므로 연구기관에서 보관해야 하는 문서 대상은 Ⅰ급, Ⅱ급 비밀의 등급을 판정받은 문서로 한정하는 것이 적합하다.

위와 같이 연구기관에서 보관하는 Ⅰ,Ⅱ급의 중요도가 높은 문서들은 보관 장소의 선택이 아주 중요하다. 외부에 많이 노출되는 장소는 피하고 가급적 연구기관 내 비인가자 외의 출입이 통제된 보호구역에 보관해야 한다. 보호구역에 보관하는 것 외에 카드리더기, 지문인식기, 홍채인식기, CCTV 등의 보안장치를 별도로 설치하여 비밀문서를 보다 안전하게 보관할 수도 있다. 단, 보안문서의 중요도를 고려하여 유연하게 보안장치를 설치하여 불필요한 번거로움을 줄여야 한다.

Ⅰ,Ⅱ급 비밀 등급을 제외한 대외비, 내부공유 등급의 문서들은 관련 부서 내에서 연구책임자 혹은 문서를 생성한 개인이 보관하도록 한다. 특히, 대외비인 경우에는 허술한 관리로 인한 정보 유출 사고가 발생하지 않도록 이중 잠금장치가 있는 보관함에 보관하여야 한다.

생성된 주요 문서들을 보관할 때는 연구기관에서 문서관리 기록부를 별도

로 마련하여 문서보관 현황을 파악하여야 한다. 문서관리기록부에 기재할 항목
은 관리번호, 문서번호, 보안등급, 문서형태, 보관 장소, 보존기한, 파기여부, 파
기날짜 등을 포함하여 문서 현황을 한눈에 파악할 수 있도록 해야 한다. 다음은
문서관리기록부의 예시를 나타낸 것이다.

표 6-2 문서관리기록부 예시

문서번호	보안등급	문서형태	보관장소	보존기한	파기여부	파기날짜
1-5	I	종이류	통제구역	3년	아니오	2017. 8. 30

라. 문서 파기

보존 기한이 초과되었거나 보존할 가치가 없는 문서들을 파기할 때에도
정보유출의 가능성을 염두에 두어야 한다. 문서가 제대로 파기되지 않은 채 외
부로 유출될 경우 외부인이 문서에 포함된 중요한 정보를 습득할 수 있기 때문
이다. 따라서 문서를 파기할 때에도 세부 규정과 절차를 마련하여 이를 이행하
여야 한다. 파기가 완료된 문서에 대하여도 문서관리 기록부에 파기여부를 체
크하고 현황을 관리하여야 한다.

문서보존 시 명시된 기한에 따라 파기 예고일이 도래하였을 때 문서의 파
기를 결정한다. 단, 업무상 계속 참조할 필요가 있는 문서는 파기 시기가 도래
한 경우라도 재분류하여 파기일을 연장하여야 한다. 파기 예고일 이전이라도
정기적인 점검을 통하여 보존 가치가 없는 문서는 파기하여야 한다. 그 예는
다음과 같다.

- 보안문서가 등급 분류 시의 중요도에 비해 현저히 저하되어 현 시점에
  서 더 이상 보존할 가치가 없거나 이미 보편화된 기술 정보인 경우

- 보안문서가 합법 또는 불법적으로 외부에 유출되었거나 유사기술 또는 비밀이 타사에 의해 공개되어 가치가 저하된 경우
- 해당 문서에 포함된 연구정보가 특허로 등록되어 외부에 공개된 경우

문서는 성격에 따라 종이류, 녹음/녹화테이프, 파일 등으로 나눌 수 있는데, 이와 같이 성격에 따라 파기 방법도 달리 해야 한다. 다음은 문서의 성격에 따른 파기 방법의 분류이다.

표 6-3 문서의 성격에 따른 파기 방법의 분류

문서의 성격	파기 방법
종이류(출력물, 메모, 사진, 도면 등)	• 종이 문서들은 보안상 안전한 곳에 지정된 폐기함에 모아 담당자가 주기적으로 세단기를 이용하여 파쇄하거나 소각하여 문서의 복구가 불가능하도록 조치 • 전문 폐기업체에 문서 파기를 의뢰하는 경우에는 담당자가 문서를 파기하는 과정을 참관하여야 함 • 개인적으로 보관하고 있는 문서는 세절기를 이용하여 완전히 파쇄
녹음, 녹화 테이프	• 정보를 삭제 또는 복구가 불가능하도록 포맷을 하거나 물리적으로 파괴하여 정보를 복구할 수 없도록 조치
파일	• 전자 문서인 경우 여러 차례의 포맷 또는 영구삭제 프로그램을 이용하여 복원이 불가하도록 삭제

2 전산자료 관리(접근통제)

"전산자료"라 함은 전산장비에 의하여 전자기적 형태로 입력·보관되어 있는 각종 정보를 말하며 그 자료가 입력되어 있는 보조기억매체(디스켓·CD·자기테이프·이동형 하드디스크·USB 등)를 포함한다. 이와 같은 전산자료에는 연구과제 관련 자료부터 연구기관 운영 정보까지 광범위한 자료들을 포함하고 있으므로 이에 대한 접근을 엄격하게 통제하는 보안 대책이 필요하다. 따라서 담당 관리자를 지정하여 직책, 업무에 따라 각종 전산자료에 대한 접근권한을 차등적으로 제한하고 접근기록을 관리할 필요가 있다.

참고로 "접근권한"이라 함은 정보통신시스템에 접속하여 정보자원을 활용할 수 있는 권한과 행정정보를 생성·변경·열람·삭제 등 이용할 수 있는 권한을 말한다. 즉, 어떤 데이터 또는 프로그램을 참조하고, 그것을 특정 형태로 이용하는 것을 이용자에게 인정한 권한이다. 접근권한의 내용은 데이터 항목(파일이나 레코드), 특정란의 판독(read), 새로운 항목의 추가(append)나 현 항목의 변경(modify) 등에 의한 기록(write), 항목의 삭제(delete) 등의 조작을 총칭한다. 이러한 접근권한은 직무에 따라 임직원에게 차등적으로 부여되어야 하며 그 단계는 ① 열람 단계, ② 생성 단계, ③ 변경 단계, ④ 삭제 단계가 있다.

연구보안 담당부서와 정보보안 담당부서는 전산자료의 중요도에 따라 전산자료에 대한 접근 권한을 임직원에게 차등적으로 부여해야 한다. 재직 중인 임직원이 기관 내의 전산자료에 접근할 때에는 자료에 대한 그들의 활동에 연계되고 책임을 질 수 있도록 하는 고유한 사용자 ID를 기관에서 부여한다. 개인별로 고유한 ID를 부여할 때 임직원의 직위와 참여 중인 과제를 고려하여 전산자료를 활용할 수 있는 가장 낮은 단계인 읽기부터 적극적 활용 단계인 수정, 쓰기까지 차등적으로 권한을 부여할 수 있도록 한다.

정보보안 관리자는 전산자료에 접근하기 위한 ID의 부여 시 임직원이 접근 조건들을 이해한다는 것을 암시하는 서약서에 서명할 것을 요구해야 한다. 또한 접근권한에 대한 내용과 접근권한을 부여받은 모든 인원의 공식적인 기록을 유지한다.

또한 정보보안 관리자는 전산자료를 열람, 수정, 갱신, 삭제 등의 조작을 하였을 경우 사용자, 일시, 자료의 종류 등을 확인할 수 있는 전산자료 사용 기록을 검토하고 소정의 기간 동안 유지 및 관리해야 한다(3개월 권장). 정기적으로 퇴직자, 입사자, 전출자, 계약종료자, 신규계약자, 장기방문자 등에 대한 정보를 토대로 접근권한의 적정성을 정기적으로 검토해야 하며 아래와 같은 사항들을 포함하여야 한다(연 2회 권장).

- 불필요한 사용자의 ID 제거 또는 불법 접근 방지
- 인사 변경에 따른 접근권한 변경
- 접근권한에 따라 허가된 작업범위 외의 생성, 열람, 수정, 삭제 등의 행위

- 부여된 접근권한에 따른 임직원의 준수 여부
- 시스템 성능을 저하시키는 접근의 유무

정기 검토 외에도 연구보안 관리자 및 정보보안 관리자의 판단하에 보안 사고가 발생하거나 사용자 수의 갑작스런 증가로 보안사고 발생이 예상되는 경우에 수시로 검토할 수 있다.

3 정보시스템 사용 기록 관리

정보시스템이란 조직에서 의사결정과 업무 처리를 지원하기 위해 데이터를 수집하고 처리하며 저장하고 분배하는 상호 연관된 요소들의 집합이다. 이는 의사결정, 조정과 통제, 업무 처리를 지원할 뿐 아니라 경영자와 현업 종사자들이 문제를 분석하고 복잡한 주제를 구체화하고 새로운 제품을 만들어 내는 것을 도와준다. 시스템은 입력과 처리, 출력으로 구성된다. 정보시스템은 조직 내에서 또는 외부로부터 원시 데이터를 획득하거나 수집해 의미 있는 형태로 변화시키는 처리 과정을 거친다. 그리고 처리된 정보는 그것을 사용할 사람이나 그것이 사용될 활동에 전달된다.

오랫동안 기업들은 정보시스템을 수작업으로 작동시켜 왔다. 과거에 회계 부서의 경리사원이 전표 처리와 기장을 하고 이를 집계해 일계표나 월계표를 만들고, 연말에 재무제표를 만드는 과정은 수작업 기반의 회계정보시스템이었다. 그러나 작금의 정보시스템은 대부분 컴퓨터 기술을 활용하기 때문에 오늘날의 정보시스템은 컴퓨터 기반 정보시스템과 동의어로 사용되곤 한다. 컴퓨터 기반 정보시스템이란 컴퓨터 기술을 이용해 데이터를 처리하고 정보를 산출하는 시스템이다. 여기에서 말하는 컴퓨터 기술은 통상적으로 말하는 정보기술(IT: Information Technology) 혹은 정보통신기술(ICT)을 말한다.

이러한 정보시스템에 존재하는 기록은 추후에 보안사고가 발생했을 때 그 원인을 규명하거나 발생 경로를 추적하기에 아주 중요한 정보이다. 따라서 정보시스템의 사용기록을 별도로 일정 기간 보관하도록 하는 것은 보안사고 발생을 대비하고 발생 시 사후관리와 대책 수립을 위해 연구기관이 반드시 수행해야 하는 절차이다. 먼저 정보시스템 사용 기록은 다음과 같은 것들을 포함한다.

- 기관 내부망의 접속(로그인) 기록
- 기관에 등록된 네트워크 장비의 사용 정보
- 응용프로그램 및 소프트웨어 사용 기록
- 정보의 수집, 저장, 복사, 삭제, 변경, 송수신 기록

정보시스템의 사용 기록은 원칙적으로 1년 동안 보관하되, 각 연구기관의 상황에 따라 최소 6개월 이상 보관하여야 한다. 정보시스템에 대한 사용 기록을 보관하는 경우에는 모든 기록이 동일한 기간 동안 보관될 필요는 없으며 연구기관의 판단하에 중요도가 높은 기록은 상대적으로 더 오랜 기간 동안 보관해야 하고 그렇지 않은 기록은 짧은 기간 동안만 보관하고 삭제하여 업무수행의 효율성을 높인다.

연구기관은 정보시스템 사용기록 관리자를 별도로 지정하여야 하며 담당자는 기록의 분류, 저장, 삭제를 포함하는 관리를 수행하도록 한다. 또한 연구기관은 정보시스템 사용기록 관리 현황을 검토할 필요가 있으며 이를 위해 관리자는 정기적으로 관리 현황을 작성하여 서면으로 보안 관리자에 제출하도록 한다(연 2회 권장). 정보시스템 사용기록의 열람 권한은 담당자로 한정되어야 하나 보안사고 발생 시 필요한 경우 연구기관의 장과 보안책임자의 승인하에 예외적으로 열람이 허용된다.

4 네트워크 자료 관리

네트워크란 통신이 가능한 장치들이 데이터 통신을 위해 연결되어 있는 구조를 말한다. 이렇게 내부 네트워크 관련 자료가 외부로 유출될 경우 불법적으로 내부망에 접속하고자 하는 비인가자는 이를 이용하여 내부망에 쉽게 침입할 수 있다. 따라서 연구기관 내 네트워크 정보가 외부에 공개되지 않도록 특별한 관리가 요구된다. 다음은 네트워크 관련 자료의 예를 나타낸 것이다.

- 내부 네트워크 구성도
- 내부 시스템 구성도
- IP 현황
- 시스템 및 네트워크 관리 현황

연구 비밀에 속하지 않으나 누설될 경우 간접적으로 손실을 초래할 수 있는 문건(1, 2급 비밀 이외 주요 정보, 관련자 이외 공개가 제한되는 정보 등)이 대외비에 포함되는데, 위와 같은 네트워크 관련 자료는 대외비로 지정하여야 한다. 따라서 접근 권한이 있는 자에 한하여 자료를 열람할 수 있도록 조치해야 한다.

네트워크 자료를 보관하는 방법에는 전자파일로 보관하는 방법과 문서로 보관하는 방법이 있다. 전자파일 같은 경우에는 인터넷을 통해 유출될 수 있는 점을 방지하기 위해 인터넷이 연결되지 않은 PC에 자료를 암호화하여 저장하고 보관하여야 한다. 또한 이 PC에 대한 접근 권한은 철저하게 통제하여 권한이 있는 자만이 사용할 수 있도록 물리적, 관리적 보호대책을 마련하여야 한다. 문서로 보관하는 경우에는 이중 잠금장치가 있는 캐비닛에 보관하여야 한다.

제 2 절 | 연구개발 정보 관리

1 연구결과물 관리

가. 연구개발 성과물의 권리 확보

연구개발 과정에서 창출된 연구개발 성과물은 어떻게 관리하느냐에 따라 기술적·경제적 가치가 크게 달라진다. 연구개발 성과물이 공개되면 영업비밀로 보호받지 못하게 된다. 또한 특허 출원 전에 공개하는 경우에는 자신의 연구개발 성과물임에도 불구하고 공지 기술이 되어 특허를 받을 수 없는 예기치 못한 상황이 발생한다. 따라서 연구개발 성과물의 권리를 확보하기 위해서는 특허 관련 전담부서(또는 연구관리 부서)와 반드시 사전에 협의하여 적합한 권리 확보 방법 및 보호대책을 결정하여야 한다. 권리 확보 방법으로는 지식재산권, 영업비밀, 특허권과 같이 3가지가 있다. 다음은 각각의 권리 확보 방법에 관한 것이다.

(1) 지식재산권

지식재산권은 문화, 예술, 과학작품, 산업활동 등 인간의 지적 창작 활동의 결과로 생기는 모든 무형의 소산물에 대한 권리를 총칭하는 용어로서 두루 IP(Interllectual Property)라는 용어로 통용되고 있다. 이는 지적재산권, 지적소유권이라고도 한다. 이것은 인간의 지적 창작물을 보호하는 무체(無體)의 재산권으로서 산업재산권과 저작권으로 크게 분류된다. 산업재산권은 특허청의 심사를 거쳐 등록을 하여야만 보호되고, 저작권은 창작과 동시에 보호된다. 보호기간은 특허권, 디자인권이 20년, 실용신안권은 10년, 상표권은 10년마다 갱신 가능하여 사실상 영구적으로 사용할 수 있다. 저작권은 저작자 사후 70년까지이며, 기업 등이 보유하는 경우 공표 후 70년간이다. 최근에는 첨단기술과 문화의 발달로 지식재산권도 점차 다양해져서 영업비밀과 반도체칩 배치설계, 유전공학 분야 등 새로운 지식재산권이 늘어날 전망이다.

이와 같이 지식재산은 출원·등록함으로써 독점권 권리를 인정받을 수 있다. 이를 확보하게 되면 높은 가격으로 매매하거나 실시료 수입이 가능하기 때문에 그 경제적 가치가 매우 크며, 성과물 보호가 더욱 용이하게 된다.

연구책임자는 국내 또는 국외에서 출원이나 등록 후 6개월 이내에 지식재산권 출원서 또는 등록신청서와 그 사실을 증명할 수 있는 서류를 연구기관의 장에게 제출하여야 한다. 이때 연구책임자는 참여연구원 등 개인 명의로 출원되지 않도록 유의하여야 한다. 국외에서 지식재산권이 등록된 경우에는 등록공보 발간 후 3개월 이내에 등록공보의 사본을 연구기관의 장에게 제출하여야 한다.

(2) 영업비밀

참고로 영업비밀은 기업의 지식재산권의 한 부분으로 공유된 공공의 정보를 기반으로 하지 않은 제조법, 도안, 데이터 수집방법 등 비즈니스에 사용되는 지적 생산품을 말하며, 모든 지적 생산품은 사업목적으로만 사용하기 위해 기밀 취급할 수 있다. 기업 비밀은 표면적인 결과뿐만 아니라 아이디어 그 자체를 보호한다. 정보의 공개 또는 사용으로 인해 경제적 가치를 획득할 수 있는 다른 사람들에게 정당한 수단에 의해 쉽게 확인할 수 없기 때문에 일반적으로 알려지지 않았고 비밀로서 유지하기 위한 합리적인 노력의 대상이 되는 것을 의미한다. 한국에서 영업비밀이란 공공연히 알려져 있지 아니하고 독립된 경제적 가치를 가지는 것으로서, 상당한 노력에 의하여 비밀로 유지된 생산방법, 판매방법, 그 밖에 영업활동에 유용한 기술상 또는 경영상의 정보를 말한다.

연구개발 성과물은 이와 같은 영업비밀로서 철저히 관리할 수 있다. 이 경우에는 연구결과가 공개되면 더 이상 보호를 받을 수 없다. 하지만 연구기관에서 비밀 정보로 관리하여 외부로 유출 또는 공개될 우려가 없거나, 특허로서 보호의 실익이 크지 않다고 판단되는 경우에는 영업비밀로서 관리하는 것이 유리할 수 있다.

(3) 특허권

특허권은 기술적 사상의 창작물(발명)을 일정 기간 독점적·배타적으로 소유 또는 이용할 수 있는 권리이다. 이렇게 연구개발 성과물을 특허 출원하여 권리를 확보할 수 있다. 특허는 연구개발 결과물을 공개함으로써 독점적 권리를 부여한다. 특허 출원 시 연구개발 성과물은 먼저 연구기관에 신고하고 특허 관련 부서(또는 연구관리 부서)에 특허 출원을 의뢰하는 절차를 수립하여야 한다.

[그림 6-1]은 연구개발 성과물을 어떻게 관리하느냐에 따라 달라지는 경제적 가치를 표현한 것이다. 연구개발 성과물을 비밀 유지 후 특허로 출원하거나 영업비밀로서 관리를 지속하면 경제적 가치가 상승한다. 자의적으로 정보를 공개할 경우에는 경제적 가치가 변동이 없다. 하지만 부주의로 인해 정보가 공개될 경우에는 경제적 가치가 낮아져 그만큼 손해를 얻게 된다.

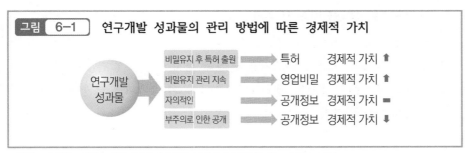

그림 6-1 연구개발 성과물의 관리 방법에 따른 경제적 가치

출처: 미래창조과학부, 「국가연구개발사업 보안관리 표준매뉴얼」, 2014, 93면.

나. 연구개발 성과물의 관리 전담 부서 설치 등 보호대책

이처럼 영업비밀 또는 특허권, 지식재산권 출원·등록으로 연구 성과물의 권리를 확보하기 위해서는 이에 관한 업무를 처리하고 이를 효율적으로 관리하는 지식재산 전담부서를 설치하여야 한다. 지식재산 전담부서를 설치할 수 있는 여건이 여의치 않으면 연구관리 부서에 지식재산 관리전담 직원을 배치하여야 한다.

또한 연구개발 성과물의 관리전담 부서의 설치뿐만 아니라 보호대책도 수립해야 한다. 대책으로는 다음과 같다.

(1) 비밀정보관리 규정의 마련

영업비밀로 관리되는 연구개발 성과물을 보호하기 위해서는 비밀정보관리 규정이 마련되어야 하며 이를 토대로 비밀유출 방지를 위한 인력 통제와 영업비밀 요건 충족을 위한 문서관리 보호대책을 마련하여야 한다.

(2) 비밀유지 의무 포함 서명

인력 통제는 임직원 입사 시 고용계약서에 비밀유지 의무를 포함하여 서명을 받고 연구과제 수행 전에 비밀유지 양식에 서명을 받아야 한다. 퇴직 시에도 퇴직서약서에 비밀유지 의무를 포함하여 서명을 받아야 하며 제3자에게 정보를 공개하는 경우에는 비밀유지 협약서를 받아야 한다.

(3) 연구개발 성과물 배포 시 주의

또한 연구개발 성과물이 연구보고서로서 비밀 또는 대외비로 분류하여 발간하고자 할 때에는 사전에 배포처를 면밀히 검토하여 그 발간 부수를 최소한으로 하며 연구기관 내에서는 배포하지 아니하고 주관부서에 보관된 것을 열람하도록 조치하여야 한다.

2 연구 성과물의 보안등급 부여

연구개발과제 선정평가 시 연구개발 선정평가단에서 연구개발 성과물에 대한 기술적·경제적 가치를 미리 평가하여 그에 합당한 보안등급을 부여한다. 하지만 연구개발이 종료된 후 연구개발 성과물의 실질적인 기술적·경제적 가치가 변할 수 있기 때문에 선정평가 시 부여된 보안등급을 연구개발 결과평가단이 재검토하여 그에 적절한 보안등급을 부여하여야 한다. 다음은 연구개발 성과물에 대한 보안등급 부여의 전체적인 과정을 나타낸 것이다.

① 연구개발 성과물에 대한 보안등급을 부여하기 위해서는 먼저 보안등급을 정한 후에 그에 합당한 분류기준을 수립하여야 한다.
② 보안등급과 분류기준이 확정되면 연구개발 성과물에 대한 보안등급을 부여하는 절차를 마련하여야 한다.
③ 연구개발 성과물에 대한 보안등급을 부여하는 절차로는 연구개발과제 최종평가 시 연구개발 최종평가단이 성과물에 대한 보안등급을 부여한다.
④ 최종평가단은 연구개발 성과물의 보안등급을 선정평가 시에 부여된 보안등급을 부여하거나 연구개발 중에 연구책임자의 요청에 의해 변경된 보안등급을 부여할 수도 있다. 하지만 연구개발 최종평가단이 연구개발 성과물의 기술적·경제적 가치가 변경되었다고 판단되면 보안등급을 재조정하여 부여하여야 한다.
⑤ 연구개발 성과물에 대한 보안등급이 최종 확정되면 그에 합당한 보안조치 사항을 수립하고 지속적으로 관리하여야 한다.

위의 과정은 연구개발이 자체 과제인지 국가 연구개발과제인지에 따라 세부적으로 약간의 차이가 있다. 다음은 자체 연구개발과제와 국가 연구개발과제의 등급 분류 기준, 부여 절차, 보안 대책을 나타낸 것이다.

가. 자체 연구개발과제

(1) 분류기준

자체 연구개발과제는 자체 「보안업무규정」에 따라 Ⅰ급, Ⅱ급, Ⅲ급 또는 대외비로 보안등급을 정하고 다음과 같이 분류 기준을 수립할 수 있다.

표 6-4 자체 연구개발과제 성과물의 보안등급 분류 기준

보안 등급	분류 기준
Ⅰ급 비밀	누설 시 국가안전보장 및 국가 방위상 위협을 초래하거나 과학기술개발을 위태롭게 하는 등의 우려가 있다고 판단되는 비밀
Ⅱ급 비밀	누설 시 국가안전보장 및 연구기관 경영에 막대한 지장을 초래할 우려가 있거나 과학기술개발에 막대한 지장을 초래할 우려가 있는 비밀
Ⅲ급 비밀	누설 시 국익에 손해를 끼칠 우려가 있거나 연구기관 경영 및 연구사업 수행에 상당한 손실을 끼칠 우려가 있는 비밀
연구대외비	연구 비밀에 속하지 않으나 누설될 경우 연구기관에 손해 또는 불이익을 끼칠 우려가 있는 사항

(2) 부여 절차

자체 연구개발 성과물의 보안등급은 연구개발과제 선정 시 자체 「연구심의회」에서 부여한 보안등급 또는 개발 중에 변경된 보안등급을 부여하는 것을 원칙으로 한다. 연구개발과제 최종평가 시 「연구심의회」에서 연구개발 성과물

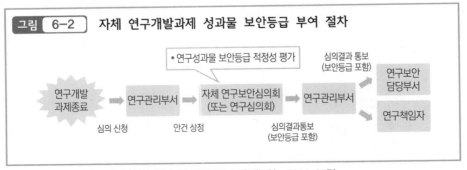

그림 6-2 자체 연구개발과제 성과물 보안등급 부여 절차

출처: 미래창조과학부, 「국가연구개발사업 보안관리 표준매뉴얼」, 2014, 97면.

에 대한 기존 보안등급의 적정성을 검토하여야 하며 기존 보안등급이 적합하지 않다고 판단되는 경우에는 보안등급을 변경할 수 있다. [그림 6−2]는 자체 연구개발과제 성과물의 보안등급 부여 절차를 그림으로 표현한 것이다.

(3) 보안 대책

자체 연구개발 성과물의 보안등급에 따른 보안 대책은 연구기관 자체에서 규정한 「연구보안 관리규정」에 명시하여야 한다.

나. 국가 연구개발과제

(1) 분류기준

국가 연구개발과제는 「국가연구개발사업의 관리 등에 관한 규정」 제24조 의5(분류절차)에 의거하여 보안 과제와 일반 과제로 보안등급을 정하고 그에 따른 분류 기준은 다음과 같이 적용하여야 한다.

표 6−5 국가 연구개발과제 성과물의 보안등급 분류 기준

보안 등급	분류 기준
보안 과제	• 연구개발결과물 등이 외부로 유출될 경우 기술적·재산적 가치에 상당한 손실이 예상되어 보안조치가 필요한 경우로서 다음 항목에 해당하는 과제 　− 세계 초일류 기술제품의 개발과 관련되는 연구개발과제 　− 외국에서 기술이전을 거부하여 국산화를 추진 중인 기술 또는 미래핵심기술로서 보호의 필요성이 인정되는 연구개발과제 　− 「산업기술의 유출방지 및 보호에 관한 법률」 제2조 제2호의 국가핵심기술과 관련된 연구개발과제 　− 「대외무역법」 제19조 제1항 및 같은 법 시행령 제32조의2에 따른 수출허가 등의 제한이 필요한 기술과 관련된 연구개발과제
일반 과제	• 보안 과제로 지정되지 아니한 과제

(2) 부여 절차

국가 연구개발 성과물의 보안등급은 연구개발과제 선정 시 「연구개발 선정 평가단」에서 부여한 보안등급 또는 개발 중에 변경된 보안등급을 특별한 사항이 없는 경우에 기존 등급을 부여한다. 연구개발과제 최종평가 시 「연구개발

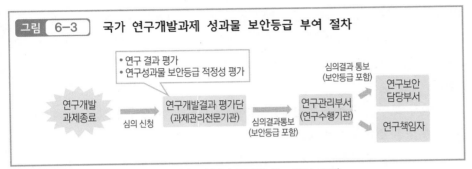

출처: 미래창조과학부, 「국가연구개발사업 보안관리 표준매뉴얼」, 2014, 97면.

결과 평가단」이 연구개발 성과물에 대한 기존 보안등급의 적정성을 검토하여
야 하며 기존 보안등급이 적합하지 않다고 판단되는 경우에는 보안등급을 변경
할 수 있다. 다음은 국가 연구개발과제 성과물의 보안등급 부여 절차를 그림으
로 표현한 것이다.

(3) 보안 대책

연구 성과물의 보안등급에 따른 보안 대책은 「국가연구개발사업의 관리
등에 관한 규정」을 준수하여 수립하여야 한다. 연구수행 단계별 특허권, 지식재
산권 확보 방안과 주요 연구자료 및 성과물의 무단 유출방지를 위한 보안 대책
을 마련하고 시행하여야 한다. 또한 연구기관의 장은 보안과제의 연구 성과물
에 대한 기술 실시 계약 또는 사용 계약 시 "제3자 기술 실시권 또는 사용권
금지 협약"을 체결하여야 한다.

3 외부기관과 공동협약 시 연구결과물의 관리

공동협약이란 복수의 연구개발 주체가 동일한 연구개발과제를 수행하기
위해 소요되는 연구개발비·인력·기자재·정보 등 연구 자원을 공동으로 부담
하여 수행하는 것을 목적으로 계약 체결하는 것을 의미한다. 이렇게 보안과제
연구책임자는 연구개발 결과의 목표를 달성하고 연구 성과물의 완성도를 높이

기 위하여 외부 기관 또는 연구소와 공동연구를 진행해야 하는 경우가 발생할 수 있다. 이 때 보안과제 연구책임자는 공동연구를 위한 협약 체결 전에 연구결과물의 귀속 및 관리에 관한 사전 보안대책을 마련한 후에 협약을 체결하여야 한다.

먼저 보안과제의 공동연구에 의한 결과물은 유형적 결과물(시제품, 기자재 등)과 무형적 결과물(특허, 영업비밀 등)로 구분하여 이에 대한 소유 기준을 구체적으로 명확하게 수립하여 협약 시 반영해야 한다. 이를 통해 연구결과물이 보안과제 책임자의 의사와 관계없이 오·남용되는 사태를 미연에 방지하고 향후 법적인 문제가 발생하더라도 증거자료로 활용할 수 있다. 소유 기준을 정리하면 다음과 같다.

표 6-6 연구결과물의 소유 기준

결과물	소유 기준
유형적	주관연구기관의 소유로 하되, 공동연구기관이 소유의 조건으로 부담한 것은 공동연구기관의 소유로 할 수 있다.
무형적	주관연구기관 단독 소유를 원칙으로 한다. 공동연구기관이 자체개발 또는 주도적으로 개발한 경우에는 주관연구기관과의 협상에 의해 공동으로 소유할 수도 있다. 단, 이 경우에는 소속 중앙행정기관의 장과 국가정보원장의 사전 승인 심사를 거쳐야 한다.

다음 사항에 해당하는 경우 협약에서 정하는 바에 따라 국가에서 소유할 수도 있다.

- 국가 안보상 필요한 경우
- 공익적 목적에 활용하기 위해 필요한 경우
- 연구결과물을 소유하게 될 기관이 외국에 있는 경우
- 기타 주관연구기관 또는 공동연구기관이 소유하기에 부적합하다고 판단되는 경우

위와 같이 결과물의 소유 기준 정립뿐만 아니라 이에 대한 관리도 제대로 이루어져야 한다. 다음은 관리 시 유의사항을 나열한 것이다.

- 국가연구개발 사업으로 수행한 연구결과물에 대한 특허권은 연구책임자 또는 참여연구원 등 개인 명의로 출원·등록해서는 아니 되며 주관연구기관명으로 등록하여야 한다.
- 연구결과물 기술실시(사용) 계약시 제3자 기술실시(사용권)를 금지하여야 한다.
- 공동연구기관은 연구개발 관련 정보 및 성과물에 대한 비밀을 유지하여야 한다.
- 연구개발 중단 시 모든 연구개발 산출물은 주관연구기관의 소유로 하여야 한다.
- 공동연구기관이 계약을 위반한 사실을 인지한 경우에 민·형사상 책임과 더불어 손해배상을 청구하여야 한다.

4 연구개발 성과물의 활용

가. 기술실시계약의 체결

연구개발 성과물 소유기관의 장 또는 전문기관의 장은 연구개발 성과가 널리 활용될 수 있도록 실시권자와 기술실시 계약을 체결하는 등 연구개발 성과물을 활용하는 데 필요한 조치를 해야 한다.

기술실시계약이란 연구기관이 소유하고 있거나 그 사용 권리를 보유하고 있는 연구결과 또는 기술(지적재산권 포함)에 대해 교육지도 또는 현장지도를 통하거나 기술 자료를 제공하여 실시자에게 실시권을 허여하는 계약을 말한다. 이와 같은 계약을 체결하는 경우 연구보안사고에 따른 피해를 방지하기 위하여 보안조치 사항이 누락되지 않도록 성과물 활용기준을 마련해야 하며 계약체결 대상자도 신중하게 고려하여야 한다. 다음은 기술실시 계약 대상자의 선정 기준이다.

- 출원 중인 지식재산권을 포함한 연구개발 결과물을 대상으로 기술실시 계약을 체결하고자 하는 경우 참여기업 외의 자와 기술실시계약을 하려

는 때에는 국내의 기술실시 능력이 있는 중소기업을 우선적으로 고려하여야 한다.

- 참여기업이 있는 경우 연구개발 성과물에 대해서는 참여기업이 실시하는 것을 원칙으로 한다. 다만, 다음과 같은 경우에는 참여기업 이외의 다른 기업이 실시할 수 있다.
  - 연구개발 성과물이 일반에 공개하여 활용할 목적으로 개발된 경우
  - 다른 기업이 실시하는 것을 참여기업이 동의한 경우
  - 참여기업이 연구개발과제 종료 후 1년 이내 실시계약을 체결하지 않는 경우
  - 참여기업이 약정한 기술료를 1년 이상 납부하지 아니한 경우
  - 참여기업이 기술실시계약 체결 후 성과물을 활용하는 사업을 정당한 이유 없이 1년 이내에 시작하지 아니하거나 그 사업을 1년 이상 쉬는 경우
  - 그 밖에 중앙행정기관의 장이 참여기업 외의 자가 실시할 필요가 있다고 인정한 경우

나. 기술실시계약 체결 절차

기술실시계약을 체결하는 절차는 다음과 같다.

(1) 사전 협의

연구기관의 기술에 대해 외부의 제3자(이하 '실시예정자'라 함)가 사용, 활용 및 기업화 요청이 있을 경우 연구관리 담당부서는 당해 연구책임자 또는 당해 기술 관련자와 함께 실시예정자와 접촉하여 실용화 가능성에 대해 조사·검토하고 의견을 청취한다.

(2) 계약 의뢰

연구책임자 및 연구관리 부서장은 사전협의 시 실시예정자와 기술의 수준과 단계, 제품의 시장 및 경제성, 활용의 난이도, 기술실시 및 훈련의 범위, 적정 기술실시료(이하 "실시료"라 한다) 수준 등을 협의하고, 실시예정자의 사업 및

경영능력, 의욕 등을 판단하여 성공적인 실용화가 가능하다고 판단되는 경우에만 기술실시계약 체결을 연구관리 담당부서에 의뢰한다.

(3) 계약 검토

연구관리 담당부서는 접수된 기술실시계약 체결 요청서를 검토한 후 정부, 출연기관 또는 해당 지적재산권의 공유지분을 갖는 기관(이하 "관계기관"이라 한다)과 사전 협의 또는 동의가 필요한 경우에는 관계기관의 동의를 받아 계약을 추진한다. 연구관리 담당부서는 실시예정자와 계약조건을 협의하는 것을 원칙으로 하되 특별한 사항이 있을 경우 원장의 승인을 받아 확정한다. 실시예정자가 다수일 경우에는 국내 법인을 우선 실시 대상자로 하고 대상 업체의 경영능력(기술능력, 재무능력)을 평가하여 연구책임자의 의견 또는 연구심의회의 심의를 거쳐 실시자를 확정한다.

(4) 계약 체결

연구관리 담당부서는 실시자와 연구성과 활용을 위한 기술실시계약 및 기술료 납부에 대한 협의를 추진하고 기술실시계약서 및 기술료 납부계획서를 작성하여 연구기관장의 승인을 득한 후 전문기관의 장에게 제출한다. 또한, 보안사고 및 오·남용을 미연에 방지하기 위하여 기술실시 계약서[별첨 3.1.4 참조]에 계약체결 대상자를 비롯하여 기술실시 사용권에 제한을 두어야 한다.

(5) 체결 통보

연구관리 담당부서장은 실시자와 기술실시계약이 체결되면 이러한 사실을 관련 부서에 통보하여야 한다. 또한, 관련 과제에 따라 전문기관 또는 소속 중앙행정기관 등에 보고가 필요한 경우에는 해당기관에도 통보해야 한다. [그림 6-4]는 기술실시계약 체결 절차를 나타낸 것이다.

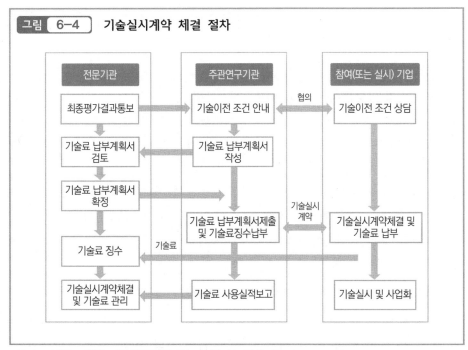

그림 6-4 기술실시계약 체결 절차

출처: 미래창조과학부, 「국가연구개발사업 보안관리 표준매뉴얼」, 2014, 102면.

다. 기술실시계약 체결 시 유의사항

(1) 연구개발 성과물의 양도

연구개발 성과물 소유기관의 장 또는 전문기관의 장은 등록된 지식재산권에 대하여 기술실시계약이 체결되지 않을 것이라고 판단되는 사유가 있는 경우에는 전문기관의 장 또는 중앙행정기관의 장의 승인을 받아 등록된 지식재산권을 적정한 기관에 양도할 수 있다.

(2) 보안과제 성과물의 기술실시계약

보안과제인 경우에는 연구성과물 기술실시(사용) 계약 시 "제3자 기술 실시(사용)권 금지 협약"을 체결해야 한다.

(3) 계약 해지 시 보안 조치

기술실시계약 해지 시 기술실시계약과 관련하여 해지 시까지 취득한 제반 자료를 회수하고 사후 연구결과 비밀누설방지 등 보안조치를 철저히 이행하여야 한다. 계약 해지 이후 실시자는 그 승계인 또는 연구기관의 허락 없이 동 기술을 사용하지 않도록 조치하여야 한다.

제 3 절 | 연구개발 결과 활용

1 연구개발 성과물의 대외공개 시 관리

연구개발과제에 참여하고 있는 연구원들은 연구개발 성과를 어떠한 보안성 검증도 없이 세미나 또는 학회에 발표하는 사례가 너무나 많이 발생하고 있는 실정이다. 또한, 홈페이지와 게시판 등에 연구개발 성과물을 게재할 때도 별도의 보안성 검토 절차를 무시하는 경우도 허다하다. 이와 같이 보안성 검토를 거치지 않고 연구개발 성과물을 외부에 공개하는 행위는 연구개발 정보를 외부에 무단으로 유출하는 행위와 흡사하다고 할 수 있으며 이 또한 엄밀하게 이야기하면 연구보안사고에 해당된다고 말할 수 있다.

따라서 연구개발 성과물을 보유하고 있는 연구기관의 장은 연구성과물을 대외로 공개하기 전에 연구개발 성과물에 대한 보안성 검토를 진행하는 절차를 수립하여 자체 연구보안관리 규정에 반영하여야 한다. 또한 연구개발 성과물을 보유하고 있는 해당 부서나 참여연구원에게 대외적으로 연구개발 성과물을 공개하거나 외부 기관에 자료를 제공하기 전에 반드시 연구개발 성과물을 외부에 공개하여도 기술적·경제적으로 심각한 손해를 초래하지는 않는지에 대한 여부를 검증하는 절차가 필요하다.

즉, 연구개발 성과물을 공개하고자 하는 자는 사전에 연구책임자에게 공식적인 문서로 보안성 검토를 요청하여 연구책임자의 승인을 득한 후에 연구성과 정보 및 자료를 대외적으로 공개하여야 한다. 다음은 보안등급에 따른 성과물 공개 기준을 나타낸 것이다.

표 6-7 보안등급에 따른 성과물 공개 기준

구 분	연구보고서	기술문서	논문/특허 등
보안과제	비공개 원칙 (필요 시 공개)	비공개 원칙 (협약기관 연구결과 평가 등으로 필요한 경우 제한적으로 공개 가능)	공개 원칙 (필요 시 비공개)
일반과제	공개 원칙 (필요 시 비공개)		공개 원칙

출처: 미래창조과학부, 「국가연구개발사업 보안관리 표준매뉴얼」, 2014, 115면.

보안과제를 수행하는 연구책임자가 연구개발 성과를 대외로 공개하거나 제공하고자 하는 경우에는 보안승인 요청서를 작성하여 연구보안 관리자와 연구기관장의 승인을 득한 후에 전문기관의 장 또는 중앙행정기관의 장에게 사전 승인을 받아야 한다. 다음은 연구개발 성과물의 대외공개 승인 절차를 나타낸 것이다.

그림 6-5 연구개발 성과물 대외공개 승인 절차

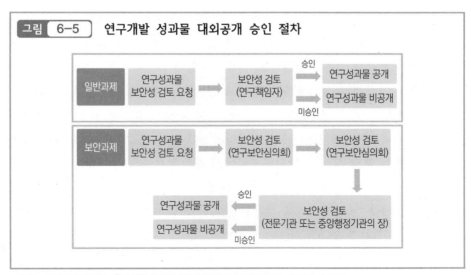

출처: 미래창조과학부, 「국가연구개발사업 보안관리 표준매뉴얼」, 2014, 115면.

이와 더불어 대외에 공개해서는 안 되는 비공개 정보는 무엇인지 사전에 기준을 수립하고 그에 따라 비공개 기간은 얼마동안 설정하여야 되는지를 연구 보안관리 규정 또는 지침에 명확하게 명시하여야 한다.

- 보안등급으로 분류된 과제는 최대 3년 이내의 범위에서 해당 보안과제에서 정한 기간을 비공개할 수 있다.
- 지식재산권의 취득을 위하여 공개 유보를 요청하여 중앙행정기관의 장이 승인한 경우에는 1년 6개월 이내로 비공개할 수 있다.
- 참여기업의 대표가 영업비밀 보호 등의 정당한 사유로 비공개를 요청하여 중앙행정기관의 장이 승인한 경우에는 1년 6개월 이내로 비공개 할 수 있다.

2 해외기술이전 시 관리

기술이전이란 "국가연구개발사업으로 개발한 결과물(기술, 지식, 정보)이 양도실시권 허여·기술지도 등의 방법을 통하여 기술보유자로부터 그 외의 자에게 이전되는 것"을 말한다. 연구기관이 보유하고 있는 첨단기술을 해외 기업 또는 연구소로 이전하고자 하는 경우에는 핵심기술 또는 중요한 연구개발 관련 정보가 해외로 유출되지 않도록 적절한 보호대책을 사전에 마련하고 관리하여야 한다.

기술이전은 기술이전 이전 단계(상담단계)와 기술이전 이후 단계, 계약해지 및 이후 단계로 구분할 수 있으며 각 단계마다 연구 정보 및 개발 기술이 유출될 가능성이 있으므로 단계별 보안대책을 명확하게 수립하여야 한다. 일반적으로 기술이전은 정부출연연구소나 산·학·연 협동연구 또는 국가연구개발사업으로 개발한 성과를 민간으로 이전 시 체결하게 되는데 개발 기술이 해외업체 등으로 유출될 소지를 없애기 위해 '제3자 기술이전 금지협약'을 체결하여야 한다.

해외로 기술이전 시 이전할 기술과 보호할 기술을 명확히 정의하고 이에 따른 보호대책을 강구하여야 한다. 또한, 중요한 개발 기술을 이전해야 하는 경우에는 기술이전을 받는 대상 국가가 이전 기술에 대한 권리보호가 취약한 경우도 있을 수 있으므로 별도의 대응책 마련이 필요하다. 특히, 지식재산권 제도가 미흡한 국가에 진출할 때는 사전에 특허를 출원하여 권리화를 완료한 후에 이전하는 방안도 마련하여야 한다. 다음은 해외로 기술이전 시 보안대책을 설명한 것이다.

가. 기술이전 이전 단계

기술이전 희망업체와 상담할 때에 기술이전 성사 여부와 관계없이 상담단계에서 습득한 기술정보를 기술이전 희망자가 유출할 가능성을 배제하기 위하여 반드시 비밀유지협약을 체결하여야 한다. 또한 개발기술이 해외로 유출될 소지를 없애기 위하여 기술이전 대상기관과 제3자 기술이전 금지협약을 체결하여야 한다.

계약서에는 이전받은 기술의 보호를 위한 해당 기관 직원의 보안교육 실시는 물론 기술이전과 관련된 핵심자료의 비밀관리, 기밀취급자의 인사관리, 출입제한구역 설정, 관련자와 비밀 준수의무 계약체결 등의 보호조치를 이행하도록 명기하여야 한다. 또한 기술의 제3자 유출 시 손해배상에 관한 내용도 명확하게 기술하여야 한다.

만약 기술이전 대상국가의 기술 및 정보보호 수준을 파악하여 미비하다고 판단되는 경우에는 별도의 보호대책을 마련해야 한다.

나. 기술이전 이후 단계

비밀유지의무를 위반하는 경우에는 계약을 해지할 수 있고 손해 발생 시 민사상 손해배상의무가 있음을 계약서에 명시하여야 한다.

다. 기술이전 해제 또는 해지 이후 단계

기술이전이 해제되거나 해지된 경우에도 비밀보장의무는 유효한 것으로 명시하고 계약 해지 시에는 기술 자료를 모두 반납하여야 한다는 사실을 계약서에 명시하여야 한다. 한편, 국가로부터 연구개발비를 지원받아 개발한 국가

핵심기술인 경우에는 "산업기술유출방지 및 보호에 관한 법률" 제11조(국가핵심
기술의 수출 등) 규정을 준수하여야 한다.

　　국가로부터 연구개발비를 지원받아 개발한 국가핵심기술을 보유한 대상
기관이 해당 국가핵심기술을 외국기업 등에 매각 또는 이전 등의 방법으로 수
출(이하 "국가핵심기술의 수출"이라 한다)하고자 하는 경우에는 산업통상자원부장관
의 승인을 받아야 한다. 승인대상 외의 국가핵심기술을 보유·관리하고 있는 대
상기관이 국가핵심기술의 수출을 하고자 하는 경우에는 산업통상자원부장관에
게 사전에 신고를 하여야 한다. 신고대상 국가핵심기술을 수출하고자 하는 자
는 해당 국가핵심기술이 국가안보와 관련되는지 여부에 대하여 산업통상자원
부장관에게 사전검토를 신청할 수 있다. 국가핵심기술을 보유한 대상기관이 국
가핵심기술을 수출하기 전에 승인을 얻지 아니하거나 부정한 방법으로 승인을
얻어 국가핵심기술을 수출한 경우 또는 신고대상 국가핵심기술을 신고하지 아
니하거나 허위로 신고하고 국가핵심기술을 수출한 경우에는 산업통상자원부장
관은 정보수사기관의 장에게 조사를 의뢰하고, 조사결과를 위원회에 보고한 후
위원회의 심의를 거쳐 해당 국가핵심기술의 수출중지·수출금지·원상회복 등
의 조치를 명령할 수 있다.

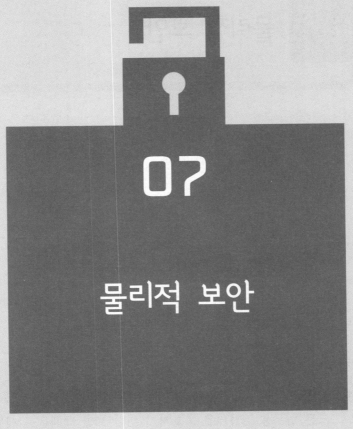

07

물리적 보안

제7장 물리적 보안

1 업무용 PC 관리

가. 보안 관리

업무용 컴퓨터에는 연구와 관련된 중요한 실험 정보와 자료들이 저장되어 있으므로 모든 업무용 컴퓨터를 보호하기 위한 보안 대책들을 세워 관리해야 한다. 업무용 PC는 부팅 시 패스워드를 설정하여 운용하여야 하며 준수해야 할 패스워드 설정 및 관리 수칙은 다음과 같다.

- 사용자의 패스워드는 비밀로 유지하고 타인에게 노출하지 않도록 한다.
- 연속 숫자, 생일, 전화번호, 아이디 등 추측하기 쉬운 개인 신상정보를 활용한 패스워드 생성은 피한다.
- 영문과 숫자를 혼용한 6자 이상으로 구성하고 연속적으로 동일 문자의 나열을 피하여 다른 사람이 쉽게 추측할 수 없도록 한다.
- 예전에 사용했던 패스워드를 재사용하지 않는다.
- 패스워드를 별도로 기록하는 행위(종이, 개인 이동 장치, 소프트웨어 파일 등)는

유출될 위험성이 있으므로 피하도록 한다.

- 패스워드는 주기적으로 변경하여야 한다(분기 1회 이상 권고).
- 잘못된 패스워드의 입력이 반복될 경우 크래킹 또는 비인가자의 접근 시도로 간주하여 계정이 잠금 상태로 전환되도록 한다.

업무용 PC는 화면 보호기를 설정하고 작동시간은 10분 이내로 하여 부재 중에 PC 내 연구정보가 화면상에 노출되지 않도록 한다. PC 내 정품 보안 소프트웨어를 설치하고 주기적으로 수동 업데이트를 하거나 자동 업데이트가 되도록 설정하여 항상 최신 버전을 유지하도록 한다. 또한 PC의 사용 중 악성코드에 의한 감염을 방지하기 위해 실시간 감시를 활성화하고 주기적으로 PC 검사를 시행한다. Windows를 사용하는 경우에는 MS 업데이트 설정으로 최신 보안 패치에 대한 업데이트를 시행한다.

나. 소프트웨어 설치

연구를 수행하고 있는 업무용 컴퓨터는 연구와 관련된 정보와 중요한 자료들이 포함되어 있으므로 업무용 컴퓨터에 추가적으로 소프트웨어를 설치하고자 하는 경우에는 보안을 위한 대비책들을 세워 관리하도록 한다.

업무상 불필요한 소프트웨어 설치는 제한하여야 한다. 또한 출처, 유통경로 및 제작자가 명확하지 않은 소프트웨어의 설치는 제한하며 인터넷 등 상용망으로 입수한 자료는 필히 백신 등 보안 프로그램으로 진단하여 악성코드 존재 여부를 확인 후 사용하도록 한다. 보안과제의 경우 장비를 설치하는 경우와 마찬가지로 설치하는 소프트웨어 프로그램 이름과 목적 및 출처, 진단 여부를 문서로 작성하여 연구책임자에게 사전 승인을 받는다.

2 저장매체 관리

가. 하드웨어 관리

연구와 관련된 중요한 실험 정보 및 자료는 궁극적으로 하드웨어에 저장되고 보관된다. 따라서 중요한 연구정보를 보호하기 위하여 하드웨어에 대한 보호대책이 요구되며 설치, 교체, 폐기의 모든 과정에 보안 절차를 마련하고 이행하여야 한다. 최근의 하드웨어의 종류는 PC 하드디스크 드라이버, 네트워크 디스크 드라이버, 탭·패드, 실험장비의 하드디스크 드라이버, 웹 카메라 등으로 아주 다양하게 존재하며 PC의 주변 장치를 모두 포함한다. 다음은 필요한 장비의 구매 절차를 나타낸 것이다.

1) 연구원이 업무 목적으로 필요한 장비를 구매하고자 할 때에는 구매하기 이전에 기관에 구매요청을 하고 승인을 받아야 한다.

① 일반과제의 경우 장비 구매요청 시 장비의 사용목적, 장비 종류 등을 문서로 작성하여 연구기관에 제출하여 승인을 받는다.

② 보안과제의 경우에는 장비 사용목적, 장비 종류, 사용기간, 해당 연구원의 서명 및 정보유출의 수단으로 장비를 사용하지 않겠다는 서약을 한 후 연구책임자로부터 사전 승인을 받도록 한다. 연구책임자가 제출한 요청서가 타당하다고 판단되면 연구기관에 제출하여 최종승인을 받도록 한다.

2) 요청이 승인되어 구매하고자 하는 장비에 대하여 구매담당부서는 보안성을 철저히 검토하여 결격사유가 없다고 판단될 때 장비 구매를 수행하도록 한다.

3) 연구기관은 구매가 완료되어 설치된 장비에 관리번호를 부여하여 자산관리담당자가 관리하도록 한다.

나. 이동형 매체 관리

이동형 저장매체의 특성상 크기가 작고 고용량의 성능을 보유하고 있어 중요한 정보를 저장하여 외부로 반출하기가 아주 용이하다. 최근의 이동형 저장매체의 기능과 성능은 크게 향상되었으며 크기와 종류도 USB, ZIP 드라이브 CD(Compact Disk), DVD, 외장형 하드디스크(HDD) 등으로 아주 다양하다. 따라서 이동형 저장매체의 신규 구입부터 폐기에 이르는 전 과정을 보안상 효율적으로 관리하기 위하여 보안관리 절차를 수립하고 이를 준수하여야 한다.

이동형 저장매체를 도입하기 이전에 사전 보안성 검토 절차를 마련하여야 한다. 연구기관은 USB 메모리를 도입할 경우 그 제품의 안전성을 검증하기 위하여 다음과 같은 필수 보안기능의 지원 유무를 검토하여야 한다.

- 사용자 식별·인증기능
- 지정 데이터 암호화 및 복호화 기능
- 저장된 자료의 임의 복제 방지 기능
- 분실 시 저장데이터의 보호를 위한 삭제 기능 등

USB 외 이동형 저장매체 또한 다음과 같은 사항을 확인하여야 한다.

- 안티바이러스 S/W 통한 악성코드 감염 여부 점검
- 장착된 카메라 렌즈 봉인

도입이 허가된 이동형 저장매체의 사용을 통제하고 관리하기 위한 규정 및 지침을 마련하여 정보보안 관리자의 감독하에 이행되도록 한다. 저장매체를 효율적으로 관리하기 위하여 도입이 허가된 매체에 한해 '이동형 저장매체 관리번호'를 부여하고 등록해야 한다.

표 7-1 저장매체 관리대장

관리번호	매체형태	등록일자	취급자	폐기일자	폐기방법 (재사용 용도)	비 고

임직원은 등록된 매체만 사용할 수 있으며 업무 목적 외의 사적인 용도로 사용할 수 없다. 정보보안 관리자는 임직원이 이동형 저장매체를 무단 반출하거나 미등록 매체를 사용하지 않도록 감독하여야 한다. 불가피하게 이동형 저장 매체를 반출하는 경우 "이동형 매체 관리"의 내용을 따르도록 한다. 또한 정보보안 관리자는 관리대장에 최종 변경된 이동형 저장매체의 등록 현황을 등재하여야 한다. 정보보안 관리자는 월 1회 이상 이동형 저장매체의 수량 및 보관

상태를 점검하여야 하고 확인·서명하여야 한다. 연구기관의 장은 관리책임자로 하여금 보조기억매체를 일괄 구입하여 필요한 부서에 보급할 수 있다.

표 7-2 이동형 저장매체의 수량 및 보관 상태

점검일시	현 보유수량		이상 유무	점검관		비고 (서명)
	일반과제	보안과제		성명	서명	

보안과제용으로 이동형 저장매체가 사용되는 경우에는 일반과제와 분리하여 관리하여야 한다.

- 잠금장치가 설치된 금고 또는 이중 캐비닛에 보관하여야 한다.
- 보안용 매체를 사용하여 보안과제를 수행하는 경우 그 작업을 완료하거나 일시 중단할 때에는 PC에서 즉시 분리하여야 한다.
- 보안과제와 관련된 문서파일을 생산하거나 보관할 필요가 있는 경우 등급별로 각각 이동형 저장매체를 마련해야 하며 하나의 매체에 등급이 다른 비밀을 혼합 보관해서는 안 된다.

3 외부 정보통신매체 반출입 통제

외부에서 내부로 또는 내부에서 외부로 반출입되는 저장매체를 통해 중요한 연구정보가 유출되는 사례가 많이 발생하고 있다. 또한, 외부로부터 유입된 악성코드 감염으로 인해 내부 시스템의 보안취약점이 발생하여 중요한 정보가 유출될 수도 있다. 따라서 정보통신매체의 반출입에 대한 통제 절차를 마련하여 연구정보를 보호해야 한다.

정보통신매체의 반입은 연구기관 출입 시 승인되지 않았다면 원칙적으로 금지해야 한다. 단, 불가피하게 반입이 필요한 경우에는 연구보안 관리자와 연

구책임자로부터 사전승인을 득한 제품에 한해 반입이 허용되도록 한다. 반입 시에는 연구정보 유출, 내부망 악성코드 감염 등의 보안 사고를 예방하는 차원에서 안티바이러스 S/W 통한 악성코드 감염 여부 점검, 장착된 카메라 렌즈 봉인, 반입 시 무결성 검사를 위한 소프트웨어 설치 등의 사항을 고려하여야 한다. 또한 사전승인을 얻지 않은 정보통신매체는 출입 시 연구기관에서 보관한 후 퇴실할 때 본인에게 반환해야 한다.

정보통신매체를 반출하는 자는 상위 부서장 또는 연구책임자로부터 사전 승인을 받고 비밀유지서약서에 서명해야 한다. 또한 정보통신매체에 파일을 저장하지 않고 단순히 지닌 채 반출입하는 경우, 설치했던 무결성 검사를 위한 소프트웨어를 검토하여 허가되지 않은 연구정보나 기타 기밀 사항의 포함 여부를 조사해야 한다.

정보보안 관리자는 정보통신매체 반출입 관리대장을 별도로 마련하여 반출입 일시, 품명 및 수량, 이름, 사유, 관리부서 확인 및 서명 등의 내용을 기입하고 주기적으로 관리대장 내용에 대한 적정성을 확인해야 한다.

4 전산장비 폐기

업무에 이용된 전산장비가 완전하게 폐기되지 않으면 외부인의 습득에 의해 혹은 외부 이관 시 외부인에 의해 복구되어 민감한 정보가 유출될 수 있다. 이에 처분 과정에서의 실수에 의한 정보 유출을 최소화하여야 하며 이를 위해서는 저장매체의 안전한 처분을 위한 절차를 마련하고 준수하는 것이 필요하다. 폐기 대상인 전산장비는 업무용 PC, 노트북, 서버, 휴대전화, 카메라, 캠코더 등이 있다. 전산장비를 폐기하는 방법으로는 다음과 같이 3가지를 들수 있다.

표 7-3   전산장비의 폐기 방법

폐기 방법	설 명
소자(消磁)	저장매체에 역자기장을 이용해 매체의 자화값을 "0"으로 만들어 저장자료의 복원이 불가능하게 만드는 것
완전 포맷	장매체 전체의 자료저장 위치에 새로운 자료(0 또는 1)를 중복하여 저장하는 것
완전 파괴	파쇄조각 크기가 0.25mm 이하가 되도록 물리적으로 파괴하는 것

전산장비에 저장된 자료가 다음 사항에 해당되는 경우에는 이를 삭제하여야 한다.

- 기증 등으로 전산장비가 외부에 영구히 이관되는 경우
- 사용연한이 경과하여 폐기 또는 양여할 경우
- 무상 보증기간 중 저장매체 또는 저장매체를 포함한 정보시스템을 교체할 경우
- 전산장비의 임대기간이 만료되어 반납할 경우
- 고장 수리를 위한 외부 반출 등 보안 통제할 수 없는 환경으로 이동할 경우

표 7-4   저장 매체 자료별 삭제 방법

저장 매체 \ 저장 자료	공개 자료	민감 자료 (개인정보 등)	비밀 자료 (대외비 포함)
플로피디스크	㉮	㉮	㉮
광 디스크(CD·DVD 등)	㉮	㉮	㉮
자기 테이프	㉮·㉯ 중 택일	㉮·㉯ 중 택일	㉮
반도체메모리(EEPROM 등)	㉮·㉰ 중 택일	㉮·㉰ 중 택일	㉮·㉰ 중 택일
	완전포맷이 되지 않는 저장 매체는 ㉮ 방법 사용		
하드디스크	㉱	㉮·㉯·㉰ 중 택일	㉮·㉯ 중 택일

㉮: 완전파괴(소각·파쇄·용해),   ㉯: 전용 소자(消磁)장비 이용 저장 자료 삭제
㉰: 완전포맷 3회 수행   ㉱: 완전포맷 1회 수행
출처: 미래창조과학부, 「국가연구개발사업 보안관리 표준매뉴얼」, 2014, 152면.

• 그 밖에 사용자 변경 등으로 저장자료 삭제가 필요하다고 판단되는 경우

전산장비 처분을 담당하는 관리자를 지정하고 자료의 안전한 폐기를 위한 규정 및 지침을 마련해야 한다. 관리자는 [표 7-4]의 저장 매체 자료별 삭제방법에 의거 삭제하여야 한다.

전산장비 사용자가 변경된 경우, 비밀처리에 사용한 정보시스템은 완전포맷 3회 이상, 그 외의 정보시스템은 완전포맷 1회 이상으로 저장자료를 삭제하여야 한다. 전산장비를 외부 이관 또는 용도를 전환하여 사용하고자 할 경우에는 저장된 자료를 완전히 삭제한 후 포맷을 하여야 한다. 전산장비 내부 자료의 삭제를 외부업체에 의뢰할 때에는 관리책임자가 입회하여 삭제 절차·방법 준수 여부 등을 확인·감독하여야 한다. 전산장비의 폐기가 완료된 경우 또는 재사용하는 경우에는 연구보안담당 부서의 확인을 받아야 하며 확인서를 보관하여야 한다. 관리책임자는 전산장비 처분 관리대장을 마련하여 폐기일자와 폐기방법을 관리대장에 기록해야 한다.

제 2 절 │ 시설 접근 통제

1 주요 시설물 관리

가. 감시장치 설치

주요 시설 내에 중요한 연구정보 및 민감한 자료들을 외부로 유출할 목적으로 불법적으로 침입을 시도하는 경우가 있다. 이에, 주요 시설물 주변에는 별도의 감시장치를 설치하여 지속적인 모니터링을 통하여 관계자 외의 출입을 통제하여야 한다. 감시장치의 종류로는 다음과 같다.

(1) CCTV(Closed Circuit Television)

폐쇄회로 텔레비전이란 용어로 불리는 CCTV는 '영상감시를 목적으로 제한된 지역에서 독립적인 텔레비전 회로를 구축한 것'으로 정의할 수 있으며 특정인만이 영상을 볼 수 있도록 한 텔레비전 전송시스템이다. CCTV는 촬상부, 전송부, 수상부로 이루어져 있다.

① 촬상부

촬상부는 피사체를 촬영한 영상신호를 전기신호로 전환하는 역할을 하며, 카메라와 렌즈가 주요 기능을 수행한다. 카메라는 피사체로부터 받은 빛을 전기적 신호로 변환하여 영상을 모니터에서 볼 수 있게 하는 역할을 하며, 렌즈는 카메라 앞에 장착되어 피사체로부터 빛을 모아 촬상소자로 보내는 역할을 하는데, 사람 눈의 수정체에 해당하는 역할을 한다. 감시목적에 따라 선택해야 할 카메라, 렌즈, 필터의 종류 등이 결정되며 카메라를 고정 설치하기 위한 브라켓, 하우징 등이 필요하다. 이와 같이 촬상부는 단순히 카메라 본체 뿐만 아니라 피사체를 정확히 촬상하기 위한 관점으로 카메라의 주변기기까지 포함한다.

② 전송부

전송부는 촬상부에서 촬영한 영상을 수상부에 전송하는 역할을 하는데 영상신호 전송을 위해 여러 형태의 통신매체를 이용하게 된다. 영상신호 전송매체로는 유선망이 주로 사용되고 있으며, 그중에서 동축케이블이 많이 사용되고, 광케이블, 전화망, 인터넷 등을 사용하기도 한다. 무선 영상전송을 위해 VHF·UHF, 마이크로 웨이브, 이동통신, 적외선 등을 이용할 수 있다.

③ 수상부

수상부는 촬상부에서 전송된 전기신호를 영상신호로 재생하여 사람이 영상을 볼 수 있게 하는 역할을 할 뿐만 아니라 각종제어, 녹화 등 여러 형태의 시스템으로 구성된다.

(2) DVR(Digital Video Recorder)

아날로그 영상 감시 장비인 CCTV를 대체하는 디지털 영상저장 및 전송장비로 건물 안팎이나 주차장의 보안 상태를 점검하는 데 주로 사용되는 장비다. 용도 면에선 CCTV와 비슷하지만 작동방식은 크게 차이난다. CCTV는 감시카메라가 포착한 영상을 비디오테이프에 녹화해 VCR을 통해 판독하지만 DVR은 영상을 컴퓨터나 별도 단말기의 하드디스크를 저장 매체로 사용하기 때문에 녹화 테이프를 교체할 필요가 없고 보다 깨끗한 영상을 얻을 수 있다. 이러한 장점 외에 녹화된 영상을 시간대별 또는 카메라별, 검색어 입력으로 쉽게 검색할 수 있으며, 별도의 장치 없이 여러 채널의 영상을 한 개의 모니터에서 분할된 화면으로 볼 수 있게 한다. 또한, 인터넷을 통한 실시간 영상 전송 및 원격지 감시 기능이 있어 네트워크로 통합화하고 있는 정부 및 기관, 기업체들에게 가장 적절한 영상 감시 시스템으로 평가받고 있다. DVR 영상이 CCTV보다 우수하며 검색이 용이해 DVR이 CCTV를 대체하고 있는 추세다. 한국에서 지난 1997년 DVR 상업화에 성공했으며 한국 제조업체들이 세계시장의 80%이상을 차지하고 있다.

(3) 지능형 감시 시스템(Intelligent Surveillance System)

지능형 감시 시스템은 감시 및 저장은 기본이며 침입물체 감지 시 자동으로 추적한다. 원격제어는 물론, 네트워크를 통한 영상전송과 중앙컨트롤 서버에서 침입자 정보나 이벤트 정보 등 각종 전용 디스플레이를 통해 감시할 수 있는 시스템이다. 기존 감시 시스템은 단순 저장/검색 수준에 머물렀으나 출입통제 시스템과 각종 카메라를 통한 자동 트래킹 및 데이터베이스와 연동이 된다는 점에서 매우 효과적인 신개념 솔루션이다. 다음과 같은 경우에 적용 가능하다.

- 지정된 영역 진입/탈출 물체
- 지정된 영역에서 갑자기 멈추는 물체, 일정한 기간 이상 머문 물체
- 금지된 방향으로 움직이는 물체
- 버려지거나 사라진 물체
- 갑작스러운 장면 변화에 대한 감지

표 7-5	감시장치의 설치 및 운영
설치 목적	• 원거리 관찰 • 보이지 않는 영역 관찰 • 중요도가 높은 구역의 집중적 감시 • 보안상 취약한 장소 관찰
설치 장소	• 전산실, 통신실과 같이 제한구역 및 통제구역으로 지정된 장소 • 보호구역 외에도 감시장치가 필요하다고 판단되는 지역
운영 지침	• CCTV 감시책임자를 지정하여 허가되지 않은 인원이 함부로 CCTV 작동 및 녹화영상 열람에 관여할 수 없도록 한다. • 감시장치의 데이터 저장 공간을 충분히 확보하고 정기적인 데이터 백업 주기를 설정하여 일정 기간 동안 보관해야 한다. 보관된 데이터는 연구정보 유출, 도난 사고 발생 등 비상 시에 열람할 수 있도록 해야 한다. • 감시장치가 항상 정상적으로 작동할 수 있도록 정기적인 유지보수를 통해 관리하도록 한다.

참고

REFERENCES

감시장치 설계 시 주의해야 할 사항

• 감시 목적, 감시 대상, 감시 범위를 충분히 고려하여 장소를 택하고 설치한다.

• 카메라 선정 시 컬러 및 흑백 여부, 룩스(Lux), 화소, 해상도 등의 적합성과 역광의 영향 유무, 햇빛의 영향 등을 고려하여 선택해야 한다. (감도란 어느 정도의 빛으로 촬영할 수 있는가를 나타내는 수치이다. 이는 대게 룩스(Lux)로 표시하고 카메라를 평가하는 데 사용한다. 수치가 적을수록 감도가 좋아지지만 대부분은 사용목적에 맞추어 선택하는 것이 바람직하다.(칼라 카메라: 1Lux, 흑백카메라: 0.1Lux, 적외선 카메라: IR 0.11Lux))

• 특히 어두운 곳에 설치하거나, 야간 감시가 필요한 경우 촬영되는 물체가 식별 가능한지 반드시 확인하도록 한다. (Color mode 이상 넘어가게 될 경우 흑백모드로 전환되어 어두운 곳에서도 선명한 화질 구현, IR-cut Filter 사용 시에 0.0001lux 이하의 어두운 곳에서 적외선 촬영으로 선명한 화질 구현)

나. 출입 통제 시스템

중요한 연구정보나 성과물들을 보호하기 위하여 비인가자의 출입을 통제할 필요가 있다. 따라서 물리적 환경 요소나 건물 유형, 이용 형태에 따라 다양한 출입 통제 시스템을 설치하여 인가자만을 출입할 수 있도록 조치해야 한다.

출입 통제 시스템은 중요한 연구 자산이나 시설물을 보호하기 위한 수단으로 물리적 환경 요소나 건물 유형, 이용 형태에 따라 출입 시 인가자만 출입을 허용하는 시스템이다. 출입 통제 시스템은 인가된 사람을 식별하는 인식장치와 인식장치를 통제하고 문의 개폐를 결정하는 제어장치, 그리고 문의 열림을 통제하는 문 잠금장치로 구성되며, 출입상황의 관리, 조회, 통제 등을 위하여 관리 서버를 운영할 수 있다. 출입 통제 장치의 인식장치에서 출입자를 인식하여 출입을 허용할 것인가를 자동으로 결정하여 출입문 잠금장치로 알려주며, 출입문 잠금장치는 제어장치가 결정한 출입허용 또는 출입거절을 시행하기 위해 문의 잠금을 해제하여 인가된 사람이 들어오게 하거나 문의 잠금 상태를 유지시켜 사람의 출입을 거절한다.

따라서 이를 관리하고 운영하는 담당자를 지정하여야 한다. 담당자는 출입 통제 시스템을 통하여 자동으로 기록된 출입자 자료를 주기적으로 점검하여 출입현황을 실시간으로 관리하고 유지하여야 한다. 또한 내부규정에 의해 분류된 출입자 통제 등급 자료를 소지하고 있어야 하며 출입자의 등급 변경과 같은 출입 사유 변경이 발생한 경우 이를 즉각 반영하여 출입 통제 시스템에서 번호를 삭제하거나 카드를 반납 받아야 한다. 임직원으로부터 카드 분실을 보고받은 경우에는 즉시 출입 시스템에서 해당 번호를 삭제하거나 해당 카드의 사용을 중지시켜야 한다. 다음은 출입문의 개폐를 효율적으로 관리하는 방법을 나열한 것이다.

- 시간대, 그룹별, 공간별로 출입 통제를 실시하여야 한다.
- 상황에 따라 출입문의 부분 또는 일괄적으로 개폐하여야 한다.
- 출입문의 현 상태(개폐)를 실시간으로 관리하여야 한다.

출입 통제를 위한 인가자의 인식방법은 크게 세 가지 형태로 행해질 수 있다. 첫 번째는 인식 카드와 같이 인가된 사람에게만 주어진 증표에 의한 방법이고, 두 번째는 지문이나 얼굴, 홍채, 음성 등과 같이 사람의 신체적 특징을 이용하는 방법이며, 세 번째는 비밀번호를 사용하는 방법이다. 보안을 강화하기 위하여 두 가지 이상의 인식방법을 함께 이용하는 방법을 다중인식이라고 한다.

일반적으로 인식의 안전성 확보를 위해 인식장치와 키보드를 같이 사용하게 되는데, 키보드는 숫자가 적힌 버튼에 여러 개의 마이크로 스위치를 연결한 전자·기계식 장치가 주로 사용되고 있다. 키보드 사용 시 우려되는 것은 인가된 사람이 사용할 때, 다른 사람이 그 암호를 알아내어 사용할 수 있다는 점이며, 키보드 번호판을 마개로 가려서 이러한 단점을 보완할 수 있다. 다음은 인식 방법의 종류를 나열한 것이다.

(1) 기계장치

출입자를 인식하기 위해 사용되는 인식표 중 가장 잘 알려진 것이 키이며, 키를 대신하여 비교적 쉽게 사용할 수 있는 것이 간단한 숫자나 기호가 표시된 버튼 누름 장치이다. 키나 버튼 누름 장치를 이용하는 인식방법은 직접적이고 기계적인 방법을 사용하는 것이며, 최근에 사용이 증가하고 있는 '디지털 도어락'이라 불리는 장치는 전자·기계적 방법을 사용하는 일체형 출입 통제 장치로 출입 통제 장치의 구성요소가 하나의 장치에 갖추어진 것이라 할 수 있다. 이는 현관문의 손잡이 유·무에 따라 주키형, 보조키형으로 나뉘며 열쇠 대신 비밀번호, 지문인식, 스마트 카드 등이 잠금장치로 사용된다.

(2) 카 드

① 플라스틱 카드

플라스틱 카드는 출입 통제 시스템 인식 증표의 한 형태로 널리 사용되고 있으며, 개인의 신분확인 기능을 이용하여 금융거래, 출퇴근관리, 식수관리 등과 같이 다양한 목적으로 사용되고 있다. 카드는 카드리더와의 통신을 통하여 필요한 정보를 교류하게 되는데 카드를 카드리더에 수직 또는 수평으로 형성된

그림 7-1 플라스틱 카드

얇은 홈 안으로 삽입하거나 완전히 통과시키는 방식, 카드를 카드리더에 접촉하는 방식, 카드를 카드리더기 가까이에 노출시켜 무선 주파수를 통한 통신이 이루어지는 비접촉식 방식으로 사용된다.

② 마그네틱 카드

마그네틱 카드(자기카드)는 플라스틱 카드의 후면에 정보가 기록된 마그네틱 띠를 부착하고 마그네틱 띠가 카드리더기를 지나면서 정보를 인식하는 방법으로 제조비용이 저렴하여 많이 사용된다. 그러나 마그네틱 카드는 입력이 가능한 정보의 양이 제한적이고 데이터를 손실할 위험이 있으며, 비교적 위·변조가 용이하다는 단점이 있다.

일반적인 것으로는 현금카드나 신용카드 등이 있으며 여기에 그 소유자 고유의 데이터가 기록되어 있다. 종래는 극히 적은 데이터만이 기록되어 있었으나 점차 데이터 용량을 증가시켜 마이크로컴퓨터나 퍼스널컴퓨터 등을 자기카드로 이용하는 방법 등도 연구되고 있다.

그림 7-2   마그네틱 카드

③ IC 카드

스마트 카드라 불리는 IC카드는 마이크로프로세서(microprocessor)와 메모리가 내장된 카드로 카드 내에서 정보의 저장과 처리가 가능해 마그네틱 카드의 위변조 위험을 최소화하고 보안, 금융, 의료, 통신 등 다양한 용도로 사용될 수 있는 결제수단을 말한다. IC카드는 신용카드와 같은 크기, 두께의 플라스틱 카드에 마이크로프로세서, 메모리, OS 및 보안 알고리즘을 내장하고 있어 카드 내에서 정보의 저장과 처리가 가능한 CPU 지능형 카드이다. 기존의 마그네틱 카드에 비해 저장 용량이 월등하여 별도의 정보 저장이 요구되는 다양한 부가기능을 수행할 수 있으며, 보안문제를 개선시킬 수 있다는 장점이 있다.

ISO 표준에서는 IC(integrated circuit, 집적회로)가 하나 이상 삽입되어 있는 카드의 총칭으로 'IC Card'란 용어를 사용한다. IC카드는 전자화폐·신용·선불·직불카드·교통카드 등에 이용할 수 있고, 신분증, 운전면허증과 같은 개인정보까지도 한곳에 모아 보다 진보된 다기능카드로 사용이 가능하므로 '스마트 카드(Smart Card)'라고도 한다. 이밖에도 'Chip Card', 'Microprocessor Card', 'CPU card', 'Super smart card', 'Crypto Card' 등 강조하고자 하는 기능이 무엇이냐에 따라 다르게 부른다.

IC카드는 사용 방법에 따라서 접촉식과 비접촉식으로 나뉘기도 하는데, 카드 정면에 금속 패턴이 있는 것이 접촉식 IC카드로, 가장 일반적인 IC카드의 형태다. 비접촉식 IC카드는 카드 안에 무선 통신이 가능한 모듈(module: 기능부) 및 안테나를 내장한 것이다.

그림 **7-3** IC 카드

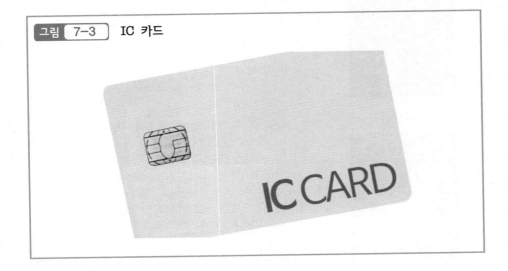

(3) 생체 인식

인식표의 위조 또는 복제로부터 보호하기 위해 개인별 차이가 있는 신체적 특징을 인식방법으로 이용하고 있다. 출입 통제 시스템의 인식을 위해 사용될 수 있는 신체 특징에는 지문, 얼굴, 홍채, 정맥, 손가락 길이, 음성, 필체 등 다양하다. 생체 인식은 바이오 인식이라고 불리며, 향후 인간의 편의성 향상과 첨단화로 인해 적용 범위가 확대될 것으로 전망된다.

표 7-6	생체 인식 방법의 종류
신체 특징	**설 명**
지문 인식 	지문은 모양이 개인마다 다르고, 태어날 때 모습 그대로 평생 변하지 않는 특성이 있어 생체인식을 위한 수단으로 널리 사용되고 있다. 지문인식장치는 다양한 형태로 적용할 수 있고, 사용자의 편의성이 뛰어나며 다른 생체 인식 장치에 비해 비용이 저렴하고 구조가 간단하다는 장점이 있어 가장 많이 사용되고 있으나 사용자에게 거부감을 줄 수 있고, 여러 사람이 같이 장치에 접촉하여 사용함에 따른 위생상의 문제가 있다는 단점이 있다.
얼굴 인식 	얼굴 인식은 카메라로부터 얼굴 정보를 입력받아 필터링 과정을 거쳐 추출 및 표준화해서 인식하게 된다. 얼굴 인식은 비접촉으로 자연스럽게 확인할 수 있다는 장점이 있으며, 사용자는 자신이 현재 인식당하고 있다는 사실을 전혀 눈치 채지 못하고 있는 중에 인식과정이 수행된다. 그러나 얼굴 인식은 얼굴의 각도, 표정, 조명, 포즈, 표정 등에 취약하다는 단점이 있다. 기존의 얼굴 인식 방법과 매우 다른 3D 얼굴 인식 기술은 얼굴 표면의 3차원 이미지를 캡쳐해 얼굴의 뚜렷한 특징을 이용하는데, 여러 각도에서 조명할 수 있고 전체 얼굴을 커버하는 새로운 방법으로 정확도가 높고 처리가 빠르며 사용이 편리하다.
홍채 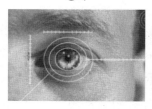	사람의 홍채는 태어난 후 약 18개월 내에 모양이 생성되고 일생 동안 모양이 쉽게 변하지 않는 특징이 있어서 생체인식 수단 중 가장 완벽한 식별 수단으로 평가된다. 홍채인식은 눈에 적외선을 조사하여 검은 동공과 흰자위 사이에 존재하는 링 형태의 홍채 무늬 패턴을 코드화해서 사용자를 인식하게 된다.
손 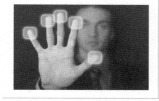	손 모양 인식은 인간의 특성 중 하나인 손가락 길이와 손바닥의 차이를 분석하여 인식하는 방법이다. 출입허용을 위해 사용하는 지문확인 방법은 범죄를 연상시키는 별로 좋지 않은 인식 때문에 일반인들이 지문확인 방법의 사용을 꺼리지만 이러한 단점을 개선하는 효과를 위해 달리 선택할 수 있는 인식방법이다.

이 밖에도 인가된 사람의 음성을 사전에 녹음시켜 놓았다가 출입할 때마다 인식장치 앞에서 소리를 내어 녹음된 목소리와 대조하여 출입허용을 결정하는 음성인식 방법이나 자신의 이름을 사인할 때, 그 압력과 속도를 측정하여 인가된 출입자를 확인하는 필체인식 방법도 사용된다.

(4) RFID

RFID는 실리콘 반도체칩을 내장한 태그, 카드 등에 저장된 데이터로 무선주파수를 이용하여 리더에서 자동으로 인식하는 기술을 말하며, RFID 태그가 달린 물체는 언제 어디서나 무선으로 인식 및 추적이 가능하므로 출입통제시스템의 인식장치로 유용하게 적용할 수 있다.

RFID는 지금까지 유통분야에서 일반적으로 물품관리를 위해 사용된 바코드를 대체할 차세대 인식기술로 꼽힌다. RFID는 판독 및 해독 기능을 하는 판독기(reader)와 정보를 제공하는 태그(tag)로 구성되는데, 제품에 붙이는 태그에 생산, 유통, 보관, 소비의 전 과정에 대한 정보를 담고, 판독기로 하여금 안테나를 통해서 이 정보를 읽도록 한다. 또 인공위성이나 이동통신망과 연계하여 정보시스템과 통합하여 사용된다. 기존의 바코드는 저장용량이 적고, 실시간 정보 파악이 불가할 뿐만 아니라 근접한 상태(수 cm 이내)에서만 정보를 읽을 수 있다는 단점이 있다. 그렇지만 RFID는 완제품 상태로 공장 문 밖을 나가 슈퍼마켓 진열장에 전시되는 전 과정을 추적할 수 있다. 소비자가 이 태그를 부착한 물건을 고르면 대금이 자동 결제되는 것은 물론, 재고 및 소비자 취향관리까지 포괄적으로 이뤄진다. 또한 RF판독기는 1초에 수백 개까지 RF태그가 부착된 제품의 데이터를 읽을 수 있다. 대형 할인점에 적용될 경우 계산대를 통과하자마자 물건 가격이 집계되어 시간을 대폭 절약할 수 있다. 그리고 정보를 수정하거나 삭제할 수 있는 점도 바코드와 다르다.

활용범위도 무궁무진하다. 도난과 복제 방지를 위한 목적으로 사용할 수도 있고, 도서관에서는 도서 출납에 이용할 수도 있다. 현재 월―마트를 필두로 베네통, 독일의 유통체인인 메트로 등에서 상용화를 추진 중이다. 우리나라의 경우 RFID는 대중교통 요금징수 시스템은 물론, 그 활용 범위가 넓어져 유통분야뿐만 아니라, 동물 추적장치, 자동차 안전장치, 개인 출입 및 접근 허가장치, 전자요금 징수장치, 생산관리 등 여러 분야로 활용되고 있다.

이와 같은 RFID를 이용하여 사람 및 차량의 출입을 구역별로 통제할 수 있고, 출입문마다 직책이나 업무 등에 따라 차별화된 출입통제를 할 수 있다. 그리고 RFID 시스템이 지닌 인식·추적 기능을 이용하여 방문자의 등록과 신원 확인뿐만 아니라 방문자가 불필요한 지역에 진입하는 것을 통제할 수 있다, 특히 노트북, 소형 저장장치, 문서 등에 RFID 태그를 부착하여 반입과 반출을 효과적으로 감시·통제할 수 있어 출입통제시스템의 효과를 한층 더 높일 수 있다.

(5) 출입 게이트

건물 로비나 출입구 등 보안이 필요한 곳에 효과적인 접근 통제가 가능한 동시에 융통성 있게 출입 통제가 가능한 게이트이다.

2 보호구역의 별도 관리

가. 보호구역의 지정 및 관리

연구시설에는 많은 건물과 구역들이 있지만 모든 건물 및 구역마다 동일하게 보안조치를 적용하는 것은 비효율적이며 적합하지 않다. 따라서 보안과제를 연구하는 실험실 또는 연구실과 전산실, 전기실 등과 같은 연구기관 내 주요 시설물들은 다른 시설물과 별도로 분류하여 관리해야 한다. 다른 지역에 비해 보안상 관리가 필요한 곳을 보호구역으로 지정하여야 하며 보호구역은 제한구역과 통제구역으로 나뉜다. 보호구역은 실험실과 연구실 혹은 건물 전체, 구역별로 지정할 수 있다.

| 표 7-7 | 보호구역의 분류 |

구 분	내 용
제한구역	• 외부인의 출입이 통제되는 중요한 지역 • 필요한 경우에 한해 외부인의 출입이 어느 정도 허락 • 비인가된 접근을 방지하기 위하여 별도의 출입통제 장치 및 감시시스템이 설치된 장소로 출입 시 직원카드와 같은 출입증이 필요한 장소(예: 부서별 사무실, 연구실 등)
통제구역	• 비인가자의 출입이 제한되는 중요한 지역 • 제한구역과 달리 외부인의 출입이 금지되며 해당 연구원만 출입 가능 • 제한구역의 통제항목을 모두 포함하고 출입자들은 최소 인원으로 유지되며 출입을 위하여 추가적인 보안절차가 필요한 장소(예: 전산실, 통신장비실, 비밀보관실 등)

보호구역을 효율적으로 관리하기 위하여 이에 대한 출입통제 관리 정책을 마련해야 한다. 정책의 내용에는 다음과 같은 사항이 포함되어야 한다.

- 비인가자의 출입을 통제하기 위하여 별도의 출입통제 장치 및 감시시스템 등을 설치하여 운영한다.
- 통제구역은 실질적으로 필요한 최소한의 인원에게만 출입을 허용하고 사전에 연구보안 관리자로부터 사전 승인을 받아야 한다.
- 출입 통제 시스템을 통해 출입자와 출입시간 등이 자동으로 기록되도록 하며 그렇지 않은 경우에는 출입관리대장을 마련하여 기록하도록 한다.
- 외부 방문객이 보호구역을 출입하고자 하는 경우에는 연구보안 관리자로부터 사전 승인을 받아야 하며 담당 직원의 인솔하에 출입하여야 한다.
- 보호구역을 출입하는 임직원 및 외부 방문객은 반드시 출입증을 패용하여야 한다.
- 비인가된 출입자의 접근을 차단하기 위하여 보호구역임을 알리는 문구를 잘 보이는 곳에 부착하여야 한다.

또한 재난, 재해, 외부침입으로부터 보호구역을 보호할 수 있는 방안을 마련해야 한다. 화재, 수해, 정전 등으로부터 보호구역을 보호하기 위하여 화재감지 및 소화설비, 누수감지기, UPS(무정전 전원장치), 비상발전기, 전압유지기, 이중

전원선 등과 같은 설비를 갖추어야 한다. 또한 외부 침입자로부터 보호구역을 보호하기 위하여 CCTV, 외부침입 감지 및 경보, 출입통제시스템 등과 같은 보안장치들도 갖추어야 한다.

나. 보호구역 내 업무

보호구역 내에서 연구와 관련된 고유한 업무 외에 이를 지원하기 위한 부수적인 작업을 해야 하는 경우도 발생할 수 있다(예: 정보시스템이 위치한 보호구역(전산실 등)에서 정보시스템 도입 및 폐기, 유지 보수(정기점검 포함) 등). 이러한 경우에도 연구보안 사고를 미연에 방지하기 위하여 규정 내 세부 절차를 마련하고 이행하여야 한다.

출입권한이 없는 임직원 및 외부인이 보호구역 내에서 작업을 수행하고자 하는 경우 작업신청 및 승인, 작업일지 작성, 모바일 기기 반출입 통제 등의 절차를 마련하고 그 기록을 정기적으로 검토하여야 한다. 먼저 연구책임자는 작업 전에 보안 관리자로부터 사전 승인을 받아야 한다. 또한 사전에 작업 업체로부터 보안서약서를 징구하고 보호구역 출입 시 준수 의무사항을 주지시켜야 한다. 작업 수행을 위해 모바일 기기의 반출입이 필요한 경우 모바일 기기 안전성 확보 절차(백신 설치 등)를 수행하여야 한다. 마지막으로, 보호구역 내 작업이 완료되면 작업일지를 기록하도록 해야 한다. 기록 항목에는 작업일자, 작업시간, 작업내용, 작업업체 및 담당자명, 검토 승인자 등이 포함되어야 한다.

표 7-8 작업 일지

작업일자	작업시간	작업목적	작업내용	작업업체	검토자 승인

3 외부 입주기관 통제 및 관리

입주 여건에 따라 동일한 건물 내에 연구기관 외의 외부 기관이 함께 입주해 있는 경우가 있을 수도 있다. 이 경우 외부 입주기관 인원이 연구기관 내부에 접근하는 것을 방지할 수 있는 방안과 절차를 수립하고 이를 이행하여야 한다.

가급적이면 출입구를 물리적으로 분리하여 연구기관 내 출입을 통제하고 전산망도 물리적으로 분리하여 연구기관 내부망에 불법적으로 접근하는 것을 차단하여야 한다. 또한 한 건물을 공동으로 사용하는 경우에는 외부기관 임직원들이 허용된 구역 이외의 장소에 출입하는 것을 엄격하게 통제하여야 한다.

제 3 절 | 인적 접근 통제

1 연구시설 출입자 통제 및 관리

최근 5년간 국내에서 발생한 해외 기술유출 사건의 주체로 전직 직원과 현직 직원에 의한 기술 유출이 거의 80%를 차지하고 있으며 협력업체에 의한 기술 유출도 12%를 차지하고 있다. 이처럼 연구보안 사고는 대부분 연구기관의 내부 사정을 잘 알고 있는 임직원 또는 협력업체 직원에 의해 발생되는 경향을 보이고 있다. 따라서 중요한 연구시설에 대한 출입통제만 엄격하게 관리하더라도 연구보안사고를 상당 부분 사전에 방지할 수 있으므로 출입통제의 중요성을 아무리 강조해도 지나치지 않다.

보안과제와 관련된 중요한 연구실 또는 실험실은 사전에 허가를 받은 업무와 관련된 자만이 출입 가능하도록 엄격하게 통제하여야 한다. 따라서 보안과제와 관련된 중요한 실험장비 및 연구개발 관련 정보를 보호하기 위하여 내부 임직원이라 하더라도 보안과제와 관련이 없으면 엄격하게 출입을 제한하여야 한다. 이와 같이, 중요한 연구시설의 출입 권한을 통제하고 관리하기 위한 절차를 반드시 수립하고 이행하여야 한다.

연구시설에 대한 출입통제를 시행하기에 앞서 중요한 연구시설은 인가된 자만 출입 가능하도록 특별관리 구역으로 지정하여 보호해야 한다. 연구기관 내 모든 시설은 중요도에 따라 공용구역, 일반구역, 제한구역, 통제구역으로 분류할 수 있으며 그에 따라 차별적으로 출입을 통제할 수 있는 방안을 강구하여야 한다.

표 7-9 연구시설의 분류

연구 시설	설 명
공용구역	보안상 차별화된 통제가 필요하지 않은 지역으로 연구기관의 임직원이나 외부인 등 모든 사람에게 공개된 구역
일반구역	보안상 차별화된 통제가 필요하지 않은 지역으로 임직원이나 출입이 허가된 정기 방문자, 임시 방문자에 한하여 출입이 가능한 구역
제한구역	보안상 비인가자의 접근을 방지하기 위하여 사전에 보안총괄책임자로부터 허가를 득한 자만이 출입 가능한 지역으로 연구기관의 중요한 설비가 위치하고 있는 구역
통제구역	침해사고 또는 유출사고 발생 시 연구기관에 치명적인 영향을 미치는 보안상 극히 중요한 시설로서 사전에 보안총괄책임자로부터 허가를 득한 자만이 출입 가능한 지역으로 퇴실 시까지 직원의 동행이 필요하며 외부방문객의 출입이 엄격하게 제한된 구역

출처: 미래창조과학부, 「국가연구개발사업 보안관리 표준매뉴얼」, 2014, 136면 참조.

연구책임자는 통제구역의 관리책임자 및 관리담당자를 지정하여 시설보안 담당부서에 통보하여야 한다. 대부분 해당 부서장이 관리책임자가 되고 부책임자는 해당 부서장이 소속부서 연구원들 중에서 지정하여야 한다. 또한 연구책임자는 시설보안책임자로부터 보안과제를 수행하는 연구실 및 실험실을 통제구역으로 지정받은 후 모든 내·외부인이 인식하기 쉬운 장소와 출입문에 통제구역이라고 표시하여야 한다. 통제구역에는 다음과 같이 관리책임자와 관리담당자를 알리는 명패를 연구실 또는 실험실 출입문에 부착하여 보안상 위급한 상황이 발생하면 언제든지 연락을 취할 수 있도록 조치하여야 한다.

표 7-10 통제구역 명패 예시

구 분	○○구역 관리책임자	
	직위 또는 직명	성 명
정		
부		

　　연구기관의 장은 보안과제를 수행하는 연구시설의 출입을 효율적이고 일관되게 통제하고 관리하기 위하여 통제구역에 대한 출입통제 규정 및 지침을 마련하고 보안장치(CCTV, 적외선 감지기, 카드키, 생체인식시스템 등)를 설치하여 24시간 출입자를 엄격하게 통제하여야 한다. 또한 출입 시 출입 권한이 없는 자가 출입이 허용된 임직원을 뒤따라 와서 출입문을 통과하지 못하도록 별도의 출입통제 장비를 설치하여야 한다.

　　보안과제를 수행하는 연구시설에 출입이 필요한 임직원은 연구책임자와 연구보안책임자로부터 사전 승인을 받아야 하며 출입증관리자는 이를 확인한 후 출입증을 발급해야 한다. 연구책임자는 보안과제를 수행하는 연구시설에 출입관리대장을 비치하여 출입자 성명 및 출입 일시 등을 항상 기록하여 관리하고 협력업체 직원이나 시설 또는 장비 보수 등을 목적으로 출입하는 정기 방문자는 사전에 신원확인에 필요한 서류를 확보하여 비치하고 보안서약서를 받아야 한다. 또한 보안과제를 수행하는 연구시설에 출입이 가능한 자라도 참여하고 있는 연구와 관련이 없는 연구시설에는 접근하지 못하도록 출입 권한을 세부적으로 차등 부여하여야 한다.

2 외부방문자 출입자 통제 및 관리

　　보안과제와 관련하여 외부방문자가 연구기관을 출입하는 경우에는 일반과제보다 더 엄격하게 출입을 통제하고 관리해야 한다. 또한, 외부방문자는 정기적으로 연구기관을 출입하는 정기 방문자와 필요에 의해 일시적으로 출입하는 임시 방문자로 구분할 수 있다. 따라서 외부 방문 목적 및 방문 형태에 따라 적합한 출입통제 방안을 마련하여 외부방문자를 효율적으로 통제하고 관리하여야 한다.

가. 임시 방문자

- 사전에 예약된 방문자에 한하여 연구기관에 출입하도록 통제하여야 한다.
- 안내직원은 방문자의 본인 신분 확인 및 내방 목적과 면담자를 확인한 후 면담자에게 통화하여 임시 방문자와 동행할 수 있도록 조치하여야 한다.
- 안내직원은 임시 방문자가 출입관리대장에 소속, 성명, 출입일시, 방문 목적, 면담직원 성명 등을 기록하도록 하여야 한다.
- 외부방문자의 반·출입 물품을 검사하여 노트북, 카메라, USB 등 보안상 금지 물품은 반·출입을 허용해서는 아니 된다.
- 안내직원은 방문자의 신분증을 보관하고 방문출입증을 발급하되, 임시 방문자가 방문목적을 달성할 수 있는 최소한의 구역만 출입할 수 있는 출입증을 발급하여야 한다.
- 안내직원은 방문자에게 출입증이 잘 보이는 곳에 패용하도록 유도하여야 한다.
- 담당직원은 임시 방문자를 연구기관에서 마련한 외부접견실에서 만나 면담을 하여야 한다.
- 담당 직원은 외부방문객이 부득이한 사정으로 연구실 또는 실험실의 출입이 필요한 경우 사전에 연구책임자와 보안총괄책임자의 허가를 받아야 하며 임시 방문자의 방문이 끝날 때까지 동행하여 제한구역 또는 출입통제 구역에 출입하지 못하도록 통제하여야 한다.
- 임시 방문자가 연구실 또는 실험실을 방문하는 경우 중요한 문서나 자료는 이중으로 잠금장치가 되어 있는 캐비닛에 보관하고 주변을 깨끗하게 정리 정돈하여 중요한 정보나 자료가 유출되지 않도록 하여야 한다.

- 안과제와 관련하여 외국 정부·기관 또는 단체가 연구기관을 방문하는 경우에는 사전에 연구책임자는 연구과제명, 연구책임자명, 방문일시 및 장소, 주요 방문내용 등의 사항을 작성하여 소관 중앙행정기관의 장 및 국가정보원장에게 해당 방문일 5일 전까지 보고하여야 한다. 다만, 방문이 사전에 알린 내용과 다르게 이루어진 경우에는 방문 후에 해당 사항을 추가로 알려야 하며, 방문이 긴급한 경우 등 사전에 보고하지 못하고 방문을 받은 경우에는 방문이 끝난 후에 반드시 보고하여야 한다.
- 방문자의 방문이 끝나면 안내 직원은 출입증을 반납 받고, 보관하고 있는 방문자의 신분증 또는 개인물품을 되돌려주어야 한다.

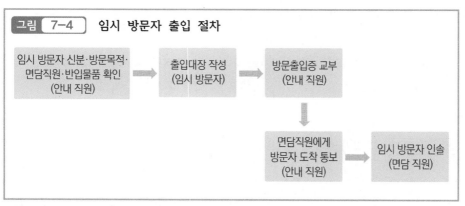

그림 7-4 임시 방문자 출입 절차

출처: 미래창조과학부, 「국가연구개발사업 보안관리 표준매뉴얼」, 2014, 140면.

나. 정기 방문자

- 연구책임자는 보안과제를 수행하는 데 직접적으로 관련이 있는 정기적 방문자인 경우 보안총괄책임자에게 방문목적 및 신상정보를 제공하여 사전 승인을 받아야 한다.
- 연구책임자는 정기적 방문자로부터 비밀유지와 보안사고에 따른 민형 사상 책임을 진다는 보안서약서에 서명을 받아야 한다.
- 연구책임자는 정기적 방문자가 사전에 예약된 날짜와 시간에만 정기적

으로 출입할 수 있도록 통제하여야 한다.

- 안내 직원은 방문자의 신분증을 받아 보관하고 방문목적을 달성할 수 있는 최소한의 지역만 출입할 수 있는 출입증을 발급하고 잘 보이는 곳에 패용하도록 유도하여야 한다.
- 반·출입 물품을 검사하여 노트북, 카메라, USB 등 보안상 금지 물품은 반·출입을 허용하면 아니된다. 다만, 방문목적에 필요한 물품은 연구책임자와 연구보안관리자의 승인을 득한 경우에만 반·출입이 가능하며 반드시 물품 반출입대장에 기입하여야 한다.
- 정기 방문자는 출입 시 출입대장에 소속, 성명, 출입 장소 및 일시, 퇴실 일시, 방문목적 등을 기록하여야 한다.
- 담당직원은 방문이 끝날 때까지 동행하여 허용되지 않은 제한구역 또는 통제구역에 출입하지 못하도록 통제하여야 한다.
- 안내직원은 방문자의 방문이 끝나면 출입대장에 퇴실 시간을 기입하게 하고, 보관하고 있던 개인소지품은 되돌려주어야 한다.

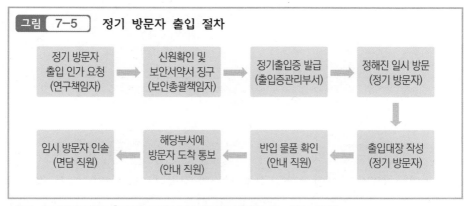

그림 7-5 정기 방문자 출입 절차

정기 방문자 출입 인가 요청 (연구책임자) → 신원확인 및 보안서약서 징구 (보안총괄책임자) → 정기출입증 발급 (출입증관리부서) → 정해진 일시 방문 (정기 방문자)

임시 방문자 인솔 (면담 직원) ← 해당부서에 방문자 도착 통보 (안내 직원) ← 반입 물품 확인 (안내 직원) ← 출입대장 작성 (정기 방문자)

출처: 미래창조과학부, 「국가연구개발사업 보안관리 표준매뉴얼」, 2014, 61면.

08

기술적 보안

제8장 기술적 보안

제1절 데이터 보호

1 데이터 백업

가. 사내 백업 시스템

내부 연구원에 의한 실수, 외부 공격에 의한 파일손상, 도난, 기타 의도하지 않은 시스템 손상 및 오류 등에 의해 연구정보를 담고 있는 시스템 파일이 손상될 수 있다. 이에 대비하여 원내에 자체적으로 원본파일을 보호할 수 있도록 백업정책을 수립하고 백업 시스템을 구축하여야 한다.

"백업"은 임시 보관을 일컫는 말로 데이터를 미리 임시로 복제하여 문제가 발생하여도 데이터를 쉽게 복구할 수 있도록 복사 및 저장하여 보관하는 것을 의미한다. 이것은 사용자의 실수나 컴퓨터상의 오류, 바이러스 감염 등의 문제로 데이터가 손실 혹은 삭제되는 것에 대비해서 여벌로 다른 저장장치에 복사해 두는 것이다. 백업은 본래 저장 공간으로부터 복사하고자 하는 파일만을 선택하여 이들을 추출하여 또 다른 저장장치로 복사하는 과정을 거친다. 파일을 CD나 디스켓에 저장해 두는 것도 백업이라고 할 수 있으며, 전문적으로 백업을 하려면 도스나 윈도우에서 기본적으로 제공되는 백업 프로그램을 이용하거나 기타 다른 백업 프로그램을 사용할 수도 있다. 복사하는 파일의 양에 따라 이들을 저장하는 저장 공간이 결정된다. 데이터 저장장치에는 다양한 종류가 있다. 이들 저장장치는 파일을 복사하는 기능뿐만 아니라 이동성, 데이터 보안성 등을 제공하기도 한다.

연구기관은 백업 시스템을 도입하기 이전에 백업 시스템의 체계적인 운영을 위하여 백업담당자 및 관리자의 지정, 백업 대상, 백업 주기 및 보관 기간, 백업 방법, 보관 장소, 백업관리대장의 기록 등의 사항을 검토하여야 한다.

(1) 백업 담당자 및 관리자의 지정

연구기관에서는 백업 시스템의 체계적인 운영을 위하여 백업 시스템의 전반적인 관리를 책임지고 운영할 담당자와 관리자를 임명하여야 한다. 백업 시스템 관리자가 수행하여야 할 백업 관련 주요업무는 다음과 같다.

- 백업 대상 구성 및 추가
- 백업 및 복구 수행
- 백업 수행 결과 모니터링
- 백업 장비 및 백업 매체 관리
- 백업 장애 발생 시 장애처리
- 개선 사항 확인 및 적용
- 백업 관리 대장 기록 및 보관

(2) 백업 대상

백업 대상에 따라 백업의 종류는 크게 시스템 백업과 데이터 백업으로 나뉜다. 시스템 백업은 컴퓨터의 시스템 파일(OS, 시스템 설정 파일, 시스템 로그 등)에 대한 백업을 의미하며 데이터 백업은 연구과제와 관련된 모든 파일(응용 프로그램 파일, 연구관련 정보 등)에 대한 백업을 의미한다.

업무 및 백업의 효율성 측면에서 생산되는 모든 데이터를 백업하는 것은 좋은 방법이 아니다. 따라서 초기 백업 시스템 구축 시 백업 대상으로 보안등급이 일정 수준 이상이거나 연구기관에서 중요하다고 판단되는 시스템 파일 및 데이터로 한정하여 백업하도록 백업정책을 마련하여야 한다.

(3) 백업 주기 및 보관 기간

백업 주기 및 보관 기간 설정 등에 대한 최종 결정은 해당 업무담당자가 백업 주기 및 보관 기간 등이 명시된 백업 요청 문서(부록 백업신청서 참조)를 백업 관리자에게 보내어 상호 조정함으로써 이루어지게 된다. 이러한 결정과정의 상호 조정 및 문서화하는 것은 향후 문제 발생 시 책임 소재의 명확화 등을 위해 중요하며 결정된 사항들은 가급적 백업 정책에 반영하여야 한다.

표 8-1 백업 주기 및 보관 기간에 따른 분류

백업 주기 및 보관 기간	설 명
주간 백업	매주 지정된 요일에 실시하며 주간 백업을 이용한 데이터 복구 시 장애시점으로부터 최대 일주일 전의 데이터로 복구되어 최대 일주일간의 데이터가 손실될 수 있다. 그러나 사용자 작업 혹은 주중의 증분 백업을 이용하여 데이터 손실을 최소화 할 수 있다. 주간 백업은 주로 일일 백업 대상에서 제외되는 경우 또는 백업시간 확보가 일주일에 한번만 가능한 경우에 수행되며, 일일 백업 시 변경분만 백업하는 증분 백업의 경우에는 반드시 주간 전체 백업을 받아야 한다.
월간 백업	매월 지정된 날에 실시하며 보관 기간 역시 사용자 요청에 의해 보관한다. 시스템 예방점검과 연계하여 월 1회 이상 시스템 점검 및 월간 전체 백업을 실시하는 경우도 많다.
연간 백업	매년 말이나 그 다음해 초에 실시하며 보관 기간은 사용자 요청에 의해서 하기보다는 데이터의 특징에 따라 1년/5년/10년과 같이 장기로 보관할 필요가 있을 때 실시하며, 시스템 전체(OS, 응용프로그램, 관련 사용자 데이터 등)를 백업하는 것이 좋다.
임시 또는 수시 백업	주요 변경작업 전 또는 설치작업 완료 후에 실시하는 백업이다. 또는 보안과제 관련 업무 중 중요한 중간 결과물의 발생 시 연구책임자의 요청에 의한 비정기 백업도 임시 백업에 포함된다. 보관 주기는 각 백업 요청 시점에 보관 주기에 대한 요청을 받아 그에 따라 보관한다. 하루에서 영구 백업에 이르기까지 다양한 보관 주기로 이루어진다.

출처: 미래창조과학부, 「국가연구개발사업 보안관리 표준매뉴얼」, 2014, 171~172면 참조.

(4) 백업 방법

① 오프라인 백업

오프라인 백업은 업무가 종료된 후 데이터베이스를 다운시키고 별도로 백업하는 시간을 확보 후 백업을 수행하는 방식이다. 업무상 다운 시간을 확보할 수 있는 경우에 사용되며 가장 확실한 데이터베이스 백업 방식이다. 오프라인 백업의 경우 백업파일의 보관 매체는 플로피 디스크, 자기테이프, 광 디스크, 플래시 메모리, 광학 자기 디스크, 하드 디스크 혹은 종이문서를 활용하는 방법이 있다.

② 온라인 백업

실시간 백업이라고도 불리며, 오프라인 백업과 달리 컴퓨터나 데이터 베이스가 운영 중인 상태에서 백업하는 것을 의미한다. 오프라인 백업의 경우 업무 종료 후 진행되도록 계획을 세우는 반면 온라인 백업은 과제 수행과 관련된 파일의 생성이나 편집, 응용 프로그램의 설치, 운영 체제에 패치 적용 등 활발하게 업무가 진행 중인 상황에서 백업하는 방식으로 기존의 백업과는 백업이 진행되는 시점에 있어서 차이가 있다. 온라인 백업의 목적은 데이터 손실의 최소화이다. 연구 과제를 수행하는 동안에는 많은 파일이 수정되거나 생성되고 삭제될 수 있다. 업무 후에 진행하는 백업은 업무의 최종 결과가 저장된 파일만을 백업할 뿐 과정은 백업할 수가 없다. 온라인 백업은 하나의 파일에 대해서도 수정된 횟수만큼 파일의 버전을 저장하고 기존의 버전으로 복원할 수 있다.

③ 전체 백업

백업하고자 하는 데이터 전체를 백업하는 형식이며 월간백업 혹은 연간백업과 같은 백업 시기의 간격이 긴 경우에 실시한다.

④ 증분 백업

전체 백업 이후로 다음 전체 백업이 실시되기 직전까지 전체 백업 이후의 변화된 데이터를 백업하는 방식이다. 다음 백업까지의 공백 기간 동안 생성된 파일의 손실에 대한 위험을 방지할 수 있다.

(5) 보관 장소

오프라인 백업의 경우 별도의 하드웨어 형태의 보관 매체가 존재하는데 이를 보관하는 장소 또한 신중히 고려되어야 한다. 백업파일이 저장되어 있는 매체는 적정 온도와 습도 하에서 내화 금고에서 보관되는 것이 가장 이상적이다. 이는 외부의 충격이나 화재 또는 수재 등의 재해에도 견딜 수 있기 때문이다. 내화 금고와 같은 특수한 설비가 구비되지 않았다면 보관용 캐비닛 등을 이용하여 별도의 독립된 장소에서 분리하여 보관할 수 있어야 한다. 다음은 일반적인 백업 매체 관리요령이다.

- 습기나 직사광선은 피하도록 한다.
- 고압선, 발전장치 등 자기장이 발생할 수 있는 물체를 멀리한다.
- 손상된 백업 매체는 드라이브에 강제로 장착하지 않는다.
- 전산운영에 적합한 수준의 공조 및 소방시설과 내화금고가 갖추어진 장소에 보관한다.
- 또한 백업 매체에 식별 가능한 문자, 숫자 또는 기호 등을 부착하여 관리해야 한다.

다음은 백업 매체 라벨링 예시이다.

표 8-2 백업 매체 라벨링 예시

1	2	3	4	5	6	7	8	9

1~2) 기관 구분
3~4) 업무명 또는 데이터명
5~6) 백업년도 또는 데이터·용도
7~9) 백업 주기별 일련번호 또는 월일

출처: 미래창조과학부, 「국가연구개발사업 보안관리 표준매뉴얼」, 2014, 173면.

(6) 백업관리대장의 기록

백업 관리자는 백업을 수행할 때마다 그 내용에 대해서 관리대장에 기록하여 백업 시스템이 체계적으로 운영되고 있는지 검토하여야 한다.

나. 원격지 백업 시스템

자체 내부 백업 시스템에 의해 중요한 자료들을 백업한다 하더라도 화재, 수해, 지진 등 자연재해로 인해 자체적으로 보관하고 있던 백업자료가 모두 소실될 수 있다. 따라서 이러한 경우를 대비하여 원거리 지역 보안시설에 백업자료의 사본을 별도로 보관하도록 한다. 백업 실시 후 재난 및 재해에 대비하여 백업 테이프를 외부에 보관하는 경우가 많은데, 이를 원격지 백업 또는 볼팅(Vaulting)이라 한다. 원격지 백업 시에는 원거리 백업 장소의 결정, 백업 방법, 원격지 백업 시스템의 정기적 점검 등의 사항을 고려해야 한다.

(1) 원거리 백업 장소

원격지 백업의 장소로 동일 건물 내 또는 너무 멀리 있는 원격지는 적절하지 못하다. 동일 건물 내 보관하는 경우, 건물 재난 발생 시에 백업 시스템과 동시에 데이터 소실이 일어날 수가 있으며 너무 멀리 있는 원격지에 보관하게 되면 오프라인 백업 시 보관 매체의 운송시간이 과다하게 길어져 백업, 복구하는 경우에 비효율적이다. 따라서 연구기관에서 발생한 재난의 피해를 피하기에 충분하고 너무 멀지 않은 장소를 고려하여 결정해야 한다.

원격지용으로 백업된 테이프는 테이프 공급자들이 권장하는 온도와 습도 하에서 내화 금고에 보관되는 것이 가장 이상적이다. 이는 외부의 충격이나 화재 또는 수재 등의 재해에도 견딜 수 있기 때문이다. 내화 금고와 같은 특수한 설비가 구비되지 않았다면 테이프 보관용 캐비닛 등을 이용하여 별도의 독립된 장소에서 분리하여 보관할 수 있어야 한다.

(2) 백업 방법

원격지 백업은 정기적인 스케줄로 운영하며 원격지에 테이프를 보관하는 것으로 백업 소프트웨어에서 원격지 백업만을 위해 별도의 백업을 수행하기도 하지만 정기 백업 시 두벌씩 데이터를 백업하거나, 백업 완료 후 매체 복사를 통해 한 벌을 소산할 수 있다. 외부로 소산되는 테이프들은 매체 관리대장을 만들고 쉽게 식별이 가능하도록 저장매체에 라벨링 작업을 해야 한다. 매체 관리대장 양식의 예제는 부록을 참고한다. 사내 백업과 마찬가지로 원거리 백업 또한 온라인 백업과 오프라인 백업으로 나뉠 수 있다.

① 온라인 백업

서버를 이용하여 원격지에 자동으로 데이터가 백업되도록 하는 방식이다. 보안제와 같은 중요한 연구를 수행할 때 연구 과정에서 산출되는 모든 자료의 소실을 방지하기 위하여 온라인 원격지 온라인 백업을 권장한다.

② 오프라인 백업

오프라인 백업의 경우 온라인 백업과 달리 보관 매체를 통하여 보관하는 것이므로 원격지 보관용 매체를 별도로 두어야 한다. 또한 원거리 백업만을 위해 별도로 백업을 수행하기도 하지만 정기 백업 시 두 벌씩 데이터를 백업하거나 백업 완료 후 매체 복사를 통해 원격지 보관용 한 벌을 백업할 수 있다. 원거리에 보관되는 매체들은 별도로 라벨링 작업을 하여 쉽게 식별이 가능하도록 하며 백업관리대장에 기록하여 백업 현황을 관리하여야 한다.

(3) 정기적 점검

원격지 백업 시스템은 필요 시 비상용으로 사용됨을 보장하기 위하여 정기적으로 시스템 점검 작업을 실시하고 모의 복구시험도 실시하여야 한다.

제 2 절 | 네트워크 보호

1 전산망 보호

가. 전산망 보호 설비 마련

전산망은 PC나 서버 등 주요 공격 대상을 직접적으로 공격하지 않고도 도청이 가능하며 내부 서버와 PC의 보안이 잘 유지되고 있다 하더라도 장비 간의 관계 설정의 허점을 이용하여 충분히 공격 받을 수 있는 대상이다. 따라서 전산망은 외부의 불법적인 침해로부터 보호해야 할 중요한 대상임으로 이를 위한 보호대책을 마련하여야 한다. 현재 전산망을 보호하는 장비로는 방화벽(Firewall), 침입탐지시스템(IDS), 침입방지시스템(IPS), 가상사설망(VPN), 네트워크 관리 시스템(NMS) 등이 있다.

(1) 방화벽

방화벽이란 외부로부터 내부망을 보호하기 위한 네트워크 구성요소 중의 하나로써 외부의 불법 침입으로 부터 내부의 정보자산을 보호하고 외부로부터 유해 정보 유입을 차단하기 위한 정책과 이를 지원하는 하드웨어 및 소프트웨어를 말한다. 외부망으로부터 내부망과 시스템을 보호하기 위하여, 내부망으로 들어오는 모든 패킷을 검사하여 미리 허가된 패킷만 통과시키는 보안 시스템이다. 방화벽의 기능에는 접근제어, 로깅 및 감사 추적, 인증(Authentication), 무결성, Traffic의 암호화, 트래픽 로그 등이 있다.

방화벽은 기본적으로 네트워크를 통해 들어오는 패킷에 대해 사전에 관리자가 설정해 놓은 보안 규칙(ACL, Access Control List, 접근 제어 목록)에 따라 허용 또는 차단하는 기능을 수행한다. 일반적으로 내부 네트워크와 외부 네트워크(인터넷) 중간에 위치하여 이러한 패킷 제어 기능을 수행한다. 방화벽은 필요에 따라 여러 개를 배치하여 보안성을 강화할 수 있다.

인터넷(외부 네트워크)으로부터 방화벽으로 들어오는 모든 접근 시도는 방화벽 내부에 사전 설정된 보안 규칙인 접근 제어 목록에 따라 내부 통과 여부가 결정된다. 기본적으로 방화벽은 모든 접근을 거부(deny)한 후 허용할 접근만 단계적으로 허용(allow/permit)하는 방식을 따른다. 예를 들어, 네트워크를 통해 데이터가 이동하는 통로를 '포트(port)'라 하는데, 방화벽은 기본적으로 약 65,000여 개의 통신 포트 모두를 차단한 후 접근을 허용하는 특정 포트만을 열어 두게 된다. 즉, 홈페이지 운영을 위한 웹 서비스(http)를 제공한다면 80 포트를, FTP 서비스(ftp)를 제공한다면 20/21 포트 등을 접근 허용해야 한다. 통신 포트뿐 아니라 외부로부터 접근하는 IP 주소나 특정 프로그램에 따라 접근/거부 여부를 결정할 수 있다. 이러한 보안 규칙 설정이 모두 접근 제어 목록에 포함되어 일괄 적용된다. 방화벽의 접근 제어 목록은 대개 관리자가 구성, 설정하기 편하도록 직관적인 형태로 출력되며, 보안 규칙 적용 즉시 결과를 확인할 수 있도록 제공된다. 다만 접근 제어 목록 및 방화벽 설정에는 보안과 관련된 상당한 지식과 경험이 필요하므로 보안 전문가를 통해 정확하고 체계적으로 이루어져야 한다.

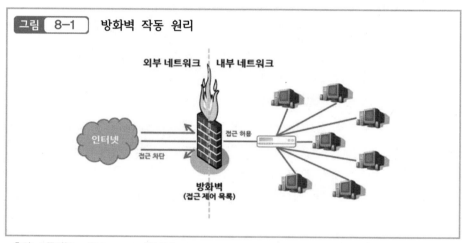

그림 8-1 방화벽 작동 원리

출처: IT동아(http://it.donga.com/8810/).

방화벽 시스템의 방식에는 패킷 필터리, 응용 프로그램 게이트웨이, 회로 레벨 게이트웨이, 여러 유형의 방화벽을 혼합한 혼용 방화벽 등이 있다.

① 패킷 필터링 방식

패킷 필터링 방식의 방화벽은 OSI 참조 모델의 네트워크 계층(IP 프로토콜)과 전송 계층(TCP 프로토콜)에서 패킷의 송신지 및 목적지 IP 주소 정보, 각 서비스의 포트 번호를 이용한 접속을 제어한다.

② 응용 프로그램 게이트웨이

응용 프로그램 게이트웨이는 OSI 참조 모델의 응용 계층에 방화벽 기능이 들어 있다. 각 서비스별 프록시를 이용하며, 패킷 필터링 방식처럼 IP 주소 및 TCP 포트를 이용하여 네트워크의 접근을 제어할 수 있다. 추가로 사용자 인증 및 파일 전송 시 바이러스 검색 기능과 같은 부가 서비스를 지원한다.

프록시는 클라이언트와 서버 간의 접속을 관리하며, 이미 접속된 연결에서는 데이터를 전송하는 전달자 기능을 한다. 따라서 클라이언트는 프록시를 통해서만 서버와 데이터를 주고받을 수 있고, 클라이언트와 실제 서버 간의 직접적인 연결은 허용하지 않는다.

③ 회로 레벨 게이트웨이

회로 레벨 게이트웨이는 OSI 참조 모델에서 5계층과 7계층 사이에 있으며, 응용 프로그램 게이트웨이와는 달리 각 서비스별로 프록시가 있는 것이 아니고, 어느 응용 프로그램이든 이용할 수 있는 일반적인 프록시만 있다. 방화벽을 통해 내부 시스템에 접속하려면 먼저 클라이언트 측에 회로 레벨 게이트웨이를 인식할 수 있는 수정된 클라이언트 프로그램이 필요하다. 따라서 수정된 클라이언트 프로그램이 설치되어 있는 클라이언트만 형성 가능하다.

④ 혼용 방화벽

여러 경우에 따라 다양한 유형의 방화벽을 복합적으로 구성할 수도 있다. 이런 혼용 방화벽은 서비스 종류에 따라 사용자의 편의성, 보안성 등을 고려하여 방화벽 기능을 선택적으로 부여할 수 있다. 하지만 서비스의 종류에 따라 다양한 보안 정책을 사용하여 구축 및 관리에 어려움이 따를 수 있다.

(2) 침입탐지시스템(IDS)

침입탐지시스템(IDS: Intrusion Detection System)은 방화벽에 이은 차세대 보안 솔루션으로 부각되는데, 방화벽의 효과적인 차단에 실패하였을 경우, 이에 따른 피해를 최소화한다. 또한 네트워크 관리자 부재 시에도 해킹에 적절히 대응할 수 있는 보안솔루션에 대한 요구가 증가하고 있기 때문이다. 방화벽은 침입을 막기 위해 네트워크 사이의 접근을 제한하지만, 네트워크 내에서 공격 신호를 보내지 않는다. 반면에 침입탐지시스템은 일단 의심스러운 침입이 발생하면 그것을 평가하고 경보 신호를 보낸다. 또한 현 시스템 내부에서 발생한 공격에 대해서도 감시한다.

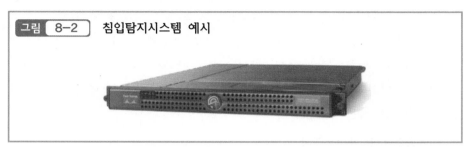

그림 8-2 침입탐지시스템 예시

침입탐지시스템의 구축 목적은 해킹 등의 불법 행위에 대한 실시간 탐지 및 차단과 침입차단시스템에서 허용한 패킷을 이용하는 해킹 공격의 방어 등의 목적으로 구축된다. 침입탐지시스템은 대상시스템(네트워크 세그먼트 탐지 영역)에 대한 인가되지 않은 행위와 비정상적인 행동을 탐지하고, 탐지된 불법 행위를 구별하여 실시간으로 침입을 차단하는 기능을 가진 보안시스템이다.

표 8-3 IDS의 종류

IDS 종류	설 명
네트워크 기반 IDS (Network-IDS)	네트워크 기반 시스템(또는 NIDS)에서 센서는 모니터할 네트워크 또는 종종 DMZ나 네트워크 경계의 초크 지점(choke point)에 위치한다. 센서는 악의적 트래픽 탐지를 위해 모든 네트워크 트래픽의 흐름을 캡처하여 각각의 패킷 내용을 분석한다.
호스트 기반 IDS (Host-IDS)	시스템 내부에 설치되어 하나의 시스템 내부 사용자들의 활동을 감시하고 해킹 시도를 탐지해내는 시스템이다.
하이브리드 IDS (Hybrid IDS)	네트워크 기반 IDS와 호스트 기반 IDS의 두 가지 형식이 혼합된 형태의 시스템이다.

IDS 작동 원리와 관련하여 침입탐지시스템은 데이터수집 단계, 데이터의 가공 및 축약 단계, 침입 분석 및 탐지 단계, 그리고 보고 및 대응 단계의 4단계 구성요소를 가진다.

첫 번째로 데이터 수집 단계는 침입탐지시스템이 대상시스템에서 제공하는 시스템 사용 내역, 컴퓨터 통신에 사용되는 패킷 등과 같은 탐지대상으로부터 생성되는 데이터를 수집하는 감시데이터 수집단계이다.

두 번째로 데이터 가공 및 축약 단계는 수집된 감시데이터가 침입 판정이 가능할 수 있도록 의미 있는 정보로 전환시키는 단계이다.

세 번째로 분석 및 침입탐지 단계에서는 이를 분석하여 침입 여부를 판정하는데, 이 단계는 침입탐지시스템의 핵심 단계이며, 시스템의 비정상적인 사용에 대한 탐지를 목적으로 하는지, 시스템의 취약점이나 응용프로그램의 버그를 이용한 침입에 대한 탐지를 목적으로 하는지에 따라 비정상적 행위 탐지 기술과 오용 탐지 기술로 나뉜다.

네 번째로 보고 및 대응 단계에서는 침입탐지시스템이 시스템의 침입 여부를 판정한 결과 침입으로 판단된 경우 이에 대한 적절한 대응을 자동으로 취하거나, 보안 관리자에게 침입 사실을 보고하여 보안 관리자에 의해 조치를 취하게 한다.

(3) 침입방지시스템(IPS)

방화벽은 외부 침입을 차단하려고 내부 네트워크와 인터넷이라는 외부 공개망의 접점에 위치한 보안의 1차 저지선이다. 하지만 해킹기술이 발전하고, 외부 사용자뿐만 아니라 내부 사용자의 해킹도 많아 방화벽만으로 해킹을 차단하는 데는 한계가 있다. 취약점을 탐지하여 보안 관리자가 조치하기까지는 어느 정도의 시간이 걸리기 때문이다. 이런 이유로 공격자가 공격을 진행하여 손상된 시스템을 복구하는 데 많은 비용과 시간이 든다. 또 침입탐지시스템은 침입을 탐지할 수 있지만, 공격이 증가하면 탐지 능력에 한계가 온다.

최근 보안 관리의 한계를 극복하기 위해 방화벽과 침입탐지시스템을 이용한 침입방지시스템(IPS: Intrusion Prevention System)의 도입에 관심이 높아졌다. 차세대 능동형 네트워크 보안 솔루션인 침입방지시스템은 네트워크에 상주하면서 트래픽을 모니터링하여 악성코드 및 해킹 등의 유해 트래픽을 차단하고, 의심스러운 세션들을 종료시키거나 공격에 대처하는 등 다양한 조치를 취하여 적극적으로 네트워크를 보호한다.

또한 운영체제나 응용 프로그램의 취약점을 능동적으로 보완하고, 웜을 예방하며 정상적인 네트워크 트래픽 상태를 저장했다가 비정상적인 트래픽이 발생하면 알려지지 않은 공격까지 차단할 수 있기 때문에 침입탐지시스템보다 높은 보안 수준을 제공한다. 침입방지시스템은 다음 사항을 갖추고 있어야 한다.

- 통합 보안 관리 시스템의 중앙 허브 역할을 수행함으로써 방화벽과 침입탐지시스템이 제공하는 기능을 조합할 수 있는 통합성을 제공해야한다.
- 알려진 공격 유형은 물론 새로운 공격에도 적절히 대응할 수 있도록 업데이트가 가능해야 한다.

이러한 침입방지시스템은 비정상 탐지 기술과 공격 패턴 기반 기술로 분류할 수 있다.

① 비정상 탐지 기술

평균적인 경우를 기준으로 삼아 상대적으로 급격한 변화가 발생하거나 일어날 확률이 낮은 상황이 발생할 때 그 사실을 알려주는 기술이다. 비정상 탐지 기술에는 통계적인 분석, 정량적인 분석, 비특성 통계 분석 등이 있지만, 평균적인 상태와 비교하여 이상 상태를 추정하는 것이므로 잘못 탐지할 확률이 높다.

② 공격 패턴 기반 기술

이미 발견되고 정립된 공격 패턴을 미리 입력하여 데이터베이스화한 후 거기에 해당하는 패턴을 탐지하면 그 사실을 알려주는 기술이다. 비록 잘못 탐지할 확률을 낮지만 알려진 공격 외에는 탐지할 수 없고 방대한 자료를 분석하기에는 부적합하다는 단점이 있다. 또한 공격 순서 정보를 얻기가 쉽지 않다. 네트워크 환경에서는 잘못 탐지할 가능성이 낮은 공격 패턴 기반 기술로 탐지 및 차단 정책을 적용하고 있다. 비정상 탐지 기술은 탐지 기능만 적용하여 관리자가 탐지된 데이터를 기반으로 분석 및 수동 조치하는 식으로 운영한다.

그림 8-3 침입방지시스템

출처: http://m.ciobiz.co.kr/20120507120001

(4) 가상사설망

지금까지의 기업들은 지사나 영업소 또는 이동근무자가 지역적 제한 없이 업무를 수행할 수 있도록 통신 사업자에게 전용회선을 임대하여 원격지까지 연결하는 방식으로 사설망을 확대했다. 이렇게 구성하는 사설망은 각종 통신망 장비와 소프트웨어 투자에 초기비용이 많이 소요될 뿐만 아니라 통신회선 요금도 비싸고 통신망을 운영하고 관리하는 데에도 많은 인적·물적 자원이 필요하다. 이와 같은 기존 사설망의 고비용과 비효율적인 관리를 해결하기 위한 방법으로 인터넷망을 마치 전용선으로 사설망을 구축한 것처럼 사용하는 방식이 대두하게 되었는데 이를 가상사설망이라 한다.

가상사설망은 기업의 통신망과 인터넷 서비스 제공자와 연결만 하면 되기 때문에 별도로 값비싼 장비나 소프트웨어를 구입하고 관리할 필요가 없어 기존의 사설망 연결방식보다 비용이 대폭 절감되는 효과를 기대할 수 있으며, 일반 기업에서는 확보하기 어려운 정보통신 관련 전문기술을 활용할 수 있다는 장점도 있다. 또 재택근무자, 출장이 잦은 직원, 현장 근무자들이 인터넷 서비스 제공자와 전화로 접속한 다음 인터넷을 통하여 회사와 연결할 수 있다는 장점도 가지고 있다. 즉, 공중망을 이용하기 때문에 사용자가 늘어나거나 장소를 옮기더라도 유연하게 통신망을 사용할 수 있어 본사와 지사, 지사와 지사 간의 자료 공유가 훨씬 용이해진다.

하지만 가상사설망은 인터넷이라는 공중망을 기본으로 하기 때문에 적절한 통신 속도 및 대역폭의 보장과, 무엇보다 정보에 대한 보안이 확실하지 않다는 점이 큰 단점으로 지적되고 있다. 정보의 완벽한 보안을 보장받지 못한다면 서비스로서의 의미를 가질 수 없기 때문이다. 따라서 현재 가상사설망 분야에서는 암호화, 전자인증과 같은 방식을 사용하여 전용사설망과 같은 안전한 자료전송을 모색하고 있는 중이다.

2 접근 제한

가. 내부망 연결 제한

네트워크는 PC나 서버 등 주요 공격 대상을 직접적으로 공격하지 않고도 도청이 가능하며 내부 서버와 PC의 보안이 잘 유지되고 있다 하더라도 개체 간의 관계설정의 허점을 이용하여 충분히 공격될 수 있는 대상이다. 따라서 네트워크는 중요한 보안 요소이며 보호대책을 세워 보안을 잘 유지할 필요가 있다. 연구기관의 내부망을 외부의 위협으로부터 보호하는 방법은 크게 접근을 제어하는 방법과 내부망을 인터넷 상용망과 분리함으로써 제어하는 방법으로 나눌수 있다.

(1) 접근 제어
① 내부망 보안정책 수립

먼저 내부망의 보안정책을 수립해야 한다. 내부망 보호를 위한 세부적인 사항들을 수립하기 이전에 기관 내부망에 인가되지 않은 인원도 접근이 가능하도록 할 것인지, 혹은 사전신청 및 기관의 승인 하에 인가된 인원에 한하여 접근이 가능하도록 할 것인지 결정하여야 한다. 인가된 인원에 한하여 접근이 가능하도록 할 경우, 기관은 신청자에게 소속 및 이름, 신청자 IP 주소, 신청 사유, 사용 기간 및 시간대 등의 사항을 포함하는 신청서를 작성하여 기관에 제출하도록 한다. 신청서 검토 후 승인이 되면 기관은 해당 임직원에게 내부망을 사용할 수 있도록 계정을 부여한다.

또한 내부망 접속이 허가된 임직원에게 사용자 인증을 요구하도록 한다. 사용자 인증 방법은 기본적으로 Id와 Password를 입력하도록 할 수 있다. 단,

보안과제의 경우 확실한 보안을 위해서 인증번호, 일회성 비밀번호와 같이 추가적인 인증수단을 요구할 수도 있다.

② 가상사설망(VPN: Virtual private network) 설치

가상사설망을 설치하여 공중 네트워크를 통해 기관 내 임직원이 정보를 외부 사람에게 드러내지 않고 통신하는 방법이 있다. 가상사설망이란 인터넷망과 같은 공중망을 사설망처럼 이용해 회선 비용을 크게 절감할 수 있는 기업통신 서비스를 말한다. 저렴한 공공의 인터넷망을 이용하여 고비용의 사설 전용선을 사용하는 효과를 볼 수 있는 네트워크 방식이다. 통신 사업자에게 전용회선을 임대하여 인터넷과 같은 공중망을 통해 사설 네트워크를 구축하는 것으로 기존 사설망의 고비용 부담을 해소하기 위해 사용한다. 이는 사설망과 공중망의 중간 형태이며 인터넷으로 일반 전용회선을 사용한 것과 동일한 보안상의 효과를 보인다.

③ 사후 관리

부서 이동, 휴직, 퇴직 등 인사에 변동사항이 발생할 경우에는 관리자가 해당 계정을 회수하거나 정지하여 접속할 수 없도록 하고 주기적으로 계정 사용자 목록을 검토하여 부적절한 인원이 사용 중인 계정이 없는지 확인하도록 한다. 일정 기간(예: 3개월) 동안 사용되지 않는 휴면 계정은 해지하도록 한다.

(2) 내부망 제어

내부망 연결을 제한하는 방법으로는 물리적 분리와 논리적 분리가 있다.

① 물리적 분리

물리적 분리는 보안과제와 같은 극히 중요한 업무를 진행하는 연구실의 경우 기관 내의 다른 지역들과 내부망을 완전 분리하는 방법이다. 내부망을 다른 지역과 물리적 분리할 경우 외부로 정보가 유출될 가능성은 현저히 줄어들 수 있으나 실제적으로 적용하기에는 무리가 있으므로 연구기관이 여건에 따라 자율적으로 결정하도록 한다.

② 논리적 분리

논리적 분리는 내부망을 완전히 물리적으로 단절시키는 것과는 달리 서로 다른 도메인 사이의 정보 흐름과 접근을 통제하기 위해 상호 연결되는 두 네트워크 사이에 안전한 게이트웨이를 설치함으로써 이행될 수 있다. 이러한 게이트웨이는 이러한 도메인 사이의 트래픽을 여과하고 조직의 접근통제 정책에 따라서 인가되지 않은 접근을 봉쇄하도록 구성하여야 한다. 이러한 게이트웨이 유형의 대표적인 예가 바로 방화벽이다.

방화벽이란 외부로부터 내부망을 보호하기 위한 네트워크 구성요소 중의 하나로써 외부의 불법 침입으로부터 내부의 정보자산을 보호하고 외부로부터 유해 정보 유입을 차단하기 위한 정책과 이를 지원하는 하드웨어 및 소프트웨어를 말한다. 외부망으로부터 내부망과 시스템을 보호하기 위하여, 내부망으로 들어오는 모든 패킷을 검사하여 미리 허가된 패킷만 통과시키는 보안 시스템이다.

이렇게 논리적 분리를 하기에 앞서서 방화벽의 보안정책을 결정하여야 한다. 트래픽 흐름의 in/out의 방향성에 관하여 결정하여야 한다. 내부에서 외부로의 흐름만 허용할 것인지, 외부에서 내부로의 흐름만 허용할 것인지 혹은 양방향의 흐름을 모두 허용할 것인지에 대해 연구과제의 중요도와 연구기관의 상황에 따라 결정하도록 한다.

또한 방화벽 장비를 지정된 인원 외의 임직원이 설정 변경 및 조작하는 것을 금지하기 위하여 방화벽 시스템을 관리하는 담당자를 지정하고, 방화벽 장비를 잠금 장치가 설비된 캐비닛이나 보관함에 보관하여 보호하도록 한다. 관리자는 방화벽 시스템을 주기적으로 검토하고 규정 위반자의 유무를 확인하고 기록하여 그에 따른 대책을 수립할 수 있도록 한다.

나. 무선통신망 관리

무선 LAN은 전파를 이용하기 때문에 전선이나 장비에 물리적으로 접근하여 통신 내용을 도청할 수 있는 유선 통신과는 달리 외부의 침입에 의한 정보

유출 가능성이 높다. 따라서 무선통신망의 구축 시 비인가 사용자의 차단을 위해 일련의 보안조치를 취해야 한다.

무선통신망의 효율적인 보안 관리 및 운영을 위하여 무선통신망 관리자를 지정 및 운영하여야 한다. 보안상 취약한 무선망의 신설 또는 증설은 최대한 자제하고 무선랜은 유선 네트워크 설치가 어려운 장소에 한하여 한시적으로 사용하도록 한다.

내부망 제어와 마찬가지로 인가되지 않은 인원도 무선통신망에 접근이 가능하도록 할 것인지, 혹은 사전신청 및 기관의 승인 하에 인가된 인원에 한하여 접근이 가능하도록 할 것인지 결정하여야 한다. 사전에 인가된 인원만 접근이 가능하도록 시행하고자 하는 경우에는 신청자에게 소속 및 이름, 신청 사유, 사용기간 및 시간대 등의 사항을 포함하는 신청서를 작성하여 기관에 제출하도록 한다. 신청서를 검토한 후 아무런 하자가 없으면 담당자는 해당 임직원에게 무선통신망을 사용할 수 있는 계정을 부여한다.

접근을 제어하는 방법으로는 접근하고자 하는 정보기기 인증방법과 접속하고자 하는 임직원에 대한 사용자 인증방법이 있다. SSID(Service Set Identifier)는 무선랜을 통해 전송되는 모든 패킷의 헤더에 존재하는 고유 식별자인데 이를 통해 임직원이 무선통신망 사용 시 기기인증을 하도록 한다. 단, 보안과제의 경우 기기인증에 더하여 개인별 ID와 비밀번호를 임직원 개개인에게 부여하여 무선통신망 사용 시 입력하도록 하여야 한다.

또한 무선통신망의 특성상 외부의 침입에 의한 정보유출의 가능성이 높은데 이를 방지하기 위하여 암호화하여 통신해야 한다. 암호화 방식에는 WEP, WPA, WPA2 등이 있다. WEP는 초기 무선 랜 암호화 방식으로, 보안 취약성 때문에 현재는 그리 권장되지 않는다. WPA는 WEP의 보안 취약성을 보완하기 위해 TKIP 보안 기술과 EAP 인증 기술을 추가 적용할 수 있다. 특히 패킷당 키 할당 기능, 키값 재설정 등 다양한 기능이 있기 때문에 해킹이 불가능하고 네트워크에 접근 시 인증 절차를 요구한다. WPA2는 WPA보다 개선된 암호화 방식으로 AES 암호화 기술이 추가됐다. 암호 강도 순으로 보면 WEP<WPA<WPA2이다. 따라서 최신 버전인 WPA2의 방법을 적용하는 것을 권장한다.

부서 이동, 휴직, 퇴직 등 인사에 변동사항이 발생할 경우에는 관리자가 해당 계정을 회수하거나 차단하여 접속할 수 없도록 하고 주기적으로 계정 사용자 목록을 검토하여 부적절하게 사용되는 계정은 없는지 확인해야 한다. 일정 기간(예: 3개월) 사용되지 않는 휴면 계정은 해지하도록 한다. 무선통신망의 설치 시에는 반드시 정보보안 관리자의 사전승인을 받고 인가된 것만 설치하도록 하며, 정보보안 관리자는 인가되지 않은 무선통신 장치 사용 여부를 주기적으로 점검하여야 한다.

부 록

주요 서식

[별첨 1] 외국인 접촉 신청서

접촉 일시				
접촉 장소				
신 청 자	소속	직급	성명	비고
피접촉 외국인	소속(소재지)	직책	성명	국적
목 적				

상기와 같이 외국인을 접촉하고자 하오니 승인하여 주시기 바랍니다.

20 .   .

신청자 직급 :   성명 :   (인)

승인권자	소속 : 직급 : 성명 : (인)

[별첨 2] 외국인 접촉 결과서

접촉일시				
접촉장소				
접 촉 자	소 속	직 급	성 명	비 고
피접촉 외국인	소속(소재지)	직 책	성 명	국 적
목 적				
접촉내용 (6하원칙 구체화)				
특이사항				
보 고 자	상기와 같이 외국인 접촉결과를 보고합니다. 20 . . . 직급 : 성명 : (인)			
승인권자	소속 : 직급 : 성명 : (인)			

[별첨 3] 영문보안서약서

(Written Oath)

　본인은 　년　 월　 일 부터 ○○○○연구원　 ○○○○○연구실에 근무함에 있어 다음 사항을 준수할 것을 서약한다.
　I hereby pledge myself to observe the following regulations while working in ___ laboratory, the Korea Ocean Research & Development Institude starting on ____

1. 본인은 귀연구원의 모든 보안관계 법규를 준수한다.
　 to observe all the rules of security.
2. 본인은 근무중 지득한 기밀사항에 대해 연구활동 계약기간 중은 물론 계약 종료후에도 누설하지 않는다.
　 not to leak out confidential information which is obtained while at my research work not only during but also after my stay at th KORDI.
3. 본인은 업무 수행과 관련하여 사전 허용된 지역만 출입하고 그외 허용되지 않은 지역은 출입하지 않는다.
　 while carring out my research work, only to enter the premise which has been authorized by the KORDI in advance.
4. 본인이 귀 연구원의 내·외부시설에 대한 사진 촬영을 하지 않겠으며, 관리책임자의 승인 없이 어떠한 물건도 반출하지 않는다.
　 not to take pictures of any KORDI facilities,
　 not to take any KORDI assets out of its premise without permission.
5. 본인이 위 사항을 위반하였을 경우 관계법률에 의해 처벌을 받게 된다는 사실을 충분히 인식하고 이에 서명한다.
　 I duly sign here with full understanding that I will be punished for any violation of above mentioned regulation.

　　　　　　　　　　　　　　　　　　　　　　　년　　 월　　 일
　　　　　　　　　　　　　　　　　　　　　(Date :　　 ,　20　)

국　　 적(Nationality):
여권번호(Passport No):
이 름(Name):
소속 및 직책(Position):
　　　　　　　　　　　　　　　　　　　　　　서명(Signature):

[별첨 4] 연구개발계획서

■ 국가연구개발사업의 관리 등에 관한 규칙 [별지 제2호서식] 〈개정 2015.1.21.〉

연구개발계획서

고유번호		보안등급 분류	[ ]보안, [ ]일반	공개가능 여부	[ ]가, [ ]부

사업명		
과제명	국문	
	영문	

연구책임자	성명		과학기술인등록번호		
	소속기관명		전자우편		전화번호
	지역		전공		학위
총연구기간	. . .~ . . .(개월)		( )차년도 협약기간		. . .~. . .(개월)
총연구개발비		백만원	( )차년도 연구개발비		백만원

　「국가연구개발사업의 관리 등에 관한 규정」 제6조 제4항에 따른 연구개발계획서를 붙임과 같이 제출합니다.

년　　　　월　　　　일

주관연구책임자:　　　(서명 또는 인)

주관연구기관장:　　　[직인]

장관 귀하

작 성 방 법

1. **고유번호**: 고유번호는 「국가연구개발사업의 관리 등에 관한 규정」 제9조 제4항 및 제5항에 따라 부여되며, 중앙행정기관의 장 또는 전문기관의 장이 적습니다.
2. **보안등급 분류**: 「국가연구개발사업의 관리 등에 관한 규정」 제24조의4의 보안등급의 분류에 따라 해당 보안등급에 ✓ 표시를 하고, '보안과제'로 분류된 경우에는 이 기준에 따라 보안조치를 수행하여야 합니다.
3. **공개가능 여부**: 국가과학기술종합정보시스템을 통한 정보공개를 희망하지 아니하는 경우 공개가능 여부란 "부"에 ✓ 표시를 합니다.
4. **과학기술인등록번호**: 국가과학기술종합정보시스템에 회원가입 후 부여되는 번호를 적습니다.
5. **지역**: 연구수행기관의 소속지역을 특별시·광역시·특별자치시·도·특별자치도 단위로 적습니다.
6. **전공**: 최종학위를 기준으로 공식명칭을 적습니다.
7. **학위**: 학사·석사·박사 및 기타로 적습니다.

[붙임자료]

연구개발계획서

1. 연구개발의 필요성

2. 연구개발 목표 및 내용

3. 평가의 착안점 및 기준

4. 연구개발의 추진전략·방법 및 추진체계

5. 국제공동연구개발의 추진계획(국제공동연구에 해당하는 경우에만 작성합니다)

6. 연구개발로부터 발생이 예상되는 연구개발성과

구분	논문	특허	보고서 원문	연구시설 ·장비	기술요약 정보	소프트웨어	생명자원		화합물
							생명정보	생명자원	
발생여부									
예상수량									

7. 연구개발성과의 활용방안 및 기대효과

8. 주요 연구실적 (5개 이내)

연구 제목	연구 내용	연구 기간	발표서적 또는 학술지명 (연호권호 포함)	연구수행 당시의 소속기관	역 할 (연구책임자 또는 연구원)	연구비 지급기관	비고

9. 연구논문 발표실적 등 (10개 이내)

10. 현재 참여하고 있는 국가연구개발사업(해당하는 경우에만 작성합니다)

부처명	과제명	지원 기간	연구비(백만원) (과제신청자 연구비)	연구기간 (부터 ~ 까지)	역할 (연구책임자 또는 연구원)

11. 연구원 편성표

구분	성명	과학기술인 등록번호	소속 기관명	직급	전공 및 학위			
					학위	연도	전공	학교
연구책임자								
참여연구원								

※ 연구원 편성표(학생연구원)

과 정	사람-월 총량	비 고
박사후과정		
박사과정		
석사과정		
학사과정		

12. 연구개발비 소요명세서(단위: 백만원)

가. 총괄

구 분			1차년도	2차년도	3차년도	4차년도	5차년도
직접비	인건비	미지급용					
		지급용					
		현물					
	학생인건비						
	연구장비·재료비	현금					
		현물					
	연구활동비						
	연구과제추진비						
	연구수당						
	위탁연구개발비						
간접비	간접비						

나. 비목별 연구개발비 소요명세서

1) 직접비

(1) 인건비

(단위: 천원)

기관명	성명	과학기술인 등록번호	부서명 (직급)	월급여	참여 시작일 / 참여 종료일	참여 개월 수	참여율 (%)	총액	다른 과제 참여현황 사업명	참여율 (%)	비고
					. .						
					. .						
					. .						
					. .						
					. .						
		합계									

※ 참여율은 정부출연(연), 특정연 등의 경우 국가연구개발사업, 기본사업, 정책연구사업, 정책연구 및 기술개발용역사업의 총 참여율을 기재함

(2) 학생 인건비 소요명세

(단위: 천원)

과 정	월 급여	사람-월 총량	총 급여	비 고
박사후과정				
박사과정				
석사과정				
학사과정				
총 액				

13. 연구책임자계정 학생인건비 현황

(단위: 천원)

구분	연구개발사업 공고일 현재 잔액(A)	현재 수행중인 과제의 학생인건비 집행예정액(B)	금회 계상 학생인건비(C)	계 (D=A-B+C)
금액				

※ 현재 수행중인 국가연구개발사업 현황(B 관련)

과제명	지원기관	협약기관	공고일 이후 학생인건비 지급예정액

14. 보안등급의 분류 및 결정사유

보안등급 분류	
결정사유	

15. 연구실 안전조치 이행계획

1) 연구실 안전조치 이행계획

2) LMO 연구시설 및 수입신고 현황

시설번호	제LML○○ - ○○호	안전관리 등급	○등급
수입신고(최근 1년간)		제LMI○○ - ○○	

작 성 방 법

1. 연구개발의 필요성: 수행하려는 연구개발과제와 관련되는 국내외 현황 및 문제점과 전망 등에 관하여 기술하고, 국내 연구개발의 필요성을 구체적으로 기술합니다.
2. 연구개발 목표 및 내용: 연구개발의 최종목표, 연구개발 목표의 성격, 연차별 연구내용 및 연도별 연구개발의 추진일정 등을 기술합니다.
3. 평가의 착안점 및 기준: 해당 연구개발성과의 객관적인 평가를 위하여 이용될 수 있는 기준 또는 주안점을 가시적이고 정량적으로 기술합니다.
4. 연구개발의 추진전략·방법 및 추진체계
   가. 추진전략·방법: 기술정보수집, 전문가확보, 다른 기관과의 협조방안 및 연구개발의 목표 달성과 문제점 해결을 위하여 적용하려는 연구개발방법론(접근방법) 등을 기술합니다.
   나. 추진체계: 국내·외 수준과 우리 여건을 종합적으로 평가한 연구개발 최종목표의 달성을 위해 연구개발하려는 내용의 추진체계를 도식적으로 표시합니다.
5. 국제공동연구개발의 추진계획: 추진배경, 성공가능성, 연구개발비, 연구개발인력, 연구시설 등의 이용 및 분담내용, 향후 추진일정 등을 기술합니다.
6. 연구개발로 부터 발생이 예상되는 연구성과: 발생여부란에 발생이 예상되면 ○으로 표시 및 예상수량을 기재하며, 발생이 예상되지 않으면 X로 표시합니다.
7. 연구개발성과의 활용방안 및 기대성과
   가. 활용방안: 예상되는 활용분야 및 활용방안을 상세히 기술하고, 이에 따른 기업화, 추가연구, 기술이전 등을 서술합니다.
   나. 기대성과: 연구자 입장에서 기대되는 결과를 기술적 측면과 경제·산업적 측면으로 구분하여 간단 명료하게 기술합니다.
8. 주요 연구실적: 대표적 실적을 5개 이내로 작성하고, 비고란에는 산업재산권 출원·취득 등 특기할

만한 사항을 기술합니다.

9. 연구논문 발표실적 등: 저서, 국내전문학술지, 국외전문학술지, 대학 학술지, 학술회의 발표, 특허, 그 밖에 주요 연구업적을 10개 이내로 간단히 서술합니다.

10. 현재 참여하고 있는 국가연구개발사업: 해당 국가연구개발사업 외에 다른 국가연구개발사업에 참여하고 있는 경우 그 현황을 기록합니다.

11. 연구원 편성표: 연구책임자 및 참여연구원의 인적사항 등을 작성합니다.

12. 연구개발비 소요명세서: 연구개발비의 예상 소요비용을 비목별로 작성합니다.

13. 연구책임자계정 학생인건비 현황: 기관별로 통합 관리하는 학생인건비중 연구책임자 계좌의 잔액 및 제안과제에 계상된 학생인건비를 기재합니다.

14. 보안등급의 분류 및 결정사유: 「국가연구개발사업의 관리 등에 관한 규정」제24조의4에 따른 분류 및 결정 사유를 서술합니다.

15. 연구실 안전조치 이행계획: 「연구실 안전환경 조성에 관한 법률」에 따른 연구실 안전조치 이행계획(해당 연구실안전점검 및 정밀안전진단실시, 참여연구원의 교육훈련 및 건강검진실시, 보험가입 등) 및 기타 당해 연구개발사업 수행 시 필요한 연구실안전 확보 계획 등을 서술합니다.

  * 유전자변형생물체(LMO)를 이용하는 연구과제의 경우에는 「유전자변형생물체의 국가간 이동에 관한 법률」에 따른 연구시설 설치·운영신고확인서 및 시험·연구용 LMO 수입신고확인서에 기재된 내용을 기입합니다.(미신고 시설운영 및 수입의 경우 벌칙으로 2년이하의 징역 또는 3천만원이하의 벌금을 부과합니다.)

※ 필요 시 중앙행정기관의 사정에 따라 변경 가능합니다.

[별첨 5] 연구개발과제 표준 협약서(전문기관과 주관연구기관과의 협약용)

○ 연구개발 사업명:
○ 연구개발 과제명:
○ 협약연구개발비

구 분	1차년도	2차년도	3차년도	…	계
정 부 출 연 금	천원	천원	천원		천원
기 업 부 담 금	천원	천원	천원		천원
기 타	천원	천원	천원		천원
계	천원	천원	천원		천원

○ 총 연구개발기간
　　　　　년 월 일 부터　　　년 월 일 까지

○ 다년도 협약연구기간
　　　　　년 월 일 부터　　　년 월 일 까지

○ 당해연도 협약 연구기간
　　　　　년 월 일 부터　　　년 월 일 까지

○ 협 약 당 사 자 (갑) : (전문기관의 장)
　　　　　　　　　 (을) : (주관연구기관의 장)
○ 주관연구책임자 (병) :
　　- 소속　　　　　　　 직급(위)　　　　　　　 성명
○ 협 동 연 구 기 관 :
　(기관명)　　　　　　　　(세부연구책임자)
　(기관명)　　　　　　　　(세부연구책임자)
　(기관명)　　　　　　　　(세부연구책임자)

위 연구개발과제의 수행에 관하여 (갑)과 (을)은 다음과 같이 협약을 체결한다.

제1조(연구개발 목표 및 내용) 별첨1의 연구개발과제계획서(협약용)상의 목표 및 내용과 동일하다.

제2조(연구개발의 수행) ① (을)과 (병)은 미래창조과학부 소관 과학기술분야 연구개발사업 처리규정(이하 "처리규정"이라 한다) 제12조에 따른 권한과 책임을 갖고 별첨1의 연구개발과제계획서(협약용)에 따라 성실히 수행하여야 한다.

제3조(연구개발비의 지급) ① (갑)은 (을)에게 다음과 같이 정부출연연구개발비를 지급한다.
(가) 제 1 차 :   년   월   일   천원
(나) 제 2 차 :   년   월   일   천원
(다) 제 3 차 :   년   월   일   천원
(라) 제 4 차 :   년   월   일   천원
다만, 정부의 재정사항 등과 본 협약서 제16조 및 제17조에 따라 협약이 변경 또는 해약되었을 경우에는 이를 변경할 수 있다.
② (을)은 협동연구개발과제가 있는 경우 정부출연연구개발비를 제1항에 준하여 별첨2의 연구개발비 집행계획서에 따라 협동연구기관의 장에게 지체없이 재지급하여야 한다.
③ (갑)은 제2항에 따른 연구개발비 재지급이 정당한 사유없이 지체된 경우, 재지급할 때까지 발생한 해당 정부출연금에 대한 예금이자를 회수할 수 있으며, 본 협약서 제19조 제2항 제7호에 따른 제재조치를 취할 수 있다.
④ 연구기간 중 발생이자는 연구개발 재투자 및 그 밖에 미래창조과학부장관(이하 "장관"이라 한다)으로부터 승인받은 용도에 한하여 사용하여야 하며, 그 구체적인 기준 및 방법은 처리규정이 정하는 바에 따른다.
⑤ 참여기업 및 그 밖의 자가 부담키로 한 연구개발비의 지급은 (을)과 동 당사자의 계약이 정한 바에 따른다.

제4조(연구개발비의 관리 및 사용) ① (을)은 처리규정이 정하는 바에 따라 정부 또는 정부 이외의 자의 출연금, 참여기업의 부담금 등의 연구개발비를 다른 용도의 자금과 분리하여 이를 지급받고 사용한 회계관리 사항을 증빙할 수 있도록 별도의 계정을 설정하여 다음 각 호와 같이 관리하여야 하며, 이에 따른 예금이자는 연구개발 재투자 및 그 밖에 (갑)에게 따로 이와 유사한 목적으로 승인받은 용도에 한하여 사용하여야 한다. 다만 (을)이 2개 이상의 연구개발과제를 동시에 수행할 경우에는 연구개발비를 효율적으로 관리하기 위하여 별도의 통합계좌를 운영할 수 있으며, 각 연구과제별로 지급받고 사용한 회계관리 사항을 구분하여 증빙할 수 있도록 하여야 한다.

1. 연구개발비에 관한 사무는 (을) 또는 (병)이 그 소속직원 중에서 지정하는 자(이하 "연구개발비 관리자"라 한다)가 처리한다.
2. 연구개발비 관리자는 제3조에 따라 지급받은 연구개발비를 가까운 금융기관에 (을) 또는 자체규정 등에 의한 (을)의 소속 직원 중 위임받은 자를 예금주로 하여 예치하고 선량한 관리자의 주의를 다하여 운용하여야 한다.
3. 연구개발비 관리자는 현금출납부 또는 이에 준하는 장부를 비치하고 총괄 및 비목별로 구분하여 출납상황을 기록·관리하여야 한다.
4. 연구개발비 관리자는 지급에 관한 결의서 및 영수증서와 그 밖에 필요한 경우 견적서·청구서 또는 계약서·검사조서 등 지급의 내용을 증명하는데 필요한 증빙자료를 유지하여야 하며, 이를 월별 또는 분기별로 구분하여 편철하고 그 표지에는 총 건수·총 매수·총 금액 및 관리자의 직·성명을 기재·날인하여야 한다.
5. 연구개발비 관리자는 예치 운용증서(통장), 장부, 증빙서류 등의 보존을 (을)의 규정에 의하되, 최소한 당해 연구개발과제의 종료연도 후 5년간 보존하여야 한다.
6. 연구개발비 관리자는 연구개발비를 연구비카드제 운영관리지침에서 정하는 바에 따라 관리하여야 한다.
7. 연구개발비에서 집행되는 관세·부가가치세 등은 관련 세법에 따라 신고하여야 한다.

② (을)과 (병)은 제3조에 따라 지급받은 연구개발비를 처리규정 별표3의 연구개발비 비목별 계상기준 및 별표5의 직접비 항목별 사용방법에 따라 사용하여야 한다. 이 경우 학사, 석사 및 박사 과정 중에 있는 학생 등의 연구원에게 지급되는 인건비는 공동관리를 할 수 없다.

③ (을)은 연구개발비 중 위탁연구개발비를 연구개발계획서 또는 연차실적·계획서상의 금액보다 20%이상 증액하고자 하는 경우 (갑)의 승인을 받아야 한다.

④ 본 연구개발비의 집행에 대한 회계는 과제단위로 구분하여 비목별로 처리하여야 한다.

⑤ (을)과 (병)이 제1항에 따른 연구개발비 사용액 중 증빙하지 못한 금액, 처리규정 별표3의 연구개발비 비목별 계상기준 및 별표5의 직접비 항목별 사용방법에 위배하여 사용한 금액, 제3항에 따른 항목별 연구개발비 변경승인사항을 승인없이 초과변경 사용한 금액은 각각 회수한다.

제5조(연구개발결과의 보고) ① (병)은 해당과제의 연구기간이 2년 이상의 계속과제인 경우 또는 다년도 협약 연구기간이 2년 이상인 경우에는 계속지원 타당성 검토 평가를 위한 연차실적·계획서 및 자체평가의견서를 본 협약에서 정한 연구개발 종료 1개월전 또는 해당연도 연구기간 종료 1개월전에 (갑)에게 제출하여야 한다.

② (병)은 처리규정 제32조에 따라 연구개발사업 종료 1개월 전(단계평가시) 또는 연구개발사업 종료 후 1개월 이내(최종평가시)에 평가용 최종(단계)보고서와 연구개발결과활용계획서 및 (을)의 자체 평가의견서를 첨부하여 (갑)에게 제출하여야 한다.

제6조(연구개발비의 사용실적보고 등) ① (을)은 처리규정 제28조에 따른 연구개발비 사용실적을 연구개발 과제가 종료한 날로부터 3개월 이내에 (갑)에게 보고하여야 한다. 이 경우에 (갑)은 보고에 대한 검토확인을 위하여 필요한 경우 소속직원으로 하여금 (을)에게 제4조에 의한 별도계정원장 및 증빙서류를 제출토록 하여 열람하게 하거나 그 사본을 제출하게 할 수 있다.

② (을)은 다년도협약 과제의 경우 제1항의 규정에 따라 매 연도별 연구기간이 종료한 날로부터 3개월이내에 연구비 사용실적을 보고하여야 하며, 해당연도 연구기간 내에 발생한 연구비 사용잔액을 다년도 협약기간 내에서 해당과제의 차년도 연구비로 이월하여 사용할 수 있다.

③ (을)은 연구개발 종료후 연구개발비의 잔액이 발생하였을 경우 해당 금액 중 정부 출연금 지분 해당액은 제1항에 따라 사용실적을 (갑)에게 보고한 즉시 (갑)이 지정한 관리계좌에 입금하여야 한다.

④ 제3항에 따른 연구개발비 잔액과 부당 집행분의 회수 및 사용에 관한 구체적인 사항은 처리규정에 따른다.

제7조(연구개발결과의 평가) ① (갑)은 연구개발결과 평가등급이 일정등급이하로 평가된 경우 (을) 및 (병)에 대하여 본 협약서 제19조 제2항 제1호 및 처리규정 제45조에 따라 제재조치를 취할 수 있으며, (을)은 참여연구원의 연구개발평가결과를 연구원 평가에 반영 조치할 수 있다.

② 연구개발결과 평가등급이 일정등급 이하로 평가된 경우에는 (갑)은 해당 연구개발과제를 중단시킬 수 있으며, 단계평가 시 지적된 사항을 반영하여 다음 단계의 연구개발계획을 수립하여야 한다.

제8조(연구개발보고서 등의 배포) ① (을)은 사업종료 후 2개월 이내에 최종(단계)보고서를 (갑)에게 제출하고 국회도서관, 국립중앙도서관, 국가기록원, 한국과학기술정보연구원 등 관련기관에 배포하거나 공개하고 배포일로부터 1개월 이내에 최종(단계)보고서 및 보고서 초록을 (갑)에게 제출하여야 한다.

② (을)은 연구개발 종료시점까지 장관이 별도로 정하는 서식에 따라 과제별 최종보고서를 작성하여 (갑)에게 송부하여야 하며 계속과제인 경우에는 연차실적·계획서를 연구종료 1개월전에 (갑)에게 송부하여야 한다.

③ (을)은 제1항과 제2항에도 불구하고 장관이 국가보안유지 또는 그 밖의 사유로 배포를 제한하거나 기업참여 과제 중 참여기업 대표가 정당한 사유로 비공개를 요청한 사항에 대하여는 연구결과를 공개하지 아니하여야 한다.

④ (을)은 첨단과학기술보호를 위하여 필요하다고 판단될 때에는 장관의 승인을 얻어 연구보고서의 배포를 제한하거나 필요한 조치를 취하여야 한다.

제9조(연구개발정보의 등록) (을)과 (병)은 최초 과제협약 후 30일 이내에 과제, 개인정보 활용을 동의한 참여인력, 성과, 장비·기자재 등 연구개발표준정보를 국가과학기술 종합정보서비스에 등록하여야 한다.

제10조(연구성과의 등록·기탁) ① 처리규정에 따라 (갑)은 (을)에게 본 연구개발을 통하여 창출되는 연구성과의 효율적인 관리 및 유통을 촉진하기 위하여 필요한 조치를 취할 수 있다.

② (을) 또는 (갑)은 연구성과물을 취득한 후 3개월 이내에 처리규정 제41조 제8항에 따른 별표10의 기준과 장관이 별도로 정하는 서식에 따라 장관이 별도로 지정하는 전담기관에 등록 또는 기탁하여야 한다.

제11조 (연구개발결과의 활용촉진 및 기술실시계약) ① (을)은 처리규정 제37조에 따라 연구 개발결과의 활용을 촉진하여야 한다.

② (을)은 연구개발성과를 이용하고자 하는 기업(이하 "실시기업"이라 한다)의 대표와 기술실시계약(이하 "실시계약"이라 한다)을 체결할 경우에 실시계약 체결 당시 처리규정을 준수하여야 한다.

③ 기업 참여과제인 경우에는 제1항에도 불구하고 (을)은 참여기업 대표와 협의하지 아니하고 참여기업이 아닌 그 밖의 자와 실시계약을 체결하여서는 아니된다. 다만, 다음 각 호의 경우에는 그러하지 아니하다.

1. 정당한 사유 없이 연구개발과제 종료 후 2년 이내에 실시계약을 체결하지 아니한 경우

2. 약정한 기술료를 1년 이상 납부하지 아니한 경우

3. 기술실시계약을 체결한 후 연구개발결과를 활용하는 사업을 정당한 사유 없이 1년 이내에 시작하지 아니하거나 그 사업을 1년 이상 중단한 경우

④ 제3항 제2호와 제3호는 참여기업 이외의 기업으로서 연구개발성과를 활용하고자 하는 기업에도 준용한다.

⑤ (을)은 제1항, 제3항 및 제4항에 의한 실시계약이 체결된 경우에는 그 계약한 날로부터 30일 이내에 동 계약서 사본을 첨부하여 (갑)에게 보고하여야 하며, 기술료

및 징수기간 등 중요계약사항의 변경이 있는 경우에도 이와 같다.

제12조(기술료의 징수) ①연구개발 결과물 소유기관의 장 또는 전문기관의 장은 과학기술기본법 제11조의4 제1항에 따라 기술료를 징수할 경우 처리규정 제38조에 따라 기술료를 징수하여야 한다.

② (을)은 기술실시계약에 따라 실시기업으로부터 기술료를 징수하기 위하여 필요한 조치를 취하여야 하며, 실시기업의 부도, 폐업 등의 사유가 발생하였을 경우에는 지체 없이 기술료 징수와 관련한 모든 조치를 취한 후 그 결과를 (갑)에게 보고하여야 한다.

제13조(기술료의 사용) (을)은 처리규정 제39조를 준용하여 기술료를 사용하여야 한다.

제14조(기술료의 징수 및 사용실적 보고) ① (을)은 처리규정 제38조에 따라 징수된 기술료 중 처리규정 제39조의 비율에 해당하는 금액을 징수한 날부터 30일 이내에 (갑)이 지정하는 계좌에 이체하고 기술료 징수결과 및 납부실적을 (갑)에게 보고하여야 한다.

② (을)은 당해연도의 기술료 사용실적을 처리규정 별지 제14호서식에 따라 다음연도의 2월 말일 까지 (갑)에게 보고하여야 한다. 이 경우에 장관 및 (갑)은 필요한 경우 그 사용실적을 점검할 수 있다.

제15조(지식재산권 및 발생품의 귀속 등) ① 본 연구개발 과제의 성과로서 취득하는 연구기자재·연구시설 및 시작품 등 유형적 결과물은 (을)의 소유로 한다. 다만, 공동연구기관, 위탁연구기관 및 참여기업(이하 "참여기관"이라 한다)이 소유의 조건으로 부담한 연구기자재 및 연구시설은 해당 참여기관의 소유로 할 수 있다.

② 본 연구개발 과제의 성과로서 취득하는 지식재산권·연구보고서의 판권 등 무형적 결과물은 (을)의 소유로 한다. 다만, 제1호 및 제2호에 해당하는 경우에는 참여기관이 단독으로 소유할 수 있고, 제3호에 해당하는 경우에는 (을)과 참여기관이 공동으로 소유할 수 있다.

1. 참여기관이 자체 개발하거나 주도적으로 개발한 무형적 결과물
2. (을)이 연구개발 결과물을 소유할 의사가 없는 경우
3. (갑)이 (을)과 참여기관이 공동으로 소유하는 것이 연구개발 결과물의 활용을 위하여 더 효과적이라고 판단하는 경우

③ (갑)은 다음 각 호의 어느 하나에 해당하는 경우 제1항에도 불구하고 연구개발 결과물을 국가의 소유로 할 수 있다.

1. 국가 안보상 필요한 경우

2. 연구개발 결과를 공익적 목적에 활용하기 위하여 필요한 경우

3. 제1항 및 제2항에 따라 연구개발 결과물을 소유하게 될 기관이 국외에 있는 경우

4. 그 밖에 (을) 및 참여기관이 소유하기에 부적합하다고 인정되는 경우

④ (갑)은 제3항 제3호에도 불구하고 해당기관과 공동으로 연구를 수행한 주관연구기관, 참여기관이 국내에 소재하는 경우에는 국내에 있는 기관의 소유로 할 수 있다.

⑤ (갑)은 제3항에 따라 국가가 소유하게 된 연구개발 결과물을 전문기관 또는 「산업기술혁신촉진법」 제38조에 따른 한국산업기술진흥원에 위탁하여 관리하게 할 수 있다.

⑥ (을)은 다음 각 호의 경우에는 참여기업 또는 연구개발 결과를 실시하는 기업(이하 "실시기업"이라 한다)의 대표와 협의하여 제1항, 제2항 및 제4항의 규정에 따라 취득한 결과물을 참여기업, 실시기업 또는 다른 적절한 기관(국내에 있는 기관을 우선적으로 고려하여야 한다)에 양여할 수 있다. 다만, (을)이 연구개발 결과물에 대한 권리를 포기한 경우에는 해당 연구과제를 수행한 연구책임자에게 무상으로 양여할 수 있다.

1. 제1항에 따른 유형적 결과물의 경우에는 (을)이 참여기업 또는 실시기업으로부터 해당 결과물의 가액 중 정부출연금 지분에 상당하는 금액을 기술료 등으로 회수한 경우

2. 제2항에 따른 무형적 결과물 경우에는 (을)이 참여기업 또는 실시기업으로부터 기술료의 징수를 완료한 경우

3. 그 밖에 장관이 인정한 경우

⑦ (을)이 제6항 제1호 및 제2호에 의해 참여기업 또는 실시기업 등으로부터 회수한 금액은 처리규정 제39조에 따라 사용하여야 한다.

제16조(협약의 변경) ① (갑)은 (을)로부터 요청이 있거나 필요한 경우에는 연구개발 계획서의 내용 또는 협약사항을 변경 또는 중단할 수 있다. 다만, 기업참여과제의 연구개발 계획서를 변경하고자 할 때에는 미리 참여기업의 대표와 협의하여야 한다.

② 다년도 협약과제의 경우 정부의 예산사정, 연차실적·계획서, 평가결과 등에 따라 (갑)은 협약내용을 변경할 수 있다.

제17조(협약의 해약) ① (갑)은 다음 각 호의 어느 하나에 해당하는 사유가 발생하였을 경우에는 협약을 해약할 수 있다. 다만, 기업참여과제는 참여기업의 대표와 미리 협의하여야 한다.

1. 연구개발목표가 다른 연구개발에 의하여 성취되어 연구개발을 계속할 필요성이 없어진 경우

2. 주관연구기관 또는 참여기업의 중대한 협약 위반으로 인하여 연구개발을 계속 수행하기가 곤란한 경우

3. 주관연구기관 또는 참여기업이 연구개발과제의 수행을 포기한 경우

4. 주관연구기관 또는 참여기업에 의하여 연구개발의 수행이 지연되어 처음에 기대하였던 연구성과를 거두기 곤란하거나 연구개발을 완수할 능력이 없다고 인정되는 경우

5. 연구자가 연구비 부당집행 등 중대한 협약 위반으로 처리규정 제45조에 따른 참여제한이 확정되어 연구개발을 계속 수행하기가 곤란한 경우

6. 다년도 협약과제의 경우 연차실적·계획서에 대한 검토 및 단계평가 결과 장관에 의하여 연구개발 중단조치가 내려진 경우

7. 부도·법정관리·폐업 등의 사유로 주관연구기관 또는 참여기업이 연구개발과제를 계속 수행하는 것이 불가능하거나 계속 수행할 필요가 없다고 장관 또는 전문기관의 장이 인정하는 경우

8. 처리규정 제40조에 따른 보안관리가 허술하여 중요 연구정보가 외부로 유출되어 연구수행을 계속하는 것이 불가능하다고 장관 또는 전문기관의 장이 인정하는 경우

9. 처리규정 제43조 제2항에 따른 연구부정행위로 판단되어 연구개발과제의 연구개발을 계속 수행하는 것이 불가능하다고 장관 또는 전문기관의 장이 인정하는 경우

② 제1항에 따라 협약이 해약되었을 경우에는 (을)은 실제 연구개발에 사용한 금액을 제외한 나머지 연구개발비 중 정부출연금 지분에 해당하는 금액을 즉시 (갑)이 지정하는 관리계좌에 이체하여야 한다. 다만, 동조 제1항 제2호 내지 제4호, 제7호 내지 제9호의 사유로 협약이 해약되었을 경우에는 (갑)은 교부한 출연금 전부 또는 일부를 회수하고, 필요한 경우에는 처리규정 제45조에 따른 제재조치를 취할 수 있다.

③ (을)과 (병)은 연구기관(기업부설연구소) 또는 참여기업의 부도·법정관리·폐업·연구기관(연구자)의 부적절한 연구비 관리 및 사용 등의 상황이 발생한 경우 이를 즉시 (갑)에게 보고하여야 하며, 처리규정 제21조 제2항에 따른 연구비의 집행중지, 현장 실태조사 등의 조치에 성실히 응하여야 한다.

제18조(관계자료 제출 등) (을)과 (병)은 (갑) 또는 장관과 (갑)이 지정하는 자의 연구개발 현장 확인, 관계서류의 열람, 관계 자료의 제출요청 등에 성실히 응하여야 한다.

제19조(관계법령의 준수 및 제재조치) ① (을)과 (병)은 본 연구개발을 수행함에 있어서 본 연구개발사업의 소관법률, 처리규정 및 하위지침을 성실히 준수하여야 한다.

② (갑)은 다음 각 호의 기준에 따라 (을)과 (병), 참여기업 또는 실시기업에 대하여 연구개발사업에 5년 이내의 기간동안 참여제한 조치를 취할 수 있다. 다만, 정당한

사유가 있는 경우에 대하여는 그러하지 아니한다.

1. 연구개발의 결과가 극히 불량하여 미래창조과학부가 실시하는 평가에 따라 실패한 사업으로 결정된 경우: 3년. 다만, 연구개발을 성실하게 수행한 사실이 인정되는 경우에는 기간을 단축하거나 참여제한을 하지 아니할 수 있다.
2. 정당한 절차 없이 연구개발 내용을 누설하거나 유출한 경우: 2년(해외로 누설·유출한 경우 5년)
3. 정당한 사유 없이 연구개발과제의 수행을 포기한 경우: 3년
4. 정당한 사유 없이 기술료를 납부하지 아니한 경우: 2년
5. 연구개발비를 용도 외에 사용한 경우. 다만, 장관은 용도 외 사용 사실을 적발하였을 때에 해당 금액이 연구개발비 계정에 이미 회복된 경우에는 다음 각 목의 참여제한 기간을 1년 이상 감경할 수 있다.
   가. 용도 외 사용 금액이 해당 연도 연구개발비의 20퍼센트 이하인 경우: 3년 이내
   나. 용도 외 사용금액이 해당 연도 연구개발비의 20퍼센트 초과 30퍼센트 이하인 경우: 4년 이내
   다. 용도 외 사용 금액이 해당 연도 연구개발비의 30퍼센트 초과인 경우: 5년 이내
6. 정당한 사유 없이 연구개발결과물인 지식재산권을 연구책임자나 연구원의 명의로 출원하거나 등록한 경우: 1년
7. 거짓이나 그 밖의 부정한 방법(연구부정행위를 포함한다)으로 연구개발을 수행한 경우: 3년 이내
8. 그 밖에 국가연구개발사업을 수행하기 부적합한 경우로서 이 영 또는 협약을 위반한 경우: 2년 이내

제20조(연구윤리 확보 및 진실성 검증) ① (을)이 정부출연연구기관 및 「고등교육법」 제2조의 대학인 경우 본 협약을 체결한 날부터 6개월 이내에 연구윤리의 확보 및 진실성 검증을 위한 자체규정을 마련하여야 한다. 단, (을)이 그 외의 연구기관인 경우 본 협약서에 날인함으로써 미래창조과학부 「연구윤리확보를 위한 지침」에서 제시하는 연구진실성 검증절차 및 기준에 따른 연구부정행위의 검증, 보고, 후속조치 등에 동의하며 자체규정을 마련한 것으로 본다.
② (을)은 연구부정행위 발생 시 제1항에 따른 자체검증시스템에 따라 조사를 실시하고, 그 결과를 (갑)에게 보고하여야 한다.

제21조(보안관리) ① (을)은 자체 연구보안심의회의 심의를 거쳐 연구과제 보안관리규정을 마련하여 시행하여야 한다.
② (을)과 (병)은 연구과제 신청서 및 계획서에 처리규정 제40조 제3항에 따라 분류

된 보안등급을 표기하여 (갑)에게 제출하여야 하며, 연구과제의 보안등급에 따른 보
안조치를 수행하여야 한다.

③ (을)은 연구과제 관련 정보자료의 유출, 연구개발 정보시스템 해킹 등의 보안사고
가 발생한 경우 사고일시, 장소, 사고자인적사항, 사고내용 등을 즉시 (갑)에게 보고
하고 필요한 조치를 취하여야 한다.

④ (을)은 연구과제의 보안관리 현황을 매년 10월 말까지 (갑)에게 제출하여야 한다.

⑤ (갑)은 (을)또는 (병)이 처리규정 제40조 및 미래창조과학부 소관 연구개발사업
보안관리지침에 따른 연구과제의 보안관리에 최선을 다하지 않거나 정당한 사유없
이 보안조치의무를 이행하지 않을 경우 국가연구개발사업의 참여를 제한할 수 있다.

제22조(연구노트) (을)이 「국가연구개발사업 연구노트 관리지침」제2조의 연구기관인 경
우 본 협약을 체결한 날부터 6개월 이내에 연구노트 작성 및 관리에 관한 자체 규정
을 마련하여 운영하여야 한다.

제23조(협동연구기관 및 준용규정) ① 본 연구개발과제가 2개 이상의 세부과제로 구성되어
있을 경우에는 (을)은 세부과제가 효율적으로 추진될 수 있도록 세부과제를 협동하
여 추진하는 연구기관과 해당 세부과제의 연구개발을 협동하여 수행하는 연구책임
자를 지정하여야 한다.

② (을) 및 (병)은 처리규정 제12조에 따른 권한과 책임의 일부를 협동연구기관의 장
및 세부연구책임자에게 부여하여야 한다.

③ 협동연구과제에 대하여는 본 협약서 제4조부터 제13조까지와 제16조, 제17조의
내용을 준용한다. 이 경우 (을)은 "협동연구기관의 장"으로, (병)은 "세부연구책임자"
로 보며, (갑)에게 보고(제출) 및 승인사항은 (을)과 (병)을 거쳐야 한다.

제24조(기타 준수사항) ① (을)은 (갑)이 요구하는 바에 따라 (병)이 연구개발 내용을 보완
또는 시정토록 하여야 한다.

② 본 연구개발과제의 협약연구개발비가 부당 또는 과다하게 책정되었음이 발견되
었을 때에는 (갑)은 지체없이 부당 또는 과다책정액을 감액할 수 있다. 다만, 계약기
간 만료 후에 발견되었을 때에는 (을)은 지체없이 (갑)에게 환불하거나 (갑)이 지정
하는 연구개발사업에 사용하여야 한다.

③ 별첨1의 연구개발계획서(협약용)의 내용 중 해당연도 이후의 연구개발비는 해당
연도 연구사업의 평가결과 및 다음연도 과제선정 심의결과에 따라 조정될 수 있다.

④ (을)은 연구개발사업을 통하여 취득한 장비 중 취득가격이 3천만원 이상인 장비
또는 취득가격이 3천만원 미만이라도 공동 활용이 가능한 장비는 취득 후 30일 이내

에 국가과학기술지식정보서비스에 등록·관리하여야 한다.

제25조(해석) 본 협약서에 포함되지 않은 내용은 처리규정을 준용하며 해석상 의문이 있을 경우에는 (갑)의 해석에 의한다. 본 협약서는 3통을 작성하여 장관 및 (갑), (을)이 각각 1통씩 보관한다.

제26조(부가조건)

년 월 일

(갑) (전문기관의 장) 　　　　　직　　인

(을) (주관연구기관의 장) 　　　　직　　인

주관연구책임자 (병) :
　소속　　　　　　직급(위)　　　　　성명　　　　　(인)

별첨 : 1. 연구개발과제계획서(협약용) 1부
　　　 2. 연구개발비 집행계획서 1부(2개 이상의 세부과제로 구성된 경우에만 해당)

[별첨 6] 국가연구개발사업 협약변경 신청서

국가연구개발사업 협약변경 신청서

<table>
<tr><td rowspan="8">대상
과제
개요</td><td>과제번호</td><td></td><td colspan="2">예산연도</td><td></td></tr>
<tr><td>사 업 명</td><td colspan="4"></td></tr>
<tr><td>과제구분</td><td colspan="4">□ 사업단   □ 연구단   □ 일반과제</td></tr>
<tr><td>과제명</td><td colspan="4"></td></tr>
<tr><td>주관연구기관</td><td></td><td colspan="2">주관연구책임자</td><td></td></tr>
<tr><td>해당연차
연구기간</td><td></td><td colspan="2">참여기업</td><td></td></tr>
<tr><td rowspan="2">해당연차
연 구 비</td><td>정부</td><td>천원</td><td>민간</td><td>천원</td></tr>
</table>

연구개발사업 처리규정 제20조에 의하여 위 연구과제에 대한 협약내용을 아래와 같이 변경하여 연구를 수행코자 하오니 승인하여 주시기 바랍니다.

구 분*	변경내역 및 변경사유		
	변 경 전	변 경 후	변 경 사 유
연구비			

* 구분 : 연구기관, 연구책임자, 참여기업, 연구비, 연구장비, 기타

붙임 : 변경사유(의견)서

년   월   일

주관연구책임자: _____ (인)

주관연구기관 : ○○대학교 산학협력단 (직인)

○ ○ ○ ○ 장 귀하

(붙임)

변 경 사 유 (의 견) 서

(협약변경의 필요성 및 협약변경 후 연구수행에 대한 사항을 구체적으로 기술)

연구수행에 있어 학생연구원의 추가 및 신규참여로 인하여 인건비조정을 신청합니다.

해당 연구책임자 :   (인)

(주관연구책임자 의견)

주관연구책임자(해당시) :   (인)

[별첨 7] 이의신청서

이 의 신 청 서

1. 과제현황

이의신청분야	선정평가	중간평가	최종평가	정산결과	제재조치	기타

과제코드	
사업구분	

사업구분				
연구분야			과제구분	(총괄, 세부, 단위)
사 업 명				(주관, 협동)
과 제 명				
연구기관		연구책임자		

연구기간 및 연구비	총연구기간	정부(A)	민간(B)	계(A＋B)

참여기업	
상 대 국	상대국연구기관

2. 결과 통보일시 :   3. 결과접수(통보 받은)일:

4. 결과 :

5. 이의신청 사유 :

상기과제의 결과에 대하여 위와 같이 이의를 신청하오니, 조치하여 주시기 바랍니다.

년   월   일

연구책임자 :   (서명)
연구기관의 장 :   (직인)

참고문헌

〈단행본 및 논문〉

교육과학기술부·한국정보화진흥원, 「개인정보 보호법 업무사례집」, 2012.

교육과학기술부, "국가연구개발사업 공통보안관리지침 제정 안내", 2007.

국가과학기술위원회, 「국가연구개발 분류체계 개선방안」, 2001.

국가과학기술위원회·한국과학기술기획평가원, 「국가R&D 성과분석 및 시사점」, 2009.

국가과학기술위원회·한국과학기술기획평가원, 「국가연구개발사업 성과창출·보호·활용 표준 매뉴얼」, 2013.

국가정보원·미래창조과학부·방송통신위원회·행정자치부, 「2015 국가정보보호백서」, 2015.

국가정보원, 산업보안백서.

미래창조과학부, 「국가연구개발사업 보안관리 표준매뉴얼」, 2014.

미래창조과학부, 「국가연구개발사업 연구관리 표준매뉴얼」, 2014.

미래창조과학부·한국과학기술기획평가원, 「2013년도 국가연구개발사업 조사·분석 보고서」, 2014.

미래창조과학부·한국과학기술기획평가원, 「2013년도 연구개발활동조사보고서」, 2014.

배종태, 「R&D 프로젝트관리(2): 과제 기획과 선정」, 산업기술진흥협회, 2007년 R&D 프로젝트리더 양성과정, 2007.

영국 과학기술청(OST: Offices of Science and Technology), SET statistics, 2001.

윤선희, 「지적재산권법(제14정판)」, 세창출판사, 2015.

윤선희·김지영, 「영업비밀보호법」, 법문사, 2015.

윤선희·조용순, 「기술이전계약론」, 법문사.

윤해성·박달현·김혜경·황태정, 「형사특별법 정비방안(8)−산업·무역/과학기술·정보분야−」, 한국형사정책연구원, 2008.

산업자원위원회, 「산업기술의유출방지및보호지원에 관한 법률안 검토보고서」, 2005.

산업통상자원위원회, 「중소기업기술보호 지원에 관한 법률안 검토보고서」, 2013.

차상육, "영업비밀의 보호 부정경쟁방지 및 영업비밀보호에 관한 법률 제2조 제3호 라.목을 중심으로−", 산업재산권(제23호), 2007.

홍동희, 「과학기술연구개발 행정법론」, 과학기술법제연구원, 2012.

〈판결문〉

대법원 1998. 2. 13. 선고 97다24528 판결

대법원 1999. 3. 12. 선고 98도4704 판결

대법원 2003. 3. 14. 선고 2002다73869 판결

대법원 2004. 9. 23. 선고 2002다60610 판결

대법원 2008. 2. 15. 선고 2005도6223 판결

대구지방법원 2007. 2. 13. 선고 2004가합10118판결

서울고등법원 1996. 2. 29. 선고 95나14420 판결

서울고등법원 1998. 10. 29. 선고 98나35947 판결

서울고등법원 2003. 4. 23. 선고 2002나42925 판결

서울중앙지방법원 1997. 2. 14. 96가합7170 판결

서울중앙지방법원 2009. 4. 23. 선고 2008고합1298,2009고합32(병합) 판결

헌법재판소 2013년 7월 23일 2011헌바39 판결

〈정부기관 및 기타 URL〉

국가정보원 산업기밀보호센터(http://www.nis.go.kr)

R&D 도우미 센터(https://www.rndcall.go.kr/development/development02.jsp)

특허청(http://www.kipo.go.kr)

IT동아(http://it.donga.com/8810/)

찾아보기

저   자

안성진 교수(성균관대학교 컴퓨터교육과)

배상태 박사(한국과학기술기획평가원 연구위원)

조용순 교수(한세대학교 산업보안학과)

송봉규 교수(한세대학교 산업보안학과)

김주호 박사(한국과학기술기획평가원 연구위원)

연구보안론

초판인쇄   2016년 8월 8일
초판발행   2016년 8월 22일

지은이   안성진·배상태·조용순·송봉규·김주호
펴낸이   안종만

편 집   배근하
기획/마케팅 강상희
표지디자인   조아라
제 작   우인도·고철민

펴낸곳   (주) 박영사
          서울특별시 종로구 새문안로3길 36, 1601
          등록 1959. 3. 11. 제300-1959-1호(倫)

전 화   02)733-6771
f a x   02)736-4818
e-mail   pys@pybook.co.kr
homepage   www.pybook.co.kr
ISBN   979-11-303-0332-1   93350

정 가   25,000원